名师名校名校长

凝聚名师共识
回应名师关怀
打造名师品牌
培育名师群体

程明遠题

珠海市教育科研"十三五"规划重点课题《基于知识发生过程的STEM校本课程开发与实践》研究成果

# 重演知识发生过程的
# STEAM 课程开发

许剑珩　熊志权 / 编著

东北师范大学出版社

长　春

**图书在版编目（CIP）数据**

重演知识发生过程的STEAM课程开发/许剑珩，熊志权编著. — 长春：东北师范大学出版社，2019.7

ISBN 978-7-5681-6106-0

Ⅰ.①重… Ⅱ.①许… ②熊… Ⅲ.①课程设计—教学研究—小学 Ⅳ.①G622.3

中国版本图书馆CIP数据核字（2019）第166882号

□策划创意：刘　鹏

□责任编辑：钱黎新　张　冉　　□封面设计：姜　龙

□责任校对：刘彦妮　张小娅　　□责任印制：张允豪

东北师范大学出版社出版发行

长春净月经济开发区金宝街 118 号（邮政编码：130117）

电话：0431-84568115

网址：http：//www.nenup.com

北京言之凿文化发展有限公司设计部制版

廊坊市金朗印刷有限公司印装

廊坊市广阳区廊万路 18 号（邮编：065000）

2022年6月第1版　　2022年6月第1次印刷

幅面尺寸：170mm×240mm　印张：17.75　字数：380千

定价：45.00元

# 序 言
### PREFACE

## 为未知而教　为未来而学

2017年6月，中国教育科学研究院发布了《中国STEM教育白皮书》（以下简称《白皮书》），中国教科院王素主任表示，《白皮书》作为中国教育史上关于STEM教育最全面、最专业、最翔实的研究成果，详细阐述了中国发展STEM教育的时代和国际等背景需要，并在多年的理论研究和实践探索的基础上，深入分析了我国STEM教育发展的成就、问题与挑战。同时，针对我国的具体情况提出了"中国STEM教育2029创新行动计划"，明确了具体的行动方案，并全面探析了美国、英国、德国等发达国家的STEM教育发展现状和模式，对中国STEM教育的发展具有重要的指导和借鉴意义。STEAM教育由STEM教育演变而来，其有助于培养学生适应未来的关键能力，并有可能在未来的生活和工作中持续发挥作用，因此成为世界各国教育改革的战略选择。

从农耕时代到工业时代，再到信息时代，技术的不断进步带动了生产力的提高，不断推动人类社会向更高层次发展。今天，人工智能等新技术正以改变一切的力量在全球范围掀起一场影响人类所有层面的深刻变革，新技术正在重构产业结构，提升产业效益，推动人类社会向数字化和智能制造时代迈进。不久的将来，知识和智慧将会取代资本和资源，成为驱动社会经济发展的关键力量，从事一般体力劳动或简单脑力劳动的职业将逐渐被机器所取代。只有那些具有创新思维和高水平技能的人才，才能在激烈的竞争中占据主动地位。在这种新时代的大背景下，传统教育受到了前所未有的挑战。学生在学校经过十几年，甚至更长时间的教育后进入社会，可能会从事一些今天并不存在的职业，社会发展迫使教育必须做出改变，学生必须学会学习，掌握新的技能、知识和专长，培养较强的逻辑思维与合作能力，以应对未来社会的复杂挑战。因此，

1

我们的教育必须为未知而教、为未来而学。

2016年，国务院发布的《全民科学素质行动计划纲要实施方案（2016—2020年）》强调，在高中阶段要鼓励探索开展科学创新与技术实践的跨学科探究活动。同年，教育部在《教育信息化"十三五"规划》中明确提出，有条件的地区要积极探索信息技术在"众创空间"、跨学科学习（STEAM教育）、创客教育等新的教育模式中的应用。2017年，教育部印发《义务教育小学科学课程标准》，倡导跨学科学习方式，建议教师可以在教学实践中尝试STEM教育（后期演变为STEAM教育），STEAM教育被纳入国家战略发展政策，为其开展提供了强有力的政策支撑。STEAM教育在中国已进入快速蓬勃发展的阶段，在教育实践、理论研究和教育政策方面取得明显进展。各地专家积极探索STEAM教育推进方式，大力开发STEAM课程。

《重演知识发生过程的STEAM课程开发》一书是2017年度立项的珠海市校的本精品课程《STEAM教育课程》（JPKC201708）的研究成果，该课题在珠海市香山学校取得了良好的实践效果，并于2019年评为市级优秀精品课程，同时本书也是珠海市教育科研"十三五"规划重点课题《基于知识发生过程的STEM校本课程开发与实践》研究成果，本书围绕什么才是有价值的学习这一核心问题，把STEAM教育与知识发生过程教学全程结合。

对于本书的出版，我们要感谢珠海市教育研究中心提供精品课程的课程经费支持，感谢珠海市香山学校的陈水夏校长、杨葆青副校长、景晓红副校长、梁泳怡主任、李粤华主任对项目的大力支持，感谢珠海市香洲区教师发展中心杨煌老师对本书的帮助与指导。感谢珠海市夏湾小学韩涛老师提供案例《校园足球场》、拱北小学曾晓华老师提供案例《校园植物墙》、香洲区第十六小学邱文静老师提供案例《校园歌剧院》、香山学校吴慧彦老师提供案例《共乐园及其名贵植物》，感谢王霭茵老师和李霞冰老师以及东北师范大学出版社对本书的排版、校对。

鉴于我们的水平有限，恳请读者批评指正。

# 目录
C O N T E N T S

## 第四章　基于校园的STEAM课程开发

## 第五章　STEAM课堂课例应用

# 第一章

# STEAM课程的基本概述

　　STEAM课程在教学实践中体现了重要的教学意义，不仅促进了学科之间的整合，激发了学生对STEAM领域的学习兴趣，还提高了学生在STEAM领域的学习成就。STEAM教育不是多学科的简单组合，而是将科学、技术、工程、人文艺术和数学有机地融为一体，将学生学习到的零碎知识转变为一个探究世界相互联系的不同侧面的过程。STEAM课堂旨在让学生开展以问题解决为导向的项目式学习，它在习得相应科学知识的基础上，增加动手做的课堂体验。学生怀着一颗赤诚的人文关怀之心，应用所学的数学、科学知识，应对真实世界的挑战，从而创造、设计、建构、发现、合作地解决问题。

# 第一节　STEAM教育的基本内涵

STEAM教育成了当下一个"热词"，引起了全社会的广泛关注，与STEAM教育相关联的各种创客活动也方兴未艾，大有燎原之势。人们关注的重点从一开始的STEAM实验室硬件建设，逐步转向STEAM课程与教学资源开发，进而转向对STEAM本身教育价值的探讨，以找到真正落实STEAM教育的方法和途径。

## 一、STEAM教育概述

什么是STEAM教育？"STEAM"由科学（Science）、技术（Technology）、工程（Engineering）、人文艺术（Arts）、数学（Mathematics）的首字母缩写组成。顾名思义，STEAM教育就是将科学、技术、工程、艺术和数学进行跨学科融合的综合教育，其通过项目研究和动手实践创造的学习方式，培养学生从更多角度认识不同学科之间的联系，从而提高综合运用知识解决实际问题的能力。STEAM教育的理念可以概括为以数学为基础，通过工程和艺术来解读科学和技术。STEAM教育支持学生以学科整合的方式认识世界，以综合创新的形式改造世界，培养他们解决问题的创新能力。它为学生提供了整体认识世界的机会，让学生能够把自己学习到的零散知识变成一个相互联系的整体，从而可以消除传统教学中各学科知识割裂、不利于学生综合解决实际问题的障碍。

其实，STEAM教育就是在原有STEM教育的基础上加入了"艺术"，包含较广泛的人文艺术科目，涵盖社会研究（Social Studies）、语言（Language）、形体（Physical）、音乐（Musical）、美术（Fine Arts）和表演（Performing）等[①]。STEAM教育主要以基于项目的学习、问题的学习为主要教学方式，引导学生通

---

① 赵慧臣，陆晓婷.开展STEAM教育，提高学生创新能力：访美国STEAM教育知名学者
　格雷特·亚克门教授［J］.开放教育研究，2016，5（1）：1-5.

过合作与实践，完成主题项目和解决生活中遇到的难题。作为一种超越传统的教育模式，STEAM教育起着缩小学生现有知识技能与职业所需知识技能间的差距、提升学生就业竞争力的作用。STEAM教育主张让学生通过项目式学习（Project Based Learning）来完成学业并获取新知，项目实践中包含培养知识、技能、创新能力的目标。STEAM教育将科学、技术、工程、数学和人文艺术融合起来，不分学科地进行综合性教育，阐释了教育中的各个维度如何与生活相联系。

## 二、STEAM发展背景

STEAM教育运动发端于美国，由STEM（科学、技术、工程与数学的英文首字母缩写）教育演变而来，STEM又源于STS（科学、技术与社会的英文缩写），而STS更侧重于学术研究。[①]

STEM产生的缘起是在全球化的市场竞争中，国际市场对科技人才的需求，它的出现旨在将科学知识与产品生产联系起来，将科学转化为实践成果，以制造产品为目的，因此有一定的功利主义特点。

美国对STEM教育内涵的关注早在1986年就开始了，美国国家科学委员会曾发表过《本科的科学、数学和工程教育》报告，这被认为是美国STEM教育集成战略的里程碑，给予了国家科学基金会后数十年对美国高等教育改革在政策和财力上的支持。该报告首次明确提出了"科学、数学、工程和技术"教育的纲领性建议，从而被视为STEM教育的开端。[②]

1996年，美国国家科学基金会发表了题为《塑造未来：透视科学、数学、工程和技术的本科教育》报告，并提出今后的"行动指南"。报告针对新的形势和问题，对学校、地方政府、工商业界和基金会提出了明确的政策建议，包

---

① 张海银.从STS到STSE和STEM：世界理科教育从理念到课程的演绎 [J].中学生物教学，2012，9（10）：11-15.

② 赵中建.为了创新而教育："科学、技术、工程和数学"教育（STEM）：一个值得认识和重视的教育战略 [N].中国教育报，2012-06-15.

括"大力培养K-12教育系统中STEM教育的师资问题"。①

2006年1月31日，美国前总统布什在其国情咨文中公布一项重要计划——《美国竞争力计划》（American Competitiveness Initiative，ACI），提出知识经济时代教育目标之一是培养具有STEM素养的人才，并称其为全球竞争力的关键。②由此，美国在STEM教育方面不断加大投入，鼓励学生主修科学、技术、工程和数学，培养其科技理工素养。

2007年10月30日，美国国家科学委员会发表《国家行动计划：应对美国科学、技术、工程和数学教育系统的紧急需要》报告，提出的行动计划主要包括两个方面的措施：一是要求增强国家层面对K-12阶段和本科阶段的STEM教育的主导作用，在横向和纵向上进行协调；二是要提高教师的水平和增加相应的研究投入。③这一报告显示了STEM教育从本科阶段延伸到中小学教育阶段，希望从中小学就开始实施STEM教育。

也正是在2007年，美国参众两院在8月2日一致通过了《美国创造机会以有意义地促进技术、教育和科学之卓越法》，又称作《美国竞争法》。《美国竞争法》一共包括八个部分，其中第六部分的标题即"教育"，其他部分也有多项条款与教育有关。教育条款主要涉及教师教育，STEM教育，外语教育和本科生、研究生奖学金四个方面。

《美国竞争法》对STEM教育的重视，极大程度上反映了美国社会的一种共同关注趋势。例如，2007年度美国州长协会冬季会议高度强调STEM教育在各州乃至全美国创建"创新环境"中的重要意义。又如，美国学术竞争力委员会在2007年5月公布的委员会报告中，分析研究了2006年度总额达31亿美元的105项联邦STEM教育项目。

2009年1月11日，美国国家科学委员会（National Science Board）代表美国国家卫生基金会（NSF）发布致美国当选总统奥巴马的一封公开信，其主题是

---

① 赵中建.为了创新而教育："科学、技术、工程和数学"教育（STEM）：一个值得认识和重视的教育战略［N］.中国教育报，2012-06-15.

② 罗晖，程如烟.加大基础研究和人才投资，提高长远竞争力：《美国竞争力计划》介绍［J］.中国软科学，2006（3）：42-45.

③ 同②.

《改善所有美国学生的科学、技术、工程和数学教育》。其中明确指出，国家的经济繁荣和安全要求美国保持科学和技术的世界领先和指导地位。大学前的STEM教育是建立领导地位的基础，而且应当是国家最重要的任务之一。委员会敦促新政府抓住这个特殊的历史时刻，并动员全国力量支持所有的美国学生发展高水平的STEM知识和技能。[1]

2011年，美国总统奥巴马推出了旨在确保经济增长与繁荣的新版《美国创新战略》。新版《美国创新战略》指出，美国未来的经济增长和国际竞争力取决于其创新能力。"创新教育运动"指引着公共和私营部门联合，以加强科学、技术、工程和数学（STEM）教育。[2]

2011年，美国国家科学院研究委员会发布了《成功的K-12阶段STEM教育：确认科学、技术、工程和数学的有效途径》的报告。报告认为，在中小学实施STEM教育的目标主要有三个：一是扩大最终会在STEM领域修读高级学位和从业的学生人数，并扩大STEM领域中女性和少数族裔的参与度；二是扩大具有STEM素养的劳动力队伍，并扩大这一队伍中女性和少数族裔的参与度；三是增强所有学生的STEM素养，包括那些并不从事与STEM职业相关工作的学生或继续修读STEM学科的学生。[3]

美国州长协会在2011年12月又针对STEM教育行动发布了《制定科学、技术、工程和数学教育议程：州级行动之更新》报告，分析了该协会2007年提出的行动议程中的弱势之处，重新提出了"实施州级STEM议程"的各项具体措施。[4]

2013年美国国家研究理事会正式发布《新一代科学教育标准》（Next Generation Science Standard），其中包括科学与工程实践、跨学科概念、学科核心概念三个核心维度。该标准首次在K-12教育阶段把工程、技术和科学结合起来，展现出科学教育与STEM（STEAM）教育融合的发展趋势，同时显示出在STEM教育中必须把这些维度结合起来，形成一个相互促进、共同发展的整体的

---

[1] 赵中建.为了创新而教育——"科学、技术、工程和数学"教育（STEM）：一个值得认识和重视的教育战略［N］.中国教育报，2012-06-15.

[2] 同[1].

[3] 同[1].

[4] 同[1].

综合教育理念。[①]

## 三、发展核心素养与STEAM教育

### （一）核心素养的含义

核心素养是指学生在接受相应学段的教育过程中，逐步形成适应个人终身发展和社会发展需要的必备品格和关键能力。核心素养以培养"全面发展的人"为核心，是情感、态度、知识、技能的综合表现，具有个人价值和社会价值。核心素养与STEAM教育是当今国内外两个热门的教育议题。核心素养的提出，表征着新世纪人才培养目标范式的转变。[②]

OECD（世界经济合作与发展组织）"核心素养"结构模型、欧盟"终身学习核心素养"体系以及美国"21世纪技能"等，都是21世纪人才核心素养的代表。中国根据国家发展对人才的要求，提出了学生知识、技能、情感、态度、价值观等多方面的综合表现，是每一名学生获得成功生活、适应个人终身发展和社会发展所需要的、不可或缺的共同素养。其发展是一个持续终身的过程，可教可学，最初在家庭和学校中培养，随后在一生中不断完善。

正式发布的《中国学生发展核心素养》，以科学性、时代性和民族性为基本原则，以培养"全面发展的人"为核心，分为文化基础、自主发展、社会参与三个方面，综合表现为科学精神、学会学习、健康生活、责任担当、实践创新六大素养。

#### 1. 文化基础

文化是人存在的根和魂。文化基础重在强调能习得人文、科学等各领域的知识和技能，掌握和运用人类优秀智慧成果，涵养内在精神，追求真善美的统一，发展成为有宽厚文化基础、有更高精神追求的人。文化基础的内容及含义见表1-1-1。

---

① 陈钱钱，赵国庆，王晓静.科学工程实践、跨学科概念与学科核心知识的整合：从《下一代科学教育标准》视角看WISE项目［J］.远程教育，2018（2）：29-32.

② 林崇德.21世纪学生发展核心素养研究［M］.北京：北京师范大学出版社，2016：29-31.

表1-1-1　文化基础的内容及含义

| 内容 | 含义 |
|---|---|
| 人文底蕴 | 主要是学生在学习、理解、运用人文领域知识和技能等方面所形成的基本能力、情感态度和价值取向，具体包括人文积淀、人文情怀和审美情趣等基本要点 |
| 人文积淀 | 具有古今中外人文领域基本知识和成果的积累，能理解和掌握人文思想中所蕴含的认识方法和实践方法等 |
| 人文情怀 | 具有以人为本的意识，尊重、维护人的尊严和价值，能关切人的生存、发展和幸福等 |
| 审美情趣 | 具有艺术知识、技能与方法的积累；能理解和尊重文化艺术的多样性，具有发现、感知、欣赏、评价美的意识和基本能力；具有健康的审美取向；具有艺术表达和创意表现的兴趣和意识，能在生活中拓展和升华美等 |

## 2. 科学精神

主要是学生在学习、理解、运用科学知识和技能等方面所形成的价值标准、思维方式和行为表现，具体包括理性思维、批判质疑、勇于探究等基本要点。科学精神的内容及含义见表1-1-2。

表1-1-2　科学精神的内容及含义

| 内容 | 含义 |
|---|---|
| 理性思维 | 崇尚真知，能理解和掌握基本的科学原理和方法；尊重事实和证据，有实证意识和严谨的求知态度；逻辑清晰，能运用科学的思维方式认识事物、解决问题、指导行为等 |
| 批判质疑 | 具有问题意识；能独立思考、判断；思维缜密，能多角度、辩证地分析问题，做出选择和决定等 |
| 勇于探究 | 具有好奇心和想象力；不畏困难，有坚持不懈的探索精神；能大胆尝试，积极寻求有效的问题解决方法等 |

## 3. 自主发展

自主性是人作为主体的根本属性。自主发展重在强调能有效管理自己的学习和生活，认识和发现自我价值，发掘自身潜能，有效应对复杂多变的环境，成就出彩人生，发展成为有明确人生方向、生活品质的人。

## 4. 学会学习

主要是学生在学习意识的形成、学习方式方法的选择、学习进程的评估与调控等方面的综合表现，具体包括乐学善学、勤于反思、信息意识等基本要点。学会学习的内容及含义见表1-1-3。

**表1-1-3　学会学习的内容及含义**

| 内容 | 含义 |
| --- | --- |
| 乐学善学 | 能正确认识和理解学习的价值，具有积极的学习态度和浓厚的学习兴趣；能养成良好的学习习惯，掌握适合自身的学习方法；能自主学习，具有终身学习的意识和能力等 |
| 勤于反思 | 具有对自己的学习状态进行审视的意识，并养成习惯，善于总结经验；能够根据不同情境和生活实际选择或调整学习策略和方法等 |
| 信息意识 | 能自觉、有效地获取、评估、鉴别和使用信息；具有数字化的生存能力，主动适应"互联网+"等社会信息化发展趋势；具有网络伦理道德与信息安全意识等 |

**5. 健康生活**

主要是学生在认识自我、发展身心、规划人生等方面的综合表现，具体包括珍爱生命、健全人格、自我管理等基本要点。健康生活的内容及含义见表1-1-4。

**表1-1-4　健康生活的内容及含义**

| 内容 | 含义 |
| --- | --- |
| 珍爱生命 | 理解生命意义和人生价值；具有安全意识与自我保护能力；掌握适合自身的运动方法和技能，养成健康文明的行为习惯和生活方式等 |
| 健全人格 | 具有积极的心理品质，自信自爱，坚韧乐观；有自制力，能调节和管理自己的情绪，具有抗挫折能力等 |
| 自我管理 | 能正确认识与评估自我；依据自身个性和潜质选择适合的发展方向；合理分配和使用时间与精力；具有达成目标的持续行动力等 |

**6. 社会参与**

社会性是人的本质属性。社会参与重在强调能处理好自我与社会的关系，养成现代公民所必须遵守和履行的道德准则和行为规范，增强社会责任感，提升创新精神和实践能力，促进个人价值的实现，推动社会的发展，成为有理想、有信念、敢于担当的人。

**7. 责任担当**

主要是学生在处理与社会、国家、国际等关系方面所形成的情感态度、价值取向和行为方式，具体包括社会责任、国家认同、国际理解等基本要点。责任担当的内容及含义见表1-1-5。

表1-1-5　责任担当的内容及含义

| 内容 | 含义 |
|------|------|
| 社会责任 | 自尊自律，文明礼貌，诚信友善，宽和待人；孝亲敬老，有感恩之心；积极参与公益和志愿服务，敬业奉献，具有团队意识和互助精神；能主动作为，履职尽责，对自我和他人负责；能明辨是非，具有规则与法治意识，积极履行公民义务，理性行使公民权利；崇尚自由平等，能维护社会公平正义；热爱并尊重自然，具有绿色生活方式和可持续发展理念并为之行动等 |
| 国家认同 | 具有国家意识，了解国情历史，认同国民身份，能自觉捍卫国家主权、尊严和利益；具有文化自信，尊重中华民族的优秀文明成果，弘扬中华优秀传统文化和社会主义先进文化；了解中国的历史和光荣传统，具有热爱党、拥护党的意识和行动；理解、接受并自觉践行社会主义核心价值观，具有中国特色社会主义共同理想，有为实现中华民族伟大复兴的中国梦而不懈奋斗的信念和行动力 |
| 国际理解 | 具有全球意识和开放心态，了解人类文明进程和世界发展动态；能尊重世界多元文化的多样性和差异性，积极参与跨文化交流活动；关注人类面临的全球性挑战，理解人类命运共同体的内涵与价值等 |

### 8. 实践创新

主要是学生在日常活动、问题解决、适应挑战等方面所形成的实践能力、创新意识和行为表现，具体包括劳动意识、问题解决、技术应用等基本要点。实践创新的内容及含义见表1-1-6。

表1-1-6　实践创新的内容及含义

| 内容 | 含义 |
|------|------|
| 劳动意识 | 尊重劳动，具有积极的劳动态度和良好的劳动习惯；具有动手操作的能力，掌握一定的劳动技能；在主动参加的家务劳动、生产劳动、公益活动和社会实践中，具有改进和创新劳动方式、提高劳动效率的意识；具有通过诚实合法的劳动创造成功生活的意识和行动力等 |
| 问题解决 | 善于发现和提出问题，有解决问题的兴趣和热情；能依据特定情境和具体条件制订合理的解决方案；具有在复杂环境中解决问题并为之行动的能力等 |
| 技术运用 | 理解技术与人类文明的有机联系，具有学习并掌握技术的兴趣和意愿；具有工程思维，能将创意和方案转化为有形物品，并对已有物品进行改进与优化等 |

### （二）核心素养与STEAM教育的关系

核心素养是指学生应具备能够适应终身发展和社会发展需要的必备品格和关键能力。它与现在日益火热的STEAM教育有何关联呢？基于STEAM教育与核心素养的对接是建立在其对接的必要性和基础上的。二者的有机对接须在课程内容的设置、课程情境的设计与多元评价三个方面，以此来培养二者价值互补并兼顾STEAM教育的核心目标与核心素养所要求学生具备的品格和能力。

STEAM教育与核心素养有何关联，可以从以下几个方面去分析：

**1. 促进学科融合，开发主题课程**

核心素养在落实阶段的最大争议就是核心素养与学科素养的关系问题。学科相互融合并非简单的学科知识叠加，而是错综复杂的交叉融合关系。学科融合是解决核心素养与学科素养分离的有效途径，但是学科间的融合也是有条件的，课程内容的组织要遵循连续性、顺序性和整合性的原则。明确各个学科的学科特点以及要求学生所要具备的学科素养，并对学科内容及内部结构进行深入了解是学科融合的前提。

主题课程的设置借助STEAM课程这一形式并将其进行适当的改良：一方面，能够将学科进行融合，让学生在具有高度学习动机的情境中多接触与主题相关领域的知识，在发展学生核心素养的同时兼顾学科素养；另一方面，又能够将课程形式与学科内容无缝衔接，实现STEAM教育与核心素养对接的目标。

**2. 让学生身临其境，培养动手实践能力**

STEAM教育最独特的优势是基于项目的情境式学习，通过项目设置与情境创设，培养学生跨学科解决真实情境中的问题的能力。核心素养的本质要培养学生适应社会发展与个人发展的品质与能力，能力的培养要通过实践才能够实现。因此，在主题课程中，教师可设置不同的情境让学生参与进来，对某一实际情境中的问题进行讨论与合作，将已学知识转化为解决实际问题的能力，并在解决问题的过程中强化所学科学知识与人文知识，培养学生勇于探究的品格。

**3. 融合多元文化，发展多元评价**

STEAM教育与核心素养均秉持科学教育与人文教育并重的价值观。科学与人文所属不同的学科，也是在不同的社会和文化环境下产生与发展起来的。可以说，以科学、技术、工程、数学等科目为代表的科学教育与人文艺术教育的融合是多元文化的体现。我国的教育评价方式较为单一，多采用终结性评价的方式对学生某一阶段的学习进行完结性的评价。但在核心素养的发展目标下，学生素养与能力的评价并不是单一的评价方式就能够完全概括的。

核心素养与STEAM教育在人才观、创新观与知识观等方面有高度的契合性，STEAM教育为未来培养综合能力强、全方位发展的人才，与核心素养秉持"全面发展"的人才观不谋而合。核心素养更是打破了学科壁垒的"溶化剂"，以核心素养体系为基础，各学科教学可以实现统筹、统整的目标。一方面，核心素养可以指导、引领、辐射学科课程教学，彰显学科教学的育人价值；另一方面，核心素养的达成依赖各个学科独特育人功能的发挥，以及学科本质和特点的发掘。

STEAM教育是未来教育的一种发展趋势，STEAM教育与核心素养的对接有一定的理论意义与现实意义，对STEAM教育在世界各国的落地生根与培养核心素养的落实都具有促进作用。

# 第二节  STEAM教育的特征解析

## 一、STEAM教育的基本特征

STEAM教育中五门学科的教学必须紧密相连，以整合的教学方式培养学生掌握知识和技能，并能灵活地迁移、应用、解决真实世界的问题。融合的STEAM教育具备新的核心特征：跨学科、趣味性、体验性、情境性、协作性、设计性、艺术性、实证性和技术增强性等。

### 1. 跨学科

将知识按学科进行划分，对科学研究、深入探究自然现象的奥秘和将知识划分为易于教授的模块有所裨益，但并不反映我们生活的真实性和趣味性。因此，分科教学（如物理、化学）在科学、技术和工程高度发达的今天已显出很大弊端。针对这一问题，理工科教育出现了取消分科、进行整合教育的趋势，STEAM教育因此应运而生，跨学科性是它最重要的核心特征。[1]

---

[1] 余胜泉，胡翔.STEM教育理念与跨学科整合模式［J］.开放教育研究，2015，21（4）：13-21.

美国学者艾布特斯（Abts）使用"元学科"（Meta-Discipline）描述STEAM教育，即表示它代表科学、技术、工程和数学等学科知识领域的统整，它们存在于真实世界中，彼此不可或缺、相互联系。在STEAM教育中，教育者不再将重点放在某个特定学科或者过于关注学科界限，而是将重心放在特定问题上。在STEAM课程中强调利用科学、技术、工程、人文艺术和数学等学科相互关联的知识解决问题，实现跨越学科界限，从多学科知识综合应用的角度提高学生解决实际问题能力的教育目标。

**2. 趣味性**

STEAM教育在实施过程中要把多学科知识融于有趣、具有挑战性、与学生生活相关的问题中，问题和活动的设计要能激发学习者内在的学习动机，问题的解决要让学生有成就感，因此需要趣味性。STEAM教育强调分享、创造，强调让学生体验和获得分享中的快乐感与创造中的成就感。

我们可把STEAM教育内容游戏化（将游戏的元素、方法和框架融于教育场景），将探索和目标导向的学习嵌入游戏中，有利于发展学生的团队技能、交叉课程概念和科学内容主题的理想，得到更多、更理想的教学效果。例如，芬兰大学和美国伊利诺伊理工大学合作成立了Finnish-US，在K-16阶段开展基于游戏的STEM（STEAM）教育。

**3. 体验性**

STEAM教育不仅主张通过自学或教师讲授习得抽象知识，更强调学生在学习过程中动手、动脑。STEAM提供了"学中做"和"做中学"的活动体验，学生应用所学的数学和科学知识应对现实世界问题，创造、设计、建构、发现、合作并解决问题。因此，STEAM教育具有体验性特征，学生在参与、体验并获得知识的过程中，不仅获得结果性知识，还在项目问题解决过程中习得过程性知识。

这种在参与、体验中习得知识的方式，对学生今后工作和生活的长远发展会产生深刻影响。例如，中国台湾学者赖恩莹等利用乐高作为模组教具培养学生有关齿轮、力矩等工程概念。[①]学生通过搭建乐高组件，测试相关原理，不

---

① Lai Enying，Zhang Yushan，Wang Jianhua. Developing students' engineering concepts with learning module aids［EB/OL］.（2012）. http：//stem2012.bnu.edu.cn/data/short%20 paper 2012-56. pdf.

仅可以了解物理概念与知识，还在工程设计体验中感受这些知识的重要作用，将抽象的知识与实际生活连接起来，很好地体现了STEAM教育的体验性特征。

**4. 情境性**

STEAM教育具有情境性特征，它不是教授学生孤立、抽象的学科知识，而是强调把知识还原于丰富的生活，结合生活中有趣、挑战的问题，通过解决学生的问题完成教学。STEAM教育强调让学生获得将知识进行情境化应用的能力，同时能够理解和辨识不同情境的知识表现，即能够根据知识所处的背景信息，联系上下文辨识问题本质并灵活解决问题。[1]

STEAM教育强调知识是学习者通过学习环境互动建构的产物，而非来自外部的灌输，这与建构主义的知识观不谋而合。情境是STEM（STEAM）教育重要而有意义的组成部分，学习受具体情境的影响，情境不同，学习也不同。[2]只有当学习镶嵌在运用该知识的情境之中，有意义的学习才可能发生。教师在设计STEAM教育项目时，项目的问题一方面要基于真实的生活情境，另一方面又要蕴含着所要教的结构化知识。这样，学生在解决问题的过程中不仅能获得知识，还能获得知识的社会性、情境性及迁移运用的能力。情境性问题的解决，可以让学生体验真实的生活，获得社会性成长。[3]

**5. 协作性**

STEAM教育具有协作性，强调在群体协同中相互帮助、相互启发，进行群体性知识建构。STEAM教育中的问题往往是真实的，真实任务的解决离不开学生、教师或专家的合作。在完成任务的过程中，学生需要与他人交流和讨论。建构主义学习理论的四大要素包括"情境""协作""会话"和"意义

---

[1] 余胜泉，胡翔.STEM教育理念与跨学科整合模式［J］.开放教育研究，2015，21（4）：13-22.

[2] Chang，Chi. Finding the Joy in the Unknown：Implementation of STEAM Teaching Practices in Middle School Science and Math Classrooms［J］. Journal of Education，2018，2：115-134.

[3] 佚名.STEM教育的九大核心特征［EB/OL］.（2017-06-30）［2018-09-11］http：//wenku. baidu. com/view/4dofo23b/7fc too abb 68 a 9827/fe 910 ef/2 dae3e. html.

建构"。①

STEAM教育的协作性就是要求学习环境的设计要包括"协作"和"会话"两要素，即让学生以小组为单位，共同搜集和分析学习资料，提出、验证、假设、评价学习成果；同时，学生通过会话商讨如何完成规定的学习任务。需指出的是，小组学习最后的评价环节是以小组成员的共同表现为参考，而不是根据个人的表现进行独立评价。②

### 6. 设计性

STEAM教育要求学习产出环节包含设计作品，通过设计促进知识的融合与迁移运用，通过作品外化学习的结果、外显习得的知识和能力。设计出创意作品是获得成就感的重要方式，也是维持和激发学习动机、保持学习好奇心的重要途径。③因此，设计是STEAM教育取得成功的关键因素。美国学者莫里森认为，设计是认知建构的过程，也是学习产生的条件。④

学生通过设计可以更好地理解完成了的工作，从而解决开放性问题。在这个过程中，学生学习知识、锻炼能力、提高STEAM素养。因此，设计性是STEAM教育的又一核心特征。科学在于认识世界、解释自然界的客观规律，技术和工程则是在尊重自然规律的基础上感悟人文精神，从而改造世界，实现对自然界的合理利用，解决社会发展过程中遇到的难题。按照科学和数学的规律开展设计实践，是科学、数学、技术与工程整合的重要途径。

### 7. 艺术性

STEAM教育与STEM教育的区别在于，跨学科领域中增加了"Arts"学科。这个"A"狭义上指美术、音乐、雕刻等精致艺术（Fine Arts）等，广义上则包括美术、音乐、社会、语言等人文艺术，实际代表了STEAM强调的人文艺术

---

① David Jonassen. Constructivism and Computer—MediatedCommunication in Distance Education ［J］. The American Journal of Distance Education，1995，9（2）.

② 皮连生.教育心理学［M］.上海：上海教育出版社，2004：78-80.

③ 余胜泉，胡翔.STEM教育理念与跨学科整合模式［J］.开放教育研究，2015，21（4）：13-21.

④ 任友群.STEAM教育与创客教育辨析［R］.第三届全国中小学STEAM教育论坛：上海嘉定工业区，2015.

（Liberal Arts）属性。

STEAM教育的人文艺术性强调在自然科学教学中增加学习者对人文科学和社会科学的关注与重视，例如，在教学中增加科学、技术或工程等相关发展历史，从而激发学生兴趣，增加学习者对STEAM与生活联系的理解以及提高学生对STEAM相关决策的判断力。再如，在对学生设计作品的评价中，加入审美维度的评价，提高学生作品的艺术性和美感。概括来说，STEAM教育的艺术性是以数学元素为基础，从工程和艺术角度解释科学和技术。

**8. 实证性**

实证性作为科学的本质（Nature of Science）的基本内涵之一，是科学区别于其他学科的重要特征，也是科学教育中学习者需要理解、掌握的重要方面。[①]STEAM教育要促进学生按照科学的原则设计作品，基于证据验证假设、发现并得出解决问题的方案；要促进学生在设计作品时，遵循科学和数学的严谨规律，而非思辨或想象，让严谨的工程设计实践帮助他们认识和理解客观的科学规律。[②]

总之，STEAM教育不仅要注重科学的实证性，更要强调跨学科情境中通过对问题或项目的探索，培养学生向真实生活迁移的科学精神和科学理性。

**9. 技术增强性**

STEAM教育强调学生要具备一定的技术素养，强调学生要了解技术应用、技术发展过程，具备分析新技术如何影响自己乃至周边环境的能力。在教学中，它要求利用技术手段激发和简化学生的创新过程，并通过技术表现多样化成果，让创意得到分享和传播，从而激发学生的创新动力。

STEAM教育主张以技术作为认知工具，无缝地融入教学各个环节，培养学生善于运用技术解决问题的能力，增强个人驾驭复杂信息、进行复杂的建模与计算能力，从而支持深度学习。

---

① 陈琴，庞丽娟.科学探究：本质、特征与过程的思考［J］.教育科学，2005，21（1）：1-5.

② 余胜泉，胡翔.STEM教育理念与跨学科整合模式［J］.开放教育研究，2015，21（4）：13-21.

## 二、STEAM教育的跨学科特征

科技发展也从高度分化走向高度融合，交叉学科不断涌现，各学科之间在理论层次和方法层次上相互渗透与融合，使人类的科学知识形成了一个新的知识整体，打破以往只强调分化而忽视综合的局面，跨学科课程的设计与实施已是科学发展的必然要求，跨学科课程整合逐渐成为世界范围内课程改革的重要形态。STEAM教育重在培养学生的跨学科综合素养。

**1. 科学素养**（Scientific Literacy）

科学素养是一种运用科学知识和过程（如物理、化学、生物科学和地球空间科学）理解自然界并参与影响自然界的有关决策，主要包括：生命与卫生科学、地球与环境科学、技术科学。

**2. 技术素养**（Technological Literacy）

技术素养是指使用、管理、理解与评价技术的能力。学生应当知道如何使用技术，了解技术的发展过程，具备分析新技术如何影响自己、国家乃至整个世界的能力。技术是对自然环境的革新与改造，以满足人们的现实需要。

**3. 工程素养**（Engineering Literacy）

工程素养是指对技术的工程设计与开发过程的理解。工程课程是基于项目，整合多门学科的知识，使得难以理解的概念与学生生活关联起来，激发学生解决问题的兴趣。工程设计是把科学与数学原理系统地、创造性地用于实践的结果。

**4. 人文素养**（Arts Literacy）

人文素养是指如何让制作的作品更赏心悦目，如何让绘制的图表更美观，如何将更丰富的视觉、听觉、触觉体验加入科技创造中。此外，在进行世界生活中，我们需要了解更多人文知识，进行更多的人文关怀思考，重视团队协作的培养以及学生与学生、学生与教师之间需要更快捷有效的沟通、表达与讨论，使学生的口头语言和书面能力都能得到进一步的锻炼和提升。

**5. 数学素养**（Mathematical Literacy）

数学素养是指学生在发现、表达、解释和解决多种情境下的数学问题时进行分析、推断和有效交流思想的能力。

## 三、STEAM教育的生活特征

如图1-2-1所示的STEAM教育塔中，STEAM教育将现实生活中的问题分为科学、技术、工程、数学和艺术五大领域，让学习者回到现实生活，从探索的视角展开学习，并在综合学科视角下发现并解决问题。在STEAM教育中，学生的学习不是为了名次、评比和优异的成绩单，而是为了实现学习者自身的内在价值。

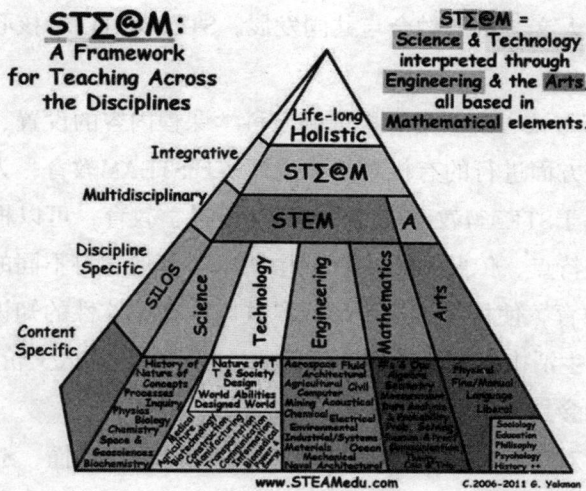

图1-2-1

在STEAM教育塔中，金字塔的第五层是具体课程水平，这一水平主要是科学、技术、工程、数学和艺术等学科的相关课程。第四层是具体学科水平，这一水平主要探讨了科学、技术、工程、数学和艺术学科相互之间的联系。第三层是多学科水平，这一水平是将艺术渗透到科学、技术、工程和数学四个学科中，这样的模式使得学生接受的STEAM教育有了情感的融入和对美的追求。第二层为综合水平，主要是将科学、技术、工程、艺术和数学融合成跨学科的STEAM教育（艺术与STEAM相互作用，决定其发展方向）。最顶层是通识水平，这一水平代表的是最终的教育目标，与全人教育和终身教育相联系。STEAM中的"A"广义上包括了美术、音乐、社会、语言等人文艺术学科。艺术加入STEM教育中，是对这四类课程的良好补充，能帮助学生优化不同学科知识的理解与应用。①

STEAM教育与核心素养在人才观、创新观与知识观等方面有高度的契合性，STEAM教育为未来培养综合性、全方位的人才与核心素养秉持的"全面发展"的人才观不谋而合。②

具体到STEM与"A"整合的方面，STEAM框架的第四层、第三层和第二层均充分体现了STEM与"A"交叉、融合进而整合的教育追求。科学课程中的核心素养同样强调了人文底蕴、科学精神等各素养之间相互联系、相互补充、相互促进，在不同情境中整体发挥作用。因此，STEAM与科学课程的核心素养教育都强调科技与人文艺术的融合与共同发展，STEAM可以为核心素养的落地和渗透提供载体。

STEAM教育与核心素养的对接依赖于科学课程内容的设置、课程情境的设计与多元评价等方面进行的有机对接，进而实现STEAM教育，为核心素养的落实提供助力。基于STEAM教育中的"A"进行科学教育，可以根据教学目标、学生水平和学科特点，依照STEAM框架中艺术与其他学科不同的整合程度，逐渐开展STEAM教育，使得学生逐步形成科技与人文整体性的知识和能力，从而在未来的生产和生活中发挥科学的经济价值、技术价值和人文价值。

**1. 多学科融会贯通**

科学和数学对于基础教育阶段的学生来说相对深奥难懂，STEAM教育通过技术、工程和人文艺术的参与，抽象知识与工程技术相结合，让这些学科内容融会贯通，学生也可以发散思维并动手参与感兴趣的项目，享受探索学习的过程，在过程中学习多学科甚至是跨学科内容。

**2. 注重学习者学习体验**

从STEAM教育的实践案例来看，STEAM教育往往源自生活的案例、常见的场景工具和教育科技产品，从鲜活的学习情境出发，注重学生自身与学习内容

---

① Wei Xiaodong, Yu Bing, Yu Haibo. STEAM Education in America: Framework, Characteristic and Implication. [J] Journal of East China Normal University (Educational Sciences), 2017, 35 (4): 40-46, 134-135.

② 袁利平，张欣鑫.论STEAM教育与核心素养的对接 [J].陕西师范大学学报（哲学社会科学版），2017，46（5）：164-169.

的交互，关注学习者的学习体验，让学生在建构的过程中习得知识并实现自身的价值。STEAM教育颠覆了以考试为主的教育模式，蕴含着新的教育哲学。

### 3. 成为终身学习者，适应快速发展的社会

STEAM教育塔的塔顶是STEAM教育的终极目标——终身学习和整体学习。通过基础教育使科学、技术、工程、人文艺术和数学五大领域融会贯通，将学习与现实世界相联系，从现实中发现问题并解决问题，培养学生动手实践的能力，在过程中实现协作学习，培养一种终身学习的能力和意识。

### 4. STEAM教育的目的是让学生成为有用的受教育者

STEAM教育要求学生基本了解学科领域的基本大纲，懂得何时以及如何将知识应用于特定背景中，成为一个有责任感的社会人。STEAM教育所发展的技能要远远超出考试技能，其中包括更多的发散性思维和实现技巧。因为STEAM的课程建构适用于广泛的学习风格、能力以及各年龄阶段的人格类型，所创建的课程更有吸引力并能被更大范围的人理解。STEAM也在即时背景下指导学生基于现实领域进行发现和发明，使学生能够在学科范围内创造出令人印象深刻的作品。

STEAM教育的独特价值在于经过整合为学生提供逼近真实、富有现实意义的学习情境，以利于学生高阶思维与积极情感的投入，解决复杂问题，从而全面提升学生知识、能力与情感方面的核心素养。因此，STEAM教育也被作为当前教育培养学生"21世纪技能"以及核心素养的"疗效药"。

以校为本的STEAM教育实施方式主要有两种：一种是将学科课堂的多学科整合并实施，另一种是基于项目跨学科整合的实施。多学科（Multidisciplinary）整合是指学科之间学习内容、学习方式以及学习结果等方面的整合，其实施以学科课堂为主阵地。跨学科（Transdisciplinary）整合超越学科界限，是以来自真实生活的科技问题融入学生对社会、政治、经济、国际关系以及环境等问题的学习，不带有学科痕迹，其实施主要采用项目学习的方式。

总的来说，跨学科整合实施比多学科整合实施的难度要大一些。但是，目前我国中小学偏向前者，借助高校或社会机构的支持，或引进国外教育资源包，或以创客、机器人、航模等为主要内容，单设课时和师资来开展实施。也由此，一些教师将STEAM教育理解为一门新课程，而非可应用于学科课堂的教育理念和教育方式。

## 四、我国STEAM教育的发展

### 1. STEAM教育发展现状

2017年2月，中华人民共和国教育部颁布了《义务教育小学科学课程标准》，将技术与工程作为小学科学课程的学习内容之一，使得STEAM教育正式走进中国小学科学教育的课堂。2017年9月，中华人民共和国教育部再次颁布《中小学综合实践活动课程指导纲要》，明确指出设计、制作的意义及相关的主题活动。可见，STEAM教育已不再只是社团、校本课程、科技活动等指定内容，而是与国家课程相结合的、基础教育必修的课程内容。

2017年3月，由中华人民共和国教育部教育管理信息中心、北京师范大学联合北京国信世教信息技术研究院共同撰写的《中国STEAM教育发展报告》新鲜出炉。该份报告为2017年首期发展报告，定位为"起点篇"，主要阐释STEAM教育产生的背景和发展历程，了解当前国内外研究与实践的现状，并在书中分享了目前中国STEAM教育较为成熟的案例，以及对如何更有效地推进STEAM教育提出发展的建议和路径选择，从而有效地指导中国STEAM教育成长。此次报告的课题组认为，STEAM是以解决真实世界的问题为导向，以工程为核心，工程就是现在讲的工程技术，事实上它更宽广。把数学和科学作为两个基石，用于帮助解决问题。艺术和技术是游走性要素，在整个STEAM教育体系中起到了驱动的作用，通过技术来实现创意。

STEAM教育之所以在中国发展这么快，是因为它顺应了未来科技发展对人的客观要求，代表了世界教育发展的趋势和潮流，同时与中国面向未来教育改革的要求相一致。STEAM教育从某种意义上来说是一种新概念，它打破了传统教学孤立地教授学科知识的做法，更强调了跨学科学习；它摆脱了传统意义上的"课本"知识，更加强调面向现实中的具体问题，探究解决问题的思路和方法；它不再过度强调对知识的记忆，更强调知识的综合运用和思维创新。STEAM教育倡导在做中学和自主学习，这一理念对于中国基础教育的培养有一定的启发意义。

### 2. 我国STEAM教育发展问题

STEAM教育在中国还处于起步阶段，教育界对它的核心理念和实现方式都存在模糊的认识，在实践层面还存在四个方面的问题：

（1）缺乏明确的教学目标

STEAM教育对教学设备、课程资源等依赖度较高，包括科学实验器材、工程设计生产设备以及计算机等信息技术设施等，因而STEAM教育的专属学习空间建设非常重要。很多学校难以真正理解STEAM教育在学生发展核心素养以及学业成就提升方面有着重要影响和促进作用，因而既无法与国家必修课程融合拓展，更无法通过课程进行跨学科整合，尤其是科技类课程与人文艺术类课程的整合，从而无法真正提升学生创新应用的能力。

（2）重硬件，轻软件

不少学校热衷于购置设备、建设各种"工作室"，却忽略了对"项目课程"和课程资源的研发，缺乏系统的教学内容和相应的评价体系。不少学校的课程研发渠道还是翻译国外的课程资源和设置体系，再进行二次开发。少有国内教育机构、教师根据自己的教学经验和对STEAM教育的理解进行本土化课程开发。由于国外课程费用昂贵，大多国外课程都作为少数人服务的信息技术课程的拓展性课程、科技创造类课程，比如，Scratch图形化编程工具、开源硬件、3D打印、App Inventor，等等。虽然这些技术学习课很重要，但也在一定程度上窄化了STEAM教育所涵盖的内容。STEAM教室使用也需要专门的培训，中国的课程普遍依托技术工具进行设计和研发，基本上以技术学习为主，没有真正理解STEAM教育在发展学生核心素养方面起到育人的作用等。尤其是科技类课程和人文艺术类课程的整合做得还远远不够。

（3）学习空间创设难度大

调研数据分析显示，当前中国STEAM学习空间的建设主要问题是许多学校缺乏STEAM专项资金，未能建成STEAM实验室或专门的学习空间。在学习空间设计初期，未能将STEAM教育理念融入整个空间建设中，或者只是简单地添置了几台创客教育设备，容易造成即使有空间也无法有效利用的局面。

（4）缺乏专业化师资队伍

我国STEAM教育处于起步阶段，各学校STEAM教育的专职教师几乎没有。中小学从事STEAM教育的教师多为兼职教师，由科学、信息技术等学科教师兼任，或是从校外教育机构聘用STEAM教师。STEAM教育要求教师将多学科知识融合到课程与教学中，因此对教师提出了更高的要求。目前，国内学校购买各STEAM教育产品加重了教师的负担。学校主要购买一些硬件，比如，与创客教育相关的乐高机器人、柴火空间、能力风暴机器人等，这些产品多附带配套的课程和学习平台。但学校需要专门的、经过培训的教师来教授这样的课程，而且企业的产品往往和学校实际教学需求不相符，课程二次开发的难度大，必须费人力和时间才能实现本土化和校本化应用。

## 五、对STEAM教育的思考

尽管各个国家和地区因地制宜而开展的STEAM教育不尽相同，但绝大多数国家和地区都认为，学科课堂是STEAM教育不可或缺的主要途径。那么，如何借鉴国内外已有的经验，开展多学科整合、校本实施的STEAM教育，以更好地提升学科课堂培养学生发展核心素养的育人功能与质量，有以下四点建议：

### 1. 基于学生活动来建构真实情境

STEAM教育强调以学生为中心，认为学生是认知的主体，是知识意义的主动建构。教师只对学生的意义建构起帮助和促进作用，并不要求教师直接向学生传授和灌输知识。因此，在STEAM课程的设置上，教育者要巧妙地创设现实情境，让学生沿着科学家的思路，充分利用自己已有的知识和技能，培养学生在学习中的自觉性以及对知识的求知欲望和探究精神，积极开展思维活动，使学生能够独立获取知识。教师在建构真实教学情境时，要立足于生活，强调"做中学""学中做"，开展给予真实问题情境下的探究学习，培养学生发散思维和创新思维，进一步巩固和深化所学知识，达到深度学习的层次。

### 2. 基于问题研讨来组织教学内容

基于现实生活的问题研讨来整合学科教学内容，是在学科课堂中渗透STEAM教育的切入点。健康与疾病、自然资源、环境质量、灾害以及科技发展前沿等，都是较好的综合性主题。

例如，在科学（包括物理、化学、生物与自然地理）、数学的课堂教学中，围绕健康与疾病这一问题研讨，选择个人健康、突发事件以及营养等问题，或者一个地区或国家的疾病控制、社区健康等问题，或者全球流行病、传染病的传播与控制等问题，创设课堂教学情境与学习任务。

当学生在解决这些实际生活问题时，首先，情感、态度、价值观得以熏陶，体会何谓国家、社会以及个人的责任担当；其次，培养健康生活的意识与能力，而不是单纯地获取科学或数学知识；最后，发展问题解决和综合运用多学科知识的能力，锻炼理性思维、科学探究以及技术运用等能力。

### 3. 基于综合实践开展课堂教学

动手动脑的科技实践是STEAM教育的一大特色，也是整合多学科教学方式的切入点。这些实践是综合科学探究与工程设计的活动，既有类似科学家开展的科学理论和科学建模等探究活动，也包含类似工程师为满足某一需求而进行的工程设计和建造等设计活动，因此可熏陶并培养学生实践创新与人文底蕴等发展核心素养。例如，在科学课堂上让学生合作制作一本月相日历，以科学概念"月相"学习为主，整合工程、技术、数学和艺术的学习；在美术课堂上让学生为一棵枯树增添叶片，以艺术的绘画活动为主，整合科学、数学、工程与技术的学习。

### 4. 基于项目学习成果来评价学生

基于项目学习成果作为学习结果是STEAM教育的另一大特色，也是整合多学科学习与评价的切入点。在评价内容上，评价者不仅要关注学生对学科知识的深度理解、科学性解释及其迁移运用，还要关注学生的劳动意识、技术运用、人文积淀、审美情趣等素养。例如，围绕技术运用的评价，评价学生在项目学习成果制作中运用、理解和评价技术的能力，包括学生对技术和社会、设计和系统、信息和通信技术等的认知，以及理解技术原理、制定方案、达成目标和交流合作等能力。在评价方式上，评价者要尽可能地多采用真实性评价，鼓励学生以优化的多媒体来操作、展示自己项目学习的成果，并鼓励学生自评与互评，切实地以评价促进学生勤于反思、乐学善学、信息意识、自我管理、批判质疑、勇于探究等发展核心素养的提升。

STEAM教育自出现以来，在全球范围内有着很大的反响，对各个行业的教育与培训都有着借鉴意义。STEAM教育思想在我国基础教育阶段创新能力培养的发展并不是要在基础教育学校中新增设STEAM课程，而是要求基础教育工作者注重当地的现实情况，遵循教育规律，不照搬西方模式，在已有课程的基础上灵活把握教学目标，设计出创新特色的学习形式。由于中国各省份、地区受历史、经济、政治、文化因素的影响，各地区基础教育状况各有不同，同时也受到一定地域文化的熏陶。在我国基础教育中，各地区可以结合地方的历史、文化、习惯等因素，创新教育形式，设计并组织有当地特色的教育主题活动，突出地方性。

# 第三节　STEAM课程的建构依据

## 一、小学科学课程发展背景

科学是推动历史进步的杠杆。小学科学课程目标决定了小学科学课程的定位。发达国家将小学科学课程作为最基础、最核心的核心学科之一，而在普通教育中把理科教育提到非常重要地位，这与中国小学科学"培养科学素养的启蒙教育"课程定位差别很大。科学教育在中国小学课程中并没有显现核心的地位。

综观全球的小学科学课程教育改革，都有一个共同的特点——从小抓起，并致力于构建幼儿园至十二年级连贯统一的科学课程。在2017年2月颁布的《义务教育小学科学课程标准》向下延至一二年级后，整个课程涵盖了学生六年的学习内容和要求，既符合教育者按阶段进行教育的理论，又坚持了教育阶段性和连续性相统一的原则。

学习进阶是基于学习理论、实证研究和教学经验提出来的针对学生特定年级认知发展学业要求。新课标要求科学课以内容主题为依据，根据学生年龄增长在学习内容上的由浅入深，循序渐进。但小学阶段的科学教育是综合型的，在进入初中以后就采用分科型的课程。分科型课程更有利于深入地学习各学科知识，培养学科精英，但不利于知识拓展和非科学专业人才的发展。从基础教育的角度来看，分科型课程不利于教育的大众化，不利于不同学科之间的衔接和平衡。正因如此，我国小学科学课程已为科学探究打下很好的基础，到初中却突然中断；初中开始学习系统的学科知识，小学科学却没有为这样的学习打下基础，这无疑平添了许多矛盾。

## 二、小学生认知发展规律

我们实施的素质教育，很重要的一环就是要促进学生的智能和情意发展，培养学生的创新精神和创造能力。特别是小学低年级学生，对身边事物怀有强烈的好奇心。小学科学课程正好顺应学生这一心理特点，引导学生感受、接触和了解身边的事物和现象，解答内心的十万个为什么，并在与身边的人和物的互动中增长智力、磨炼意识、学会探究和认识周围的事物和现象的方法，养成良好的科学思维习惯，学会研究和解决身边出现的问题，学会从现实和实践中展开自己的想象。错过了这一时机，学生就因好奇心得不到满足而变得麻木，其想象力和创造精神将大受压抑，这对他一生的素质发展和创造才能的发展都是不可挽回的损失。[①]

因此，我们应在新课标的指导下，遵循学生的身心发展特点和认知规律，注重学生的需求，建构以学生活动为主的整体框架，全面了解科学、技术、社会和环境的关系。与此同时，也需加强小学生的创新意识、保护环境意识、人文关怀意识以及社会责任感的培养。

### 三、新课标课程的核心精神

中国现有的科学课程实际就是把物质科学、生命科学、地球与宇宙科学、技术与工程等知识按照知识逻辑顺序形成的课程形态。其内容具有明显的跨学科性质，内容组织也打破了原有的学科体系和学科界限，强调研究对象的整体性。如新课标中明确指出，技术是人类能力的延伸，技术是改变世界的力量，技术推动人类社会的发展和文明的不断进程。在小学科学课程中新增的技术、工程领域以及社会与环境内容，基于当前STEM教育结构体系来看，即新增了"T"和"E"。该课程目标的增加，不仅指出技术和工程领域是小学生在科学知识的学习中不可缺失的重要组成部分，凸显了小学科学领域对技术和工程领域的重视程度，同时也遵循了标准中"反映国际科学教育的最新成果"的设计思路。[②]

我国STEAM课程的核心精神"跨学科的整合"主要体现在科学整体思想，

---

① 钟媚，高凌飚.小学科学课程改革中的问题与分析［J］.课程·教材·教法，2007，27（6）：77-81.

② 冀思琪，刘军.小学科学课程标准（2017年版）解读［J］.教育实践与研究，2017（13）：4-6.

可从统一的"科学知识""科学探究""科学态度"和"科学、技术、社会与环境"四个方面考虑，并将其与物质科学、生命科学、地球与宇宙科学、技术与工程的内容相结合。"整合"是各学科之间、新旧知识之间有机的融合，而非机械式的压缩和简单的拼凑，是知识"综合化"而非"总和化"，更不是"大拼盘"或"大杂烩"。[①]正如新课标所言："小学科学课程要按照立德树人的要求，培养小学生的科学素养和培养学生的科学素养，并为他们继续学习、成为合格公民和终身发展奠定良好的基础。"

## 四、建构STEAM课程策略的核心

建构主义学习强调以学生为中心，其主要思想突出学生的主体地位，让学生在创设情境的过程中积极、主动建构自己的经验，教师在学生建构过程中起引导、帮助、促进的作用。[②]

正如中国大教育家孔子云："不愤不启，不悱不发。"建构主义也认为，学生对新呈现的刺激材料的处理方式总是借助已有的经验，所以创设可以利用生动的、直观的、形象的激发学生的知觉图示、感觉记忆，唤醒长时记忆中有关的经验、知识，用来同化、索引当前学习新知识的情境。因此，我们可以在STEAM课程中创设真实情境，利用跨学科思维让学生采用科学家探究事物或工程师解决问题的路径、思维、策略方式去学习。

STEM课程中的核心精神是"跨学科思维"，但我们也不能把STEM课程简单地看作将科学、技术、人文、工程与数学融为一体的课程。STEM课程中的跨学科整合以科学或工程为整合核心，即STEM课程的明线是科学与工程，暗线是技术、人文和数学。科学与工程是技术和工程的原理和基础，技术体现在工程之中。STEM课程基于工程设计的项目架构，利用工程设计整合课程内容，产生具体项目，把人文、数学、科学的基础知识和技术能力融合在工程之中。此外STEM课程还要求可以进行"基于问题的探究性学习"，强调实践探究与工程设计。这也

---

① 王红柳 张迎春.浅析中美《科学》课程标准的共同特点［J］.中学生物教学，2003（3）：17-19.

② 高文，徐斌艳，吴刚. 建构主义教育研究［M］.北京：教育科学出版社，2008：88.

是STEM中"E"（工程）的含义与要求。[①]后来增加了Art，变为STEAM。

## 五、STEAM课程设计流程

根据心理学家维果斯基的"最近发展区理论"，认为学生的发展有两种水平：一种是学生的现有水平，指独立活动时所能达到的解决问题的水平；另一种是学生可能的发展水平，也就是通过教学所获得的潜力。两者之间的差异就是最近发展区。教学应着眼于学生的最近发展区，为学生提供带有难度的内容，调动学生的积极性，发挥其潜能，超越其最近发展区而达到下一发展阶段的水平，然后在此基础上进行下一个发展区的发展。[②]因此，我们鼓励学生在现有水平的基础上模仿科学家探究事物、工程师解决问题的流程、策略、思维方式去解决实际生活问题。那么，科学家和工程师的工作流程和思维方式有哪些区别呢？

科学家和工程师进行科研工作既有联系又有区别。冯·卡门教授有句名言："科学家研究已有的世界，工程师创造未来的世界（Scientists study the existing world，engineers create the future world.）。"科学家努力探索大自然，以便发现一般性法则（General Principles），因此科学家强调分析；工程师则遵照既定原则，应用科学理论和技术手段，去解决并改造客观世界的实践活动，因此工程师强调综合与方案论证。科学家主要探索显示世界的奥秘，而工程师改造世界或创造不曾存在的新世界。这一论点可表达为：科学家问为什么，工程师问为什么不能（Scientists ask why，Engineers ask why not）。

虽然科学家和工程师都进行科研工作，但是一个重视理论，一个重视实践。两者是不能割裂开的，可以说没有坚实的基础科学，技术转化就无从谈起，同时技术的进步也可以带来科学研究的重大发现，比如，正是因为引力波探测器的使用让我们可以进一步认识更早期的宇宙。科学和工程相辅相成，科学的进步推动着工程的发展，工程的发展反过来又为科学提出新的问题。

① 佚名.不知道这三个核心要点，你搞的STEM教育可能会误入歧途！［EB/OL］.2017［2018−05−21］http://www.sohu.com/a/232333278_227364.
② 张春兴.教育心理学［M］.杭州：浙江杭州教育出版社，1998：116.

## （一）STEAM课程主要设计流程

根据综合运用科学、工程、数学、技术和人文解决生活中的问题，STEAM课程主要设计流程如下：

### 1. 发现问题

根据同化理论可知，唤醒长时记忆中的有关知识、经验，用来同化顺应当前学习新知识的情境。因此，我们要提出直观、生动、形象、现实的科学或工程问题，创设一个真实的生活情境，激发学生学习的积极性，完成有意义的建构。

STEAM课程中的学习是探究性学习，探究必须从问题开始。STEAM问题都是基于生活情境的真实问题。这个问题可以由教师定，也可以由学生自己发现。教师给定的，属于验证某个结论的，这样的探究具有一定的模拟性。学生发现问题，如果没有一定的创新性和限定条件，与科学家发现问题完全一样，本身不是学生的学习。因此，STEAM课程的问题既需要开放和创造，也需要一定的限制。教师要在一定的条件下引导学生发现问题，发现问题是STEAM课程学习的开端。

能如同科学家的研究那样，通常由对一个生活现象产生疑问开始。例如"为什么苹果会从树上掉下来"或"恐龙为什么会灭绝"，并力求能提供这些问题解释性的答案与理论。

### 2. 提出假设或设计方案

建构主义认为，学生在接受学校正规教育之前并不是"一片空白"的，而是已经形成了不少关于自然或科学问题的概念。由于儿童持有的这类观念和科学概念的含义并不一致，通常被称为"前概念"（Preconception）"迷思概念"（Misconception）或者"另有概念"（Alternative Conception）等。[1]学生这些观念是朴素的、模糊的，与科学概念不完全一致，甚至可能相矛盾。但就学生本身而言，这些概念看上去非常合情合理，对后续学习具有很大的影响。我们可以利用学生的"前概念"对科学问题提出科学假设，或对工程设计提出初步设想。

---

[1] 章美丽.引领学生从"前概念"走向科学概念的实践与探索［J］.成才之路，2012（8）：80-81.

科学假设是根据已有的科学知识和观察到的事实，对所研究的问题提出的一种猜测性陈述或可能性解答。假说是一种猜想，但不同于无端的猜想，它是基于已有的科学知识和新的科学事实做出的一种科学假定。因此，假说是科学性和假定性的统一。[①]对于工程问题而言，提出假设的过程也是制订方案的过程。工程师利用"头脑风暴"提出可能的解决方案，并提出一种初步设计。

**3.科学求证或实施方案**

建构主义学习理论认为，学生以自己的经验为背景建构对事物的理解，由于不同学生的经验背景不同，所以不同人看到的会是事物的不同方面，而不存在对事物的唯一正确的理解。[②]知识及其传载符号系统都不是绝对真实的表征，而仅是一种解释或假设。另外，知识也并非问题的最终答案，它会随着人类的进步和人们认识的深入而被不断地变革、升华和改写，出现新的解释和假设。真正的理解只能是由学习者自身基于自己的经验背景建构起来的，其取决于特定情况下的学习活动过程。[③]

科学假设是否正确，需要科学验证。这种验证需要收集证据，需要对证据进行分析和验证，需要科学实验，也需要逻辑思维。证据收集是科学求证的第一步。证据可以来自观察，也可以来自实验，还可以基于科学原理的逻辑推理。求证过程中，需要对证据进行验证，显示其科学性。对于工程问题而言，就是要把设计的方案付诸实施，也可以建立模型，对模型进行测试，以此来了解原来设计中的优点和限制，从而验证方案。如果无法验证或者验证不成功，就需要返回到建立模型步骤当中，重新提出假说。因此，STEAM是一种基于证据的学习。

**4.得出结论或评估方案**

建构主义强调知识是集体和个人的意义创造，学生在"发明着他们的观念"。他们将信息与已有的概念相联系，并根据新资料修正对旧资料的理解。在这个过程中，他们的观念变得复杂且强而有力。如果有适当的支持，他们能

---

① 吕延会.STEM教育的核心精神［EB/OL］.2017［2018−07−10］http：//www.sohu.com/a/240224373_381106 t20180126_3829968.shtml.

② 高文.建构主义教育研究［M］.北京：教育科学出版社，2008：38.

③ 肖川.从建构主义学习观论学生的主体性发展［J］.教育研究预实验，1998（4）.

在更深入、更全面理解事物的同时发展关于如何思考、如何认识世界等方面的洞察力。

科学假设通过科学求证和数据分析，对假设进行验证。假设是否成立、是否需要修正等都需要通过科学验证后得出定论。由于科学研究的复杂性，一次实验求证不一定都能得出确定的结论。因此，与同伴合作，力求获得对正在调查研究的科学问题进行最好的解释，在最坚实的数据基础上形成证据，证明自己对某一现象的理解。对于工程问题而言，就是要根据要达到的设计目的反复修改、测试与调整方案，对方案的实施情况、方案评估验证其效果，进而进行修正和完善。

**5. 反思、交流与分享**

从提出问题到得出结论是科学研究的完整过程。但作为一个教学策略，STEAM还应该有一个反思分享环节。通过这一环节，学生对自己发现问题、验证问题和得出的结论做出分析，提炼成功经验。对于科学问题，能在口头或笔头使用图表、方程式等方式交流，或与同伴参与扩展讨论，从科学文本（论文、网络和讲话中）提取意见，并筛选整合信息。对于工程问题，能像工程师一样对其设计明确并有说服力地进行交流，产生产品或改进办法。工程师也可以利用图表、模型、图画和组织小伙伴阐述自己的想法。STEAM课程教学模式的建构如图1-3-1所示。

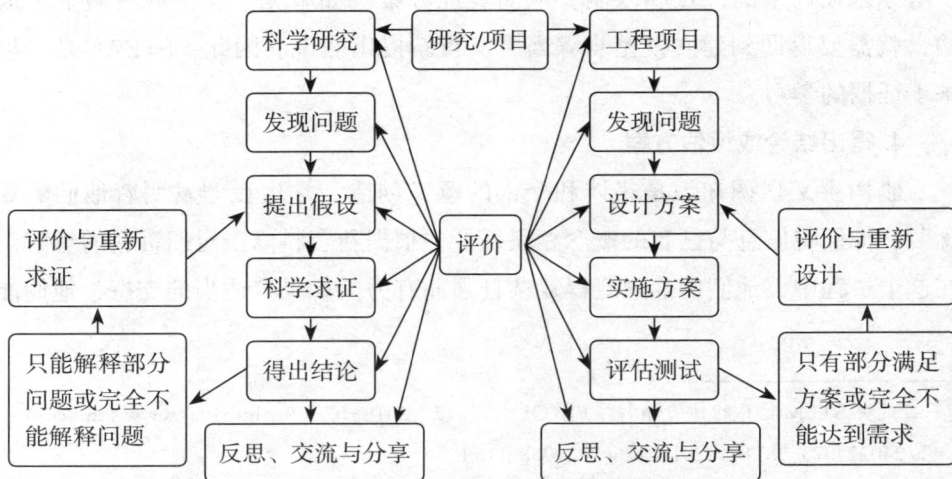

图1-3-1　STEAM课程教学模式的建构

**（二）科学研究流程与工程设计流程**

正因为科学家和工程师的思维不同，科学家重视理论层面的研究，工程师则重视实践层面的研究。因此，在"像科学家、工程师一样学习"的STEAM课程中，我们既要掌握科学研究的策略，也要掌握工程设计的流程。

**1. 科学研究策略**

一是发现问题，对生活中的现象提出问题。

二是科学求证，可以使用制订计划和实施调查研究并记录的方式，灵活使用"头脑写作""头脑风暴"等方法；或开发和使用模型，通过建构和使用不同模型来模拟假设性解释；也可以利用数学、人文、计算思维，运用人文交流方式设置调查问卷，对统计结果进行量化；运用数学和统计思维建构模型、统计分析数据。

三是得出结论，利用证据支持解释与同伴合作力获得研究的最好解释，并说明自己的理解。

四是反思、交流与分享，使用成果报告、产品交流会等方法交流并获得信息，分享研究成果，确保其中含有图表、方程式，与同伴交流提取信息并筛选整合信息。

**2. 工程设计流程策略**

一是发现问题，由一个问题或一个需求引发的问题。

二是设计方案。可以初设方案模型，即对已有模型进行测试并了解原设计中的优点和限制，或对未有的原模型使用"头脑风暴"，集思广益提出可能的解决方案，并提出一种设计。也可以设计方案，设计在有形的媒体（如纸、计算机）上创建，可能会包含蓝图、绘画和材料清单。工程设计建立在科学知识和模型的基础上，为了解决某个工程问题的系统性过程，每个方案都要考虑技术的可行性、成本、安全、合法和美学等要求。

三是实施方案。利用技术、根据设计方案建立新模型；通过对产品的测试，了解可行性和持久性；在检测时要熟悉各种数据，分析新模型的性能，确保符合产品预期并满足相关参数和要求；对数据进行分析，以用来比较不同方案是否符合特定的设计标准，了解限定条件下哪种设计可以最有效地解决问题；要达到设计目标，必须反复修改、测试和调整。

四是评估方案。与客户交流检测成果，思考如何重新设计不符合产品要求的地方。

五是反思、交流与分享。使用成果报告分享研究成果，确保其中含有成品、模型、图表和组织小伙伴们阐述自己的想法；工程师不会将不成功的模型视为失败，相反，他们将它看成一个有价值的学习契机，能用来建立最好的方案。

科学家探究事物和工程师解决问题的流程看上去类似，但实际在科学与工程领域还是有区别的。科学探究与工程设计的过程根据项目可能是独立分行的，也可能是交叉融合的。

# 第四节　STEAM课程项目标准

心理学家皮亚杰认为，知识是"个体与环境交互作用中逐渐建构的结果，学习的结果不只是知道对某种特定刺激做出某种特定反应，而是头脑中认识的重建。"STEAM课程教学不仅强调学生动手做的学习体验，提倡教师引导学生揭示或感受知识发生的前提或原因，知识概括或扩充的经过以及向前拓展的方向。简而言之，就是通过专题模块设计，以项目学习和问题探究为主，学生对问题的探究，不仅体验知识发生过程，还习得蕴含在项目问题解决过程中的过程性知识，培养其解决现实问题的能力。

在STEAM课程中，我们常采用"基于项目的学习"（Project Based Learning）。"基于项目的学习"是学生围绕负责的、来自真实情境的主题，在精心设计任务、活动的基础上，进行较长时间的开放性探究，最终建构起知识的意义和提高自身能力的一种教学模式。[1]香山学校STEAM校本课程面向全校学生，按照不同年段将基于项目的STEAM学习作为学校的特色课程，带到学校的课堂中。

---

① 莱斯利.教育中的建构主义［M］.上海：华东师范大学出版社，2002：12.

"基于项目的学习"和"基于问题的学习"（Problem Based Learning）具有相同的理念和方向。"基于项目的学习"强调在活动过程中产生一个作品或一系列作品。这也是"基于项目的学习"和"基于问题的学习"的最大区别。无论是个人项目还是集体项目，都需要围绕学生获得相关知识和能力的活动开展。因此，STEAM课程项目设计必须符合以下标准：

## 一、项目建立在真实的生活情境中

为了让知识和真实世界发生联系，提高学生运用、转化、迁移知识的能力，STEAM教育将这些学科有机地融合为一个整体，将所学到的各学科知识、机械的学习过程转变成一个探究事物之间相互联系的过程，从而解决生活的实际问题。[①]

因此，在香山学校，低年级的STEAM课程项目"你认识水吗"、中年级的STEAM课程项目"校园水循环"、高年级的STEAM课程项目"海绵城市"，这些都是根据现实问题而设计的项目。这些项目活动都是教师与学生共同参与，以解决实际生活中的现象或问题为基础的探究活动。在整个项目中，学生能运用已掌握的学科知识，并利用现实生活中的各种资源，在一定的时间内解决一系列相互关联的问题。[②]学生、教师和学习资源组成了一个共同体，以帮助学生主动获得相应的知识与技能，同时培养彼此相互合作、理解与支持的团队精神，以及解决问题的能力，最终完成知识的建构与自身素质的提高。

## 二、项目立足于多学科融合

建构主义认为要以学生为中心，而不是教师。项目学习的内容来源于现实生活和真实情境中各种复杂的、非预测性的、多学科交叉的现实问题。在项目完成过程中，需要运用多门学科的知识，单纯地依靠某一学科知识是无法完成活动任务的。基于项目学习的STEAM课程，应将不同学科的内容进行整合，构

---

① 赵中建.基于项目的STEM学习［M］.上海：上海科技教育出版社，2016：274.

② 刘景福，钟志贤.基于项目的学习（PBL）模式研究［J］.外国教育研究，2002，29（11）：18-22.

建知识体系。[①]

学生以小组的形式进行相关内容的学习与研究，在不断的讨论与合作学习中改进自己的观点，联系各学科的内在关系，对知识进行有意义的建构。

例如，学生为班级制作"生态墙"，涉及科学、数学、技术、人文（艺术）、工程与设计。再比如，在四年级科学课的《导体与绝缘体》一课中，学生要自制"微电流电路检测器"，检测身边的物品是导体还是绝缘体，这个项目涉及STEAM的各个领域。但当学生用自制的小竖琴、小吉他和鼓弹奏《小星星》时，我们已经无法区分这是科学课还是音乐课。因此，项目涉及的学科宽泛，学科间的界限也变得模糊起来。

## 三、项目设计以学生为主体

STEAM教育不同于传统的应试教育的让学生死记硬背知识点，而是需要学生动手实际操作，具有实践性。STEAM课程项目的学习方法以学生为中心，注重直接经验的获得，不是教师直接传授知识和经验，知识和经验的获得需要学生自己体验和建构。

Arduino单片机STEAM项目在学校比较受欢迎，但Arduino单片机STEAM项目需要运用到复杂、枯燥而且有一定难度的编程技术。如果从低年级开始就接触Arduino单片机课程，固然对系统性学习有帮助，但会让很多学生产生畏难情绪而失去了对Arduino单片机学习的兴趣。因此在香山学校，低年级采用"自置游戏操作杆"设计简单小游戏，到高年级增加传感器和输出设备，设计"智能呼吸灯"等。例如，设计"一压即亮"地垫灯，方便长者起夜；"描摹夜灯"，可以垫在书页下按照原书页图样画画，也可以用作夜晚阅读灯。只有适合学生年龄段和接受程度的Arduino单片机STEAM项目才能使学生产生兴趣，产生成就感，以至于对学生到高年级学习电脑编程会有很大的激励作用。

---

① 胡卫平，首新，陈勇刚.中小学STEAM教育体系的建构与实践［EB/OL］.（2017-04-31）［2019-06-25］http://xbjk.ecnu.edu.cn/CN/html/2017-4-31.htm.

## 四、项目融合需多种教学法

STEAM教育涉及项目学习法、讲授法、讨论教学法以及属性列举法等教学方法。在整个教学过程中，需要将各种教学方法灵活使用。例如，学生在学习STEAM各个学科相关内容时涉及知识层面，也涉及能力的培养。关于知识的学习，除了学生自主搜集相关资料进行学习外，还要教师采用讲授法进行适当的知识讲授。尤其是低年级的学生，讲授法尤为重要。

由于STEAM课堂给了学生较多自由学习的时间，课堂管理会更加麻烦，需要采取一些保障措施才能使讨论教学法真正发挥其作用。在进行STEAM课程项目时，部分学生存在"各自为战"的情况，同伴之间相互看不上对方的想法，相互不交流也不妥协，存在恶性竞争，就是想让自己做出来的作品把同伴的比下去。因此，讨论教学法是非常必要的，学生间在交流的时候可以激发出更多的思维火花，并且健全人格，知道如何跟同伴相处。但是在采用讨论教学法时需要合理、恰当地使用，只有正确地引导才能有效发挥其作用。[①]

属性列举法（Attribute Listing）由克劳福德（Crawford）发明提出，他认为每一个事物都是由另一个事物产生的，一般的创造品都是从旧物中改造而来的。实施的时候，先让学生列举所研究问题或物品的各种属性，然后提出各种改进属性的方法，使该物品产生新的用途。这种教学策略给予学生一定的引导，为学生发散性思维的培养提供帮助。

## 五、项目评价方式多元化

在STEAM项目课程的实施中，评价方式的多元化是其最重要的特点，评价的方式有很多，如学生日常学习的记录、访谈、成长档案袋、纸笔测试。而当前通过纸笔测试和终结性评价对学生进行评价，多用同一个指标去衡量所有学生，忽视了学生间的个体差异性，这种评价方式是不全面、不科学的。学生在STEAM项目课程中所建构的创新能力、跨学科解决问题的能力和协作学习能力等各种能力，是无法通过纸笔测试测出来的。因此，我们既要进行总结性评

---

① 布鲁克菲尔德.讨论式教学法：实现民主课堂的方法与技巧 [M].北京：中国轻工业出版社，2002：26.

价，也要收集形成性评价，使评价的主体更加多元化。①

此外，教师评价作为学生评价的权威，学生自身也需要参与到评价过程中，主要包括学生自评、同伴互评以及教师评价。项目评价的目的只为激发学生以更多的创意去创造解决实际问题。任务清单、观察量表、项目日志等对学生的表现进行形成性评价。当教师对学生进行评价时，重点应该放在对学生整个项目学习的评价，通过观察量表、项目日志等对STEAM项目学习、学生表现进行评价。②例如，STEAM项目的《导体与绝缘体》在使用评价量表时，教师应该帮助学生做好准备，事先教会学生怎样使用评价量表进行评分，从而促进学生的学习，并激发学生的创造性和STEAM项目的深层次学习。

## 六、项目所需的师资和学习环境

STEAM教育涉及科学、技术、工程、人文艺术以及数学等多个学科的整合，在学习环境、教学方法、教学内容上都有较大的变化，对教师提出更高的要求。由于STEAM相关的各学科教师都具有单一的学科背景，要能胜任STEAM的教学工作，则需要对STEAM教育师资进行相应的培训以及各学科教师之间的通力合作。STEAM教育一定不是一位教师就能胜任的，需要一个教师团队来合作。并且STEAM相关学科的教师应该接受相应的培训，包括技术、跨学科的教学方法、教学理念的培训。STEAM教师培训应该是一个系统性的培训，而不是孤立的技术类专题培训。目前一些研究表明，最有效的教师专业发展应该是集中的和可持续的。

学校和机构的创客空间，也称STEAM学习环境，除了具备支撑STEAM学习的功能外，更要为学生尽可能地营造一个良好的学习氛围，让学生感到放松。而不是像传统教室，学生创作学习空间不大的同时，还产生一种压迫和紧张感。努力创造一个舒适的STEAM学习环境，激发学生去创造性学习，是STEAM

① 卢健.形成性评价与总结性评价理论探究［J］.福建教育学院学报，2011（5）：30-33.
② 毛景焕.课堂评价的新视点——关于如何通过评价教师促进教师对学生评价的研究［J］.教育理论与实践，2003，23（3）：27-31.

教育模式的一个重要部分。[①]

　　学习环境主要两个部分组成：线上的虚拟学习空间以及线下的实体学习空间。具体包含常见的金属和木工工具，电子设备和器材（3D打印机、开源工具等），计算机软件工具以及生物、化学、物理等学科的基本实验素材等。

---

① 胡卫平，首新，陈勇刚.中小学STEAM教育体系的建构与实践［EB/OL］.（2017-04-31）［2017-07-24］http：//www.sohu.com/a/159460597_498166.

# 第二章

# 重演知识发生过程教学的本质

重演知识发生过程的教学是相对结论教学而言的。结论教学顾名思义是指注重知识结论的教学，结论教学只关注教学的结果，不关注教学的过程，而过程教学则重视教学的过程性。这种教学模式更多地期望改变传统教学模式中教师"满堂灌"的现象，从而改变学生被动接受信息的情况。过程教学模式的特点是在教师的指导下，学生参与获取知识的全过程。这样，学生不仅获取知识，还能掌握学习方法和技能。过程教学不仅重视教学活动的结果，同时也注重教学活动的过程。①

---

① 艾兴.建构主义课程研究［D］.重庆：西南大学，2007.

# 第一节　重演知识发生过程教学的理论溯源

STEAM教育倾向于指向真实情境问题的解决，强调学习的过程。而知识发生过程的教学是指教师引导学生揭示或感受知识发生的前提或原因、知识概括或扩充的经过以及向前拓展的方向，它的价值表现在有利于遏止注入式教学，有利于突出学生学习的主体性，从而有利于增强教学过程的发展功能，全面提高学生的探究欲望、探究能力等各方面的素质。①过程教学的这些特质与STEAM教学非常类似，知识形成过程是人类思维独创性的凝聚，它孕伏于知识体系中，具有极高智力价值；它反映了知识发明、发现者解决问题的途径、手段、基础以及视角。②为了更好地介绍重演知识发生过程的STEAM课程开发与教学，我们重点介绍皮亚杰的建构主义理论、布鲁纳的认知学习理论、赞可夫的教学与发展理论。

## 一、皮亚杰的建构主义理论

建构主义理论的内容非常丰富，其核心是："学习是一种建构过程，学习必须处于丰富的情境中，强调教学必须以学生为中心，强调学生对知识的主动探索、主动发现，强调学习过程的最终目的是完成意义建构。"③建构主义是皮亚杰整个发生认识论的实质性内容，甚至把皮亚杰的整个认识论称为建构主义也不过分。④

建构主义认为知识是与环境交互的结果，教学的目的是培养善于学习的终身学习者，STEAM教育能使学生自我控制学习过程，具有自我分析和自我评估

---

① 裴光勇，陈佑清.知识发生过程教学的内涵和价值［J］.中国教育学刊，2001（1）：48.

② 钟以俊.面向知识形成过程的教学策略［J］.中国教育学刊，1995（5）：20.

③ 艾兴.建构主义课程研究［D］.重庆：西南大学，2007.

④ 丁芳，熊哲宏.智慧的发生——皮亚杰学派心理学［M］.济南：山东教育出版社，2009：61.

能力，提升对自身的反思与批判性能力。

在STEAM教学中，教师的角色更多的是教学设计者、活动组织者、知识讲授者和学习引导者等。教师角色多元，且需要不同教师相互配合，共同引导学生完成某个具体项目。建构主义认为，知识不是对现实纯粹客观的反映，只不过是人们对客观世界的一种解释、假设或假说，是学生对客观世界的心理体验，它不是问题的最终答案和本质来源，必将随着学生认识程度的深入而不断变革、升华和改写，知识并不能准确无误地概括自然与社会的法则，提供对任何活动或问题都适用的解决方法。在开展STEAM教学的具体问题解决过程中，学生需要针对具体问题的情境对原有知识和前概念进行加工与创造。

建构主义认为，知识不可能以实体的形式存在于个体之外，尽管通过语言赋予了知识一定的外在形式，且获得了较为普遍的认同，但这并不意味着学习者对这种知识有同样的理解。真正的理解只能由学习者自身基于自己的经验背景建构起来，取决于特定情境下的学习活动过程。否则就不叫理解，而是被动的复制式学习，学生掌握的"STEAM学科知识"也只是一些抽象的、无意义的符号。建构主义认为，课本知识只是一种关于某种现象较为可靠的解释或假设，并不是解释现实世界的"绝对参照"。某一社会发展阶段的科学知识固然包含真理，但并不意味着终极答案，随着社会的发展，将会有更真实的解释。建构主义认为，任何知识在为个体接收之前，对个体来说是没有什么意义的，也无权威性可言。所以，STEAM教学不能把知识作为预先决定了的东西教给学生，不要以教师对知识和STEAM项目的理解方式作为让学生接收的理由，用教师的权威去制服学生。学生对知识的接收，只能由他们在STEAM学习过程中来建构完成，应以自己的经验为背景，分析、判断知识的合理性。在STEAM教学过程中，学生不仅理解新知识，同时也对新知识进行分析和评价。

在STEAM教学中，学生应该是积极的参与者，独立参与整个项目，或是在小组合作中共同学习跨学科的综合知识。建构主义主张世界是客观存在的，但是对于世界的理解和赋予意义却是由每个人自己决定的，即学生都是以自己的经验为基础来建构现实，每名学生的经验世界都是他的头脑创建的，由于每个人的经验和产生这些经验的过程和社会文化的历史背景不同，导致每个个体对外部世界的理解也不同。所以，建构主义认为学习不是由教师把知识简单地传递给学生，而是由学生自己建构知识的过程。学生不是简单被动地接收信息，而是主动地建构知识，这种建构是无法由他人来代替的。

在STEAM教学过程中应该同时包含两方面的建构：一方面是对新信息、新情境的意义建构，另一方面是在活动中对原有经验的改造和重组，这与皮亚杰通过同化与顺应而实现的双向建构的过程是一致的。只是在STEAM教学中，我们应该更加重视后一种建构，强调学习者在学习过程中并不是发展仅供日后提取出来以指导活动的图式或命题网络。恰恰相反，他们所形成的对概念的理解应该是丰富的、有经验背景的，从而使学习者在面临新的情境时能够灵活地建构新的知识框架。建构主义认为，任何学习都要涉及学习者原有的认知结构，学习者以其自身的经验，包括正规学习前的非正规学习和科学概念学习前的日常概念，来理解和建构新的知识和信息。即学习是以自己的经验为背景，对外部信息进行主动的选择、加工和处理，从而获得自己理解的意义。因此，学习不像行为主义所描述的"刺激—反应"那样。即在STEAM教学中，教师不能无限制地通过培养学生对项目的熟练程度来开发与制造产品或者参与某项竞赛。学习意义的获得是每个学习者以自己原有的知识经验为基础，对新信息进行重新认识和编码，建构自己的理解过程。在这一过程中，学习者原有的知识经验因为新知识经验的进入而发生调整和改变。

### 案例：重视自主建构还是过程重复

2015年，珠海市香洲区举办STEAM科技节活动，有一个学生项目"红萝卜+牙签"造型设计比赛。在制定比赛规则时，全区科学教师在座谈中提供了两种方案，一是赛前一周甚至更长时间告诉学生红萝卜和牙签的具体数量，另一种是在比赛开始后学生才知道红萝卜和牙签的数量。对于这两种方案，第一种方案明显可以通过花时间和精力操作和训练博得较好的成绩，学校辅导教师容易开展教学辅导，缺点是学生在比赛时会按既定的方案进行思维复制，缺少STEAM和科技创新的思维特质。当年，我们选择了第二种方案进行比赛。

科学概念是在感性认识的基础上产生的，不经感性认识阶段，就不会在头脑中形成概念。因此，情境创设很重要，情境创设以一种强有力的方式影响着学习及其迁移。但很多人没有想到的是，学生不可能永远生活在情境之中，也不可能所有问题都有对应的物理情境来处理。创设情境只是教学的一个起始环节，在STEAM教学中，应该完成学生从情境中来到情境中去，再到情境中解决新问题的过程。

从建构主义学习的知识观和学习观可以看出，学生要成为意义的主动建构者，这就要求学生在学习过程中从三个方面发挥主体作用。一是建构主义教学要求学生在复杂的真实情境中完成任务，STEAM教学以真实的项目为学习基础，能较好地实现这一目标。传统的单一学科教学，学生通常选择缺乏"认知冲突"的学习道路，也就是说学生倾向于选择对他们没有难度的任务。而在建构主义教学中，学生需要面对要求体现认知复杂性的真实世界的情境，这对他们无疑是个挑战，在STEAM教学中会生成很多新问题。因此，学生需要采取一种新的学习风格、新的认知加工策略，形成自己是知识与理解的建构者的心理模式。二是建构主义教学比传统教学要求学生承担更多的学习管理任务。显然，如果学生缺乏自我管理的能力，他们就不可能成为自主的思考者和学习者。但建构主义教学也不能一下子完全让学生管理自己的学习任务，因为高度认知复杂性的学习环境可能让学生感到不知所措。学生在STEAM教学中，教师应该时刻注意让学习任务始终处于学生的"最近发展区"，在教师的帮助下培养控制自己学习过程的能力。三是学生应该认识到成为一个自我控制的学习者的重要性，并且努力学习一些自我控制的技能和习惯，积极地融入建构主义教学中，积极地投入到新的学习方式中。

建构主义学习强调学生的主动学习，同时也强调教师在学生建构知识过程中提供一定的帮助和支持，使学生的理解进一步深入。STEAM教学对教师提出了一些新的要求。

一是教师的作用应从传统的向学生传递知识的权威角色转变为学生学习的辅导者，成为学生学习的高级合作者。在建构主义学习中，教师不再是知识的呈现者和知识权威的象征，而是学生学习的高级伙伴或合作者。STEAM教学应在教师指导下以学习者为中心，强调学习者的主体作用。教师应该重视学生对各种现象的理解，倾听他们时下的看法，思考他们这些想法的由来，并以此为据，引导学生丰富或调整自己的理解与看法。二是教师是意义建构的帮助者、促进者，而不是知识的提供者和灌输者。学生是学习信息加工的主体，是意义建构的主动者，而不是知识的被动接收者和被灌输的对象。在STEAM教学中，教师必须认识到教学目标不仅包括认知目标，也包括情感目标。教师要重视学生的情感领域，使教学与学习者个人相关联。教学要逐渐减少外部控制，逐渐增加学生自我控制学习的过程。教师不仅需要在学习内容方面辅导学生，而且要在新的学习技能和技术方面指导学生，并将监控学习和探索的责任由教师为主转向学生为主，最终使学生达到独立学习的程度。三是教师应在可能的条件下组织协作学习，并对协作学习过程进行引导，使之朝有利于意义建构的方向发展。STEAM教学必须创设一种良好的学习环境和符合教学内容的情境，并提示新旧知识之间联系的线索，让学生在其中可以通过动手实验、独立思考、合作探究等方式进行学习，引导学生建构STEAM知识的全部意义。

## 二、布鲁纳的认知学习理论

从人类社会出现至今，人们一直都在思考人是如何学习的，学习理论的发展也经历了由注重外部刺激的行为主义到关注主体内部变化的认知主义。而认知学习理论又包括早期的认知学习理论、认知结构学习理论、认知同化理论和学习的信息加工理论，它们都从不同的角度阐述外部知识对学习者的影响，布鲁纳的认知学习理论在STEAM教学中具有重要意义。

布鲁纳认为，学校教育是文明社会发展智慧能力的重要工具，其主要目标应是最好地促使学生的智力发展，获得各种优异才能。他倡导发现法，要求重视学生学习的信心与主动精神。20世纪以来，杜威的儿童中心课程论与经验主义的课程体系轻视学术性，课程缺乏严密的科学体系，教材不能反映最新的科学技术成果，教学内容缺乏系统性，造成美国中小学教学质量下降。美国的课程与教材改革势在必行，布鲁纳的教育理论就是在这种大背景下产生的。

布鲁纳始终对"刺激—反应"理论持否定的态度，但他承认，"刺激—反应"理论可以恰当地用来说明学习者是如何利用动作表征来学习的。"刺激—反应"重在研究外在刺激的作用，从外部环境的角度来研究，其实验对象是一般的动物。而认知主义重点研究学习者内部的变化，是站在学习的角度，其实验对象是现实学校中的学生。[①]布鲁纳认为，"刺激—反应"所建立的结论只是儿童学习的初级阶段，是学习的外部反映，我们应该关注学习者头脑内部的思考过程或认知结构的重组过程。基于多年学校教育和教学的实验，在皮亚杰认知发生论以及维果茨基和杜威等人的学习理论的基础上，布鲁纳创立了认知

---

① 施良方.学习论［M］.北京：人民教育出版社，2001：210.

结构学习理论。

布鲁纳的认知结构学习理论之一是认知表征理论。认知是学习者内部的心理状态，表征则是指外在的表现，那么认知表征就是指学习者内部心理状态的外在表现。学习是一个复杂的过程，是学习者内部认知组织和再组织的过程。布鲁纳把学生的认知发展称为智慧生长，与认知生长作为同义语，把它们看作形成表征系统的过程，而表征系统是人们知觉和认识外部世界的规则。在做了许多精巧的实验又汲取了现代语言等学科的成果后，布鲁纳认为，人类智慧发展的阶段是连续的、相继的。就性质而言，发展既有量的增长，也有质的变化。

布鲁纳的认知结构学习理论之二是认知结构理论。布鲁纳认为，学习的过程实际上是人们利用已有的认知结构对新的知识经验进行加工改造，并形成新的认知结构的过程。人们通过表征系统积累起来的知识经验，经过学习者自身某种信息系统的加工，逐步形成自己的认知结构。通俗地讲，这种结构就是归类，形成于人的头脑中的认知结构一开始是比较单薄的，随着时间的积累会慢慢变得丰盈起来。这种认知结构一经建立，就成为学习者进一步学习内部的重要因素。学生不是被动的知识接受者，而是积极的信息加工者。人类在适应环境时，"分别对待各种相同的事物，对周围的各种物体、事件和人物进行分类，并根据这一类别的成员关系而不是它们的独特性对它们做出反应"。人类通过内部的编码系统把新的知识经验与原有的认知结构做比较，并对相关的类别做出有层次结构的安排。

布鲁纳的认知结构学习理论之三是学与教的原则。经过教育实验验证，布鲁纳提出了四个关于教育内容和教育方法的基本原则。

一是知识的结构性。学习任何学科，务必使学生掌握这门学科的基本结构和知识流程。知识结构对于一个人的学习是非常重要的，布鲁纳认为，掌握事物的结构就是理解它与许多其他事物之间有意义的联系。简单地说，学习的结构就是学习事物是怎样相互关联的，追溯知识的来龙去脉。所谓的知识结构，也就是某一学术领域的基本观念，不仅包括掌握一般原理，而且包括学习的态度和方法。布鲁纳从四个方面论述了学习学科基本结构的必要性。第一，懂得基本原理，使得学科更容易理解。学科的基本原理弄清楚了，其他特殊课题就能解决好。我们认为开展STEAM教学应该有扎实的学科基础，不能一味地追求STEAM教学，使得本末倒置。第二，利于记忆的保持。对人类记忆的研究表明，一件件放进构造很好的模式里的东西更容易产生联系和记忆。第三，领会基本的原理和观念是迁移的基础。他认为理解更基本的原理和结构的意义就在于把事物作为更普遍的事情去理解，不仅学习特定的事物，还学习适合于理解可能遇见的其他类似事物的模式。这种模式就是迁移的基础，能进一步激发智慧。第四，对教材结构和基本原理的理解能够缩小"高级"知识和"初级"知识的间隙，在科学学科方面，可以以科学思想和科学方法为纽带拉近知识间的间隙。

二是学习的准备性。布鲁纳基于当时美国出现的一个事实，即美国学校困难的理由，是把许多重要学科的教学推迟了，因而浪费了宝贵的时间。他提出了一个假设：任何学科都能够在智育上采用正确的方式，有效地教给任何发展阶段的任何儿童，我们以儿童的认知特点为基础，开发适当的STEAM教育课程，STEAM教育理念和学习方式可以渗透在学前教育到大学的整个教育过程中。在一门STEAM教学课程的教学过程中，应反复地回忆这些基本观念，以这些观念为基础，直至学生掌握了与这些观念相适应的、完整形式的体系为止。布鲁纳的这一思想以关于儿童认知发展阶段的理论为基础，提出了对儿童进行早期教育的可能性。布鲁纳还认为，课程的编制方式应采取"螺旋式课程"。课程设计及教材编排不仅要依据儿童认知发展的程序和特点，而且还要遵循每学科基本概念或原理的连续性，使教材成为一套螺旋式的课程系统。

三是强调直觉思维的重要性。在日常教学过程中，我们都强调分析思维的重要性，培养学生的思维能力主要是指培养学生的分析思维能力，分析思维是以一次前进一步为特征的，步骤非常明显。在分析思维过程中，人们能比较充分地意识到所包含的知识和运算，而直觉思维则迥然不同，它不是以仔细的、规定好的步骤前进为特征的。布鲁纳认为，直觉思维和预感的训练是正式的学术学科和日常生活中创造性思维很容易受忽视而又重要的特征。智慧的推测、丰富的假设和大胆并迅速地做出试验性结论是从事任何一项工作的人极其珍贵的财富，我们应该领导儿童掌握这种天赋。布鲁纳也指出了鼓励"猜想"在培养直觉思维中的重要性，但是STEAM教学在很大程度上都是忽视这些的，而且经常不鼓励学生去"猜"。直觉是创造性思维的一个重要组成部分，没有任何一个创造性行为能离开直觉活动。

四是强调内部动机的重要性。对于促进学习过程真正动力的问题，以前的心理学家都强调外在的动机。他们认为，在一定的时间有顺序地提供食物或给予赏罚等外在报酬，可以产生预期的学习成果。布鲁纳则强调内在动机，认为这是促进学习的真正动力。所谓内在动机是要在学习本身找出其根源和报酬，它所要求的报酬就是给予在该活动中有好的成绩者一种满足感或愉快感，或是对其活动过程给予喜悦感。布鲁纳主张围绕兴趣组织儿童学习，认为最好的刺激学习方法是让学生对所学的材料感兴趣，增加教材本身的趣味性，使学生有新发现的感觉。

　　布鲁纳的认知结构学习理论之四是发现学习。发现学习理论是布鲁纳学习理论的核心，但其并不是发现学习的创始人，就"发现""探究"等观念来说，杜威早就提出同样的看法，如果联想到启发式，那还可以追溯到古希腊的苏格拉底，但布鲁纳比其他人更注意发现法的理论依据，使之具有科学的基础。[①]为了创建该理论，布鲁纳研究了大量的相关课题，如知觉归类、概念形成、思维、动机等。知觉归类理论和概念形成的假设考验说是"认知—发现"学习的理论基础。布鲁纳强调学习的过程，这为我们开展基于知识发生过程的STEAM教学提供了重要的理论基础。他认为，在教学过程中，学生是一个积极的探究者，教师的作用是要形成一种学生能够独立探究的情境，而不是提供现成的知识。从中可以看出，布鲁纳很重视知觉过程中主体积极主动的建构过程。

　　布鲁纳认为，发现学习是学习知识的最佳方式，发现学习要求学生利用教材或教师提供的条件自己独立思考，自行发现知识，掌握原理和规律。在STEAM教学过程中，学生的学习方式呈现多样性，探究式学习、协作学习、项目学习、发现学习普遍得以应用。这些方式对于提高学生对知识、技能的深度理解和综合应用，培养学生的批判性思维和综合素养都会带来巨大的作用。发现学习能够提高智慧潜能，培养学习者的内在动机，并有助于记忆的保持和提取。发现学习的一般程序为创设发现问题的假说—对假说进行验证—做出符合科学的结论—转化为能力。布鲁纳对学习理论的研究重点放在学生获得知识的内部认知过程和教师如何组织课堂以促进学生"发现"知识的问题上，强调学

---

① 施良方.学习论［M］.北京：人民教育出版社，2001：210.

生学习的主动性，强调学习的认知过程，重视认知结构的形成，注重学习者的知识结构、内在动机、独立性与积极性在学习中的作业，对学习理论的发展做出了突出贡献。

布鲁纳认知学习理论对STEAM教学具有重大意义。首先，对认知结构的重新反思。布鲁纳结构主义理论中的"结构"是指一种关系的组合，该组合反映出了事物之间的本质联系。掌握事物的结构就是要理解它与许多其他事物之间的联系。这其实就是一种归类理论，类似于我们现在电脑中资源管理器的作用，把事物按照一定的规律分成各个不同的种类，人类按照这个分类把新接受的知识加以归类处理，便于我们记忆和理解。其次，是重视直觉思维的价值。直觉思维是指对一个问题未经逐步分析，仅依据内因的感知迅速地对问题的答案做出判断、猜想、设想，或者在对疑难百思不得其解中，突然对问题有"灵感"和"顿悟"，甚至对未来事物的结果有"预感""预言"等都是直觉思维。STEAM是基于实践性的项目学习，学生在学习过程中会产生特别的想法，这些想法有些是不用通过仔细分析推理得到的，是以熟悉的知识领域及其结构为根据，直接得出结论的思维方式。直觉思维多属闪电式或跳跃式的思维，是一种深层的知觉，所以，思维者很难向人说明是采取了什么程序达到了思维的结果。直觉思维能力的培养对于人的创造性有很大的潜在作用。很少有人注意到学生直觉思维的培养，而且直觉思维本身就是很难确定的一种知觉。所以在这种大的环境下，人们的直觉思维能力就被搁置了。在素质教育下，人们才意识到这种能力的重要性。在基于知识发生过程的STEAM教学过程中，教师应给予适当的重视，创设自由的课堂学习气氛，鼓励学生多做推测问题，培养学生的自信心和勇气。第三是学习的动机，布鲁纳强调内部动机的重要作用。学习是一个主动的过程，最初动机乃是对于所学材料的兴趣，即主要是内在动机，而不是诸如等级、奖赏、竞争之类的外来目标。在布鲁纳的学习理论引入国内之前，在我们实行的教育体系中，学生处于被动接受的地位。改革开放以后，国家对教育相继进行过几次改革，在全国推行素质教育。于是各种教学理论从西方国家引进国内，国内教育人士开始注意到学生学习动机的重要作用，尝试通过奖赏、划定等级等方法来激发学生的学习动机。事实证明，这些外部的奖赏并不能引发学生正确的学习动机，于是出现了为奖赏而学习、为科技创新比赛得一等奖而学习、为得到家长和教师的认可而学习等非内部学习动机。这种现象久而久之就会引发学生厌学，甚至逃学，乃至自闭、忧郁等心理疾病。因此，我们开展的STEAM教学不能以比赛结果获奖为目的，而要站在学生的成长过程中思考STEAM教学的真正意义。

## 三、赞可夫的教学与发展理论

苏联著名教育家赞可夫认为，现代生活不仅为学生的发展创造了巨大的可能性，而且对学校在学生发展方面的工作提出了更高的要求。这就是要求教学要走在发展的前面，促进学生的发展。20世纪70年代，赞可夫的发展性教学陆续传入中国，引起了中国教育界的注意。赞可夫的实验教学就其时间之长、规模之大、影响之深远算得上是教育史上著名的教育实验之一。[①]赞可夫、布鲁纳和根舍因此一同在国际上被誉为"课程现代化"的三大典型代表。他独特的贡献在于将自己的教改指导思想付诸长期的实验研究中，从而创立了一套专属的实验教学体系。

赞可夫把毕生的精力主要放在教学论的研究上，热衷于研究教育学与心理学的相互关系，并成功把心理学的研究方法有机地应用到教学论的研究中。他在教学目的、教学原则、课堂生活、教师工作等方面提出了自己的独特见解，以唯物辩证法为教学论的指导思想，从学生的生活实际出发，和实践保持密切的联系，作为教学论思想的一条重要指导原则。

赞可夫在谈到教学目的时指出，教学旨在促进学生的一般发展和学习。所谓"一般发展"，是相对于某一门学科或某一组学科引起的独特的发展（即"特殊发展"）而言的，指的是由各门学科引起的共同的发展，是学生身体和心理的全面发展，即包括了智力、情感、意志、道德品质、个性特点、集体主义精神的发展及身体的发育等各个方面，是这些方面"由简单到复杂、由低级到高级的运动，由旧的质状态到新的、更高的质状态的上升运动、更新过程及新事物的产生和旧事物的死亡"。教学与发展理论运用了赞可夫的导师、苏联著名心理学家维果茨基的"最近发展区"学说。维果茨基说："教学应该创造

---

① 刘芳霞，熊志权.知识形成过程的教学研究与实践［M］.长春：东北师范大学出版社，
2018：17.

最近发展区，然后使最近发展区转化为现有发展水平；教育学不应当以儿童发展的昨天、而应当以儿童发展的明天作为方向。"只有当教学走在发展前面的时候，教学才有好的结果。基于此，我们不能让高中生还在拼积木、小学生过度玩机器人和人工智能设计创作，不同年级开发的STEAM课程应该有不同的侧重点。珠海市教育研究中心在努力建构不同学段、不同年龄段的STEAM教学指导与实施意见，使STEAM教学具有持续性与适切性。

赞可夫提出使学生理解学习过程的原则。这个原则要求学生把前后所学的知识进行联系，了解知识网络关系，使之融会贯通、灵活运用。教学要引导学生寻找并掌握知识的途径，要求学生明确学习产生错误与克服错误的机制等。概括地说，要发展学生的认知能力，培养学生的自学能力，才有利于学生的发展。这条原则与传统教学论的掌握知识的自觉性原则既近似又有区别。就理解的对象和性质而言，自觉性原则着眼于学习活动的外部因素，即把应当掌握的知识、技能和技巧作为理解的对象。赞可夫的这条原则着眼于学习活动的内部机制，要求学生理解的对象是学习的过程、掌握知识的过程，即让学生通过自己的智力活动探索获得知识的方法和途径，掌握学习过程的特点和规律。因此，教师应当引导学生自己去学。贯彻这条原则，有利于培养学生的独立性、主动性和创造性，有利于早期培养学生的自学能力，使他们在小学阶段就形成良好的学习习惯，为以后的学习打下良好的基础。

赞可夫还提出使全体学生都得到一般发展的原则，这条原则是大面积提高教学质量的有力保证。赞科夫认为，在传统教学条件下，即使完全落实个别对待的教学要求，学优生的发展会受阻，而学困生的发展也几乎毫无进展，这是因为没有把致力于学生的一般发展看作最重要的任务。赞科夫的实验教学特别注意对学困生的帮助。他领导的实验室对学困生进行了长期的观察和比较研究，指出从心理学角度看，学困生普遍具有以下特点：自尊心强，不合群，思想负担重，求知欲低，甚至对学习、学校有反感，观察力、语言表达能力、抽象思维能力差。传统教学不能为学困生提供真正的智力活动，把补课和布置大量训练性练习看作克服学业落后的必要手段，其结果是加重学困生的负担，阻碍其发展，拉大了他们与其他学生的距离。赞科夫认为这些学生尤其需要在发展上下功夫，教师要帮助他们提高观察力、思考力，使他们在掌握知识和技能技巧方面取得好成绩。STEAM教育旨在培养学生的观察与思考、项目设计与问题处理，在某种意义上承载了这种教学使命。

赞可夫认为，学困生之所以困，主要是他们的发展水平低，对学习没有兴趣，缺乏学习信心，观察力和思维能力薄弱。而教师对待学困生的传统办法就是补课，反复做机械的练习，结果是学困生的负担更重。在同样的学习环境中，学困生见到的东西少，想到的东西少，因而学习的东西少，智力活动也减少了，又使得发展水平难以提高。为了改变这种状况，教学要面向全体学生，特别是要促进学困生的发展，教材必须适合大多数学生的学习水平。我们也知道很多动手能力强、喜欢思考和创作的学生，学科测试成绩并不理想，STEAM教育似乎为学困生提供了一种差异化学习与个性评价的途径。赞可夫认为，教学要以实验为基础，多做实验，增强学生的感性认识，发展学生的观察能力；用知识本身来吸引学生，使他们感到学习是一种乐趣，体会到克服学习困难后精神上的满足和喜悦，以此增强学生学习的内部诱因；教学中要注意设计好教与学的思路，重视知识的前后联系，融会贯通，启发思考，适时练习，及时反馈、矫正等。用这样一些方法，持之以恒，使全体学生都得到一般发展是可以做到的，这些原则在我们中小学实施STEAM教学时都可以适当采纳。

未来的人才竞争主要是知识技能的竞争，我们处在一个技术高度变革的时代，从互联网、物联网、人工智能到智能制造，这一切不仅改变了我们的生活方式，也改变了我们的生产方式，特别是对于未来就业和产业发展所需要的人才提出了新的要求。STEAM教育应该是终身教育，是从小到大各学段贯通的，我们要注重培养中小学生学习STEAM的兴趣，奠定必要的基础；强化STEAM技能技术训练，积极投身STEAM领域，提高科技创新能力和就业创业能力；完善STEAM教育课程教学体系，促进各学段STEAM教育的有效衔接，打通学生成长的关节，疏通学生学习的渠道，融通学生学习的内容。[①]

本章介绍皮亚杰的建构主义理论、布鲁纳的认知学习理论、赞可夫的教学与发展理论也只是中小学开展STEAM教育的部分理论依据，从国际经验中，我们可以看出STEAM教育作为培养学生探究能力、批判思维能力以及与人沟通能力的载体具有非常好的效果。因此，在这个时代背景下开展STEAM教育非常重要。

---

① 王素.《2017年中国STEM教育白皮书》解读［J］.现代教育，2017（7）：4-7.

# 第二节　核心素养视域下的STEAM教育

　　教育过程是指教师和学生共同活动的过程，也可以说是教师教的过程和学生学的过程的有机组合。教育过程既是一种认识过程，也是一种实践过程，更是一种审美过程。[1]核心素养直指教育的过程，关注学生在其培养过程中的体验与感悟，而非结果导向。重演知识发生过程的教学追求是核心素养的内涵，过程教学是中国学生在课堂上发展学科核心素养的一个重要途径和载体。在我们开展STEAM过程教学的研究中，梳理了基于知识发生过程的教学与科学核心素养的关系。很明显，重演知识发生过程教学是科学核心素养联结其具体目标的重要桥梁，最终能够促进学生的深度学习。如图2-2-1所示。[2]

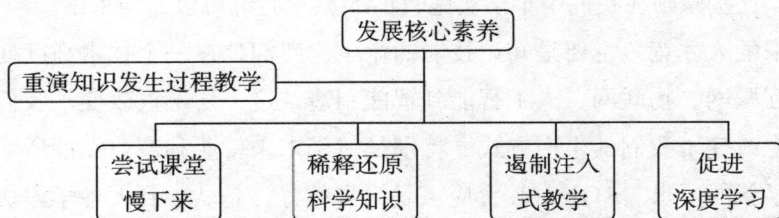

图2-2-1　发展学生核心素养与重演知识发生过程教学的关系

　　STEAM教育的独特价值在于通过整合为学生提供真实的学习情境，以便于培养学生的思维方式和积极的学习态度，解决复杂问题，从各方面提高学生的核心素养能力。

---

[1] 钟以俊.论审美化教育［J］.中国教育学刊，2003（7）.

[2] 刘芳霞，熊志权.知识形成过程的教学研究与实践［M］.长春：东北师范大学出版社，2018：28.

## 一、核心素养的内涵与本质

核心素养的提出始于20世纪90年代，经济合作与发展组织（OECD）1997—2005年开展的"素养的界定与遴选"，将该词用于描述所有社会成员都应具备的共同素养中那些最关键、最必要且居于核心地位的素养。经济合作与发展组织定义的核心素养的维度与具体内容见表2-2-1。[①]

表2-2-1　经济合作与发展组织（OECD）定义的核心素养的维度与具体内容

| 序号 | 核心素养的维度 | 核心素养具体内容 |
|---|---|---|
| A | 能互动地使用工具 | 互动地使用语言及文本的能力<br>互动地使用知识与信息的能力<br>互动地使用科技的能力 |
| B | 能在异质社会团体中互动 | 与人们建立良好关系的能力<br>合作的能力<br>控制与解决冲突的能力 |
| C | 能自主地行动 | 在复杂大环境中行动的能力<br>设计人生规划与个人计划的能力<br>维护权利、利益、限制与需求的能力 |

到底什么是核心素养？世界各国用词和表述不一样，如经济合作与发展组织用"胜任力"、美国用"21世纪技能"、日本用"能力"等。但回答的问题是一样的，都是在回答"培养什么样的人才能让他顺利地在21世纪生存、生活与发展"的问题。我们在研究世界各国及相关国际组织关于核心素养的定义的基础上，明确界定核心素养是个体在知识经济、信息化时代面对复杂的、不确定性的现实生活情境时，运用所学的知识、观念、思想、方法解决真实的问题所表现出来的关键能力与必备品格。这不是我们通常所说的解题能力，也不是指能做某一件生活小事，而是个体在未来面对不确定的情境时所表现出来的真实的解决问题的能力与必备品格。它是通过系统的学习而习得的，是关键的、共同的素养，具有连续性与阶段性。

核心素养概念是不断演变的，它与人类进步和社会发展密切相关，是社会生产力与生产方式发展变化的产物。历史上不同时期人们对其持有不同的理

---

① 林崇德.21世纪学生发展核心素养研究［M］.北京：北京师范大学出版社，2016：2，14.

解，反映的都是当时社会发展的需求，是当时的人们对"教育应培养什么样的人"这一问题的答案。在农业经济形态为主导的社会背景下，人才的培养重视道德和品性；工业社会重视能力；在信息技术、低碳经济为主导的情况下，人才培养需要重视核心素养，反映了当代社会发展的需求。核心素养不仅重视知识，也重视能力，更强调态度的重要性。一个人再有能力，如果没有正确的态度，仍然称不上素养，素养比能力的内涵更为宽广，基本上能纠正过去重知识、重能力而忽略态度的教育偏失。

核心素养总体上的界定一致，但世界各国和中国各地区略有差异，一定程度上体现了各自的民族与国家特色。例如，美国将核心素养界定为生活与职业生涯技能、学习与创新技能，以及信息、媒体与科技技能等方面，发展目的则定于培养具有"21世纪工作技能"及核心竞争能力的人，确保学生后续的大学深造或社会就业；法国将核心素养界定为知识、技能和社交能力三个方面；德国核心素养是从职业教育中发展起来的，与职业密切相关，分为专业能力、社会能力、自主能力三个方面。

为了更好地理解核心素养的本质，我们有必要厘清几个概念，如素养、素质、能力、技能、知识等之间的关系。

一是素养与素质的区别。素质一般与素质教育联系在一起，素养一定程度上是相对于应试教育而言的，素质教育中的素质主要是指可以塑造的素质，或者说可以培养的素质。这一点，素质与素养非常接近。素质的内涵更为广义，是指人在生理基础上，通过后天环境影响和教育训练所获得的内在的、相对稳定的一面，或者说可以培养的素质。素养体现为个体在面对生活情境中的实际问题与可能的挑战时，能运用知识、能力与态度，采取有效行动，以满足生活情境的复杂需要，达到目的或解决问题，是个人生活必需的条件，也是现代社会公民必备的条件。

二是能力与素养的关系。能力一词在工业社会背景下得到广泛使用，可以理解为个体所具有的、能胜任某项活动的实力，它可以是先天遗传下来的，也可以是后天习得的，但不包括态度和情感在里面，而素养并不是先天遗传的，是需要后天的学习与教学获得的。

三是技能与素养的关系。技能是指从操作动作中所展现出来的技巧或技术，与态度、知识共同构成了素养的内涵。素养一词的提法较为全面，是全人教育的理念，与中国提出的"促进人的全面发展、适应社会需要"教育理念根本标准一致，有利于完成党的十八大报告所提出的"立德树人"这一教育工作的根本任务。[①]

四是知识与能力的关系。知识与能力的关系就好比鸟儿的双翅，成就与知识和能力一样都不可缺少。首先，知识具有复制功能，是从一种静态到另一种静态。知识渊博并不等于能力超强，高学历不等于高级人才，知识的多寡只能说明其学习的经历和掌握知识的程度，知识不可以与能力画等号。知识是指人类文明的成果及与自然界和谐相处的经验；而能力是指运用和发挥知识的水平，以实现和完成人类文明的新目标和新成果，使知识转化为生产力，促进经济社会发展，最终体现知识就是力量。一个人的学习过程其实就是知识的复制过程，能力是静态到动态的转化过程，是对知识的运用、深化和创新的实践过程。能力是以知识为基础和条件的，知识是能力的源泉和基石，知识在前，能力在后。能力能够丰富和完善知识，知识可以提高和推进能力。

综上所述，核心素养是学生在接受相应学段教育的过程中，逐步形成适应个人终身发展和社会发展需要的必备品格与关键能力。它是关于学生知识、技能、情感、态度、价值观等多方面要求的结合体，指向过程，关注学生在其培养过程中的体悟，而非结果导向。核心素养不仅能促进个体发展，同时也促进形成运行良好的社会。在核心素养的评估上，需结合定性与定量的测评指标进行综合评价，核心素养具有可教、可学的外显部分，同时也存在无声、无形但可感、可知的内隐部分。前者可以通过一定的方式表现出来，进行定量测量与评价，而后者偏向于一种潜移默化的隐性渗透过程，需以定性、形成性评价的方式进行评估，强调对核心素养形成过程的高度关注，关注个体在此过程中的感受、体验与感悟。

把课程目标定位在核心素养上，教师、校长、课程设计人员将面临最大的挑战。首先，需要我们的关注发生转向，即如何从关注知识点的落实转向素养的养成，如何从关注"教什么"转向关注学生"学什么"。其次，需要我们的

---

① 国家中长期教育改革和发展规划纲要工作小组办公室. 国家中长期教育改革和发展规划纲要（2010—2020年）［S］. 北京：人民教育出版社，2010.

课程观发生转变，重新认识课程的经典问题，需要更多地思考如何让知识成为素养、让知识变成智慧。也就是说，只有能成为素养的知识才有力量。在这样的背景下讨论核心素养，讨论如何编制基于核心素养的课程，教师如何开展基于素养的教学，校长如何提升自己的课程领导力，开发基于核心素养的课程，具有重要的理论意义与现实价值。

## 二、STEAM核心素养的内容

STEAM核心素养主要是构成STEAM的各学科核心素养，而STEAM核心素养要放在各核心素养中来一起讨论。学生发展核心素养，主要指学生应具备的、能够适应终身发展和社会发展需要的必备品格和关键能力。研究学生发展核心素养是落实立德树人这一根本任务的一项重要举措，也是适应世界教育改革发展趋势、提升中国教育国际竞争力的迫切需要。核心素养历时三年集中攻关，并经教育部基础教育课程教材专家工作委员会审议，最终形成研究成果。为了获取STEAM核心素养的具体内容，我们借鉴普通高中数学、艺术、技术（信息技术与通用技术）、科学（物理、化学、生物、地理）等学科的核心素养，各学科的基本内容如下：

**1. 数学核心素养**

（1）数学抽象。数学抽象是指舍去事物的一切物理属性，得到数学研究对象的思维过程。主要包括从数量与数量关系、图形与图形关系中抽象出数学概念及概念之间的关系，从事物的具体背景中抽象出一般规律和结构，并且用数学符号或者数学术语予以表征。数学抽象是数学的基本思想，是形成理性思维的重要基础，反映了数学的本质特征，贯穿在数学的产生、发展、应用的过程中。数学抽象使得数学成为高度概括、表达准确、结论一般、有序多级的系统。在数学抽象核心素养的形成过程中，积累从具体到抽象的活动经验，学生能更好地理解数学概念、命题、方法和体系，通过抽象、概括去认识、理解、把握事物的数学本质，逐渐养成一般性思考问题的习惯，并在其他学科的学习中主动运用数学抽象的思维方式解决问题。

（2）逻辑推理。逻辑推理是指从一些事实和命题出发，依据逻辑规则推出一个命题的思维过程。主要包括两类：一类是从特殊到一般的推理，推理形式主要有归纳、类比；一类是从一般到特殊的推理，推理形式主要有演绎。逻辑推理是得到数学结论、建构数学体系的重要方式，是数学严谨性的基本保证，是人们在数学活动中进行交流的基本思维品质。在逻辑推理核心素养的形成过程中，学生能够发现问题和提出命题；能掌握推理的基本形式，表述论证的过程；能理解数学知识之间的联系，建构知识框架；能形成有论据、有条理、合乎逻辑的思维品质，增强数学交流能力。

（3）数学建模。数学建模是对现实问题进行数学抽象，用数学语言表达问题、用数学知识与方法建构模型解决问题的过程。主要包括在实际情境中从数学的视角发现问题、提出问题，分析问题、建构模型、求解结论、验证结果并改进模型，最终解决实际问题。数学模型建构了数学与外部世界的桥梁，是数学应用的重要形式。数学建模是应用数学解决实际问题的基本手段，也是推动数学发展的动力。在数学建模核心素养的形成过程中，积累用数学解决实际问题的经验。学生能够在实际情境中发现和提出问题；能够针对问题建立数学模型；能够运用数学知识求解模型，并尝试基于现实背景验证和完善模型；能够提升应用能力，增强创新意识。

（4）直观想象。直观想象是指借助几何直观和空间想象感知事物的形态与变化，利用图形理解和解决数学问题的过程。主要包括借助空间认识事物的位置关系、形态变化与运动规律；利用图形描述、分析数学问题；建立形与数的联系；建构数学问题的直观模型，探索解决问题的思路。直观想象是发现和提出数学问题、分析和解决数学问题的重要手段，是探索和形成论证思路、进行逻辑推理、建构抽象结构的思维基础。在直观想象核心素养的形成过程中，学生能够进一步发展几何直观和空间想象能力，增强运用图形和空间想象思考问题的意识，提升数形结合的能力，感悟事物的本质，培养创新思维。

（5）数学运算。数学运算是指在明晰运算对象的基础上，依据运算法则解决数学问题的过程。主要包括理解运算对象、掌握运算法则、探究运算方向、选择运算方法、设计运算程序、求得运算结果等。数学运算是数学活动的基本形式，也是演绎推理的一种形式，是得到数学结果的重要手段。数学运算是计算机解决问题的基础，在数学运算核心素养的形成过程中，学生能够进一步发展数学运算能力；能有效借助运算方法解决实际问题；能够通过运算促进数学思维的发展，养成程序化思考问题的习惯，形成一丝不苟、严谨求实的科学精神。

（6）数据分析。数据分析是指针对研究对象获得相关数据，运用统计方法对数据中的有用信息进行分析和推断，形成知识的过程。主要包括收集数据、整理数据、提取信息、建构模型、对信息进行分析和推断并获得结论等。数据分析是大数据时代数学应用的主要方法，已经深入现代社会生活和科学研究的各个方面。在数据分析核心素养的形成过程中，学生能够提升数据处理的能力，增强基于数据表达现实问题的意识，养成通过数据思考问题的习惯，积累依托数据探索事物本质、关联和规律的活动经验。

**2. 艺术核心素养**

（1）艺术感知能力。艺术感知是学生通过多种感官，对生活、文化和科学等情境中的艺术形式的感知和体验。学生在各类艺术的节奏、力度、色彩、结构等艺术语言的联觉中，形成艺术通感，探究各类艺术的独特性和关联性。

（2）艺术审美情趣。审美情趣是学生艺术修养的精神追求，是美感愉悦、优雅气质、生命关怀的心灵建构。学生在艺术与生活、艺术与文化、艺术与科学的情境中，感受艺术魅力，体现生活情趣，追求诗意人生。

（3）艺术创意表达。创意表达侧重于理解想象、表现创造、反思评价等艺术活动。通过艺术与生活、文化、科学紧密相关的个性化艺术创作实践，学生能够提高创造性思维能力、动手能力与合作能力，并将艺术课程中获得的创意表达能力运用到其他学科和生活领域。

**3. 技术核心素养**

（1）通用技术中的技术意识

技术意识是对技术现象及技术问题的感知与体悟。学生将形成对人工世界和人际关系的基本观念；能就某一技术领域对社会、环境的影响做出理性分析，形成技术的敏感性和负责任的态度；能把握技术的基本性质，理解技术与人类文明的有机联系，形成对技术的理解与适应。

（2）通用技术中的工程思维

工程思维是以系统分析和比较权衡为核心的一种筹划性思维。学生能够认识系统与工程的多样性和复杂性；能运用系统分析的方法，针对某一具体技术领域的问题进行要素分析、方案构思及比较权衡；领悟结构、流程、系统、控制基本思想和方法的实际运用，并能用其进行简单的决策分析和性能评估。

① 通用技术中的创新设计。创新设计是指基于技术问题进行创新性方案构思的一系列问题解决过程。学生能运用人机理论和相关信息收集等综合分析技

术问题，提出符合设计原则且具有一定创造性的构思方案；能进行技术性能和指标的技术试验、技术探究等实践操作，并进行准确的观测记录与信息加工分析，能综合各种社会文化因素评价设计方案并加以优化。

② 通用技术中的图样表达。图样表达是指运用图形样式对意念中或客观存在的技术对象加以描述和交流。学生能识读一般的机械加工图及控制框图等常见技术图样；能分析技术对象的图样特征，会用手工和二维或三维设计软件并绘制简易三视图、草图、框图等；能通过图样表达实现有形与无形、抽象与具体的思维转换。

③ 通用技术中的物化能力。物化能力是指将意念、方案转化为有形物品或对已有物品进行改进与优化的能力。学生能知道常见材料的属性和常用工具、基本设施的使用方法，了解一些常见工艺方法，并形成一定的操作经验的积累和感悟；能进行材料规划、工艺选择及其比较分析和技术试验；能独立完成模型或产品的成型制作、装配及测试，具有较强的动手实践与创造能力。

④ 信息技术中的信息意识。信息意识是指个体对信息的敏感度和对信息价值的判断力。具备较强信息意识的学生能够根据解决问题的需要，自觉、主动地寻求恰当的方式获取与处理信息；能敏锐感觉到信息的变化，获取相关信息，采用有效策略对信息来源的可靠性、内容的准确性、指向的目的性做出合理判断，对信息可能产生的影响进行预期分析，为解决问题提供参考；在合作解决问题的过程中，能与团队成员共享信息，实现信息的最大价值。

⑤ 信息技术中的计算思维。计算思维是指"个体在运用计算机科学领域的思想方法形成问题解决方案的过程中产生的一系列思维活动"。具备计算思维的学生在信息活动中能够采用计算机可以处理的方式界定问题、抽象特征、建立结构模型、合理组织数据；通过判断、分析与综合各种信息资源，运用合理的算法形成解决问题的方案；总结利用计算机解决问题的过程与方法，并迁移到与之相关的其他问题的解决中。

⑥ 信息技术中的数字化学习与创新。数字化学习与创新是指个体通过评估和选择常见的数字化资源与工具，有效地管理学习过程与学习资源，创造性地解决问题，从而完成学习任务的能力，形成创新作品的能力。具备数字化学习能力的学生能够认识到数字化学习环境的优势和局限，适应数字化学习环境，养成相应的学习习惯；掌握数字化学习系统、学习资源与学习工具的功能和用

法，并用来开展自主学习、协同工作、知识分享与创新创造。

（3）信息技术中的信息社会责任

信息社会责任是指信息社会中个体在文化修养、道德规范和行为自律等方面应尽的责任。具备信息社会责任的学生具有一定的信息安全意识，能够遵守信息法律法规，信守信息社会的道德与伦理准则，在现实空间和虚拟空间中遵守公共规范，既能有效维护信息活动中个体的合法权益，又能积极维护他人的合法权益和公共信息安全，关注信息技术革命所带来的环境问题与人文问题。对于信息技术创新所产生的新观念和新事物，学生能具备积极的学习态度、理性的价值判断能力和负责的行动能力。

**4. 科学核心素养**

（1）物理核心素养

① 物理观念。从物理学的视角形成关于物质、运动与相互作用、能量等基本认识，是物理概念和规律等在头脑中的提炼和升华。物理观念包括物质观念、时空观念、运动观念、相互作用观念、能量观念及其应用等要素。

② 科学思维。从物理学视角对客观事物的本质属性、内在规律及相互关系的方式，是基于经验事实建构理想模型的抽象概括过程；是分析综合、推理论证等科学思维方法的内化过程；是基于事实证据和科学推理对不同观点和结论提出质疑、批判的过程，进而提出创造性见解的能力与品质。科学思维主要包括模型建构、科学推理、科学论证、质疑创新等要素。

③ 实验探究。提出物理问题，形成猜想和假设，获取和处理信息，基于证据得出结论并做出解释，以及对实验探究过程和结果进行交流、评估、反思的能力。实验探究主要包括问题、证据、解释、交流等要素。

④ 科学态度与责任。在认识科学本质及理解科学、技术、社会、环境（STSE）关系的基础上，逐渐形成对科学和技术应有的正确态度以及责任感。科学态度与责任主要包括科学本质、科学态度、科学伦理、STSE等要素。

（2）化学核心素养

① 宏观辨识与微观探究。能通过观察、辨识一定条件下物质的形态及变化的宏观现象，初步掌握物质及其变化的分类方法，并能运用符号表征物质及其变化；能从物质的微观层面理解其组成、结构和性质的联系，形成"结构决定性质，性质决定应用"的观念；能根据物质的微观结构预测物质在特定条件

下可能具有的性质和可能发生的变化。

② 变化观念与平衡思想。能认识物质是不断运动的，物质的变化是有条件的；能从内因和外因、量变与质变等方面较全面地分析物质的化学变化，关注化学变化中的能量转化；能从不同视角对纷繁复杂的化学变化进行分类研究，逐步揭示各类变化的特征和规律；能用对立统一、联系发展和动态平衡的观点考察、分析化学反应，预测在一定条件下某种物质可能发生的化学变化。

③ 证据推理与模型认知。能初步学会收集各种证据，对物质的性质及其变化提出假设；基于证据进行分析推理，证实或证伪假设；能解释证据与结论之间的关系，确定形成科学结论所需要的证据和寻找证据的途径；能认识化学现象与模型之间的联系，运用多种模型来描述和解释化学现象，预测物质及其变化的结果；能依据物质及其变化的信息建构模型，建立解决复杂化学问题的思维框架。

④ 实验探究与创新意识。发现和提出有探究价值的化学问题，能依据探究目的设计并优化实验方案，完成实验操作，对观察记录的实验信息进行加工并获得结论；能和同学交流实验探究成果，提出进一步探究或改进实验的设想；能尊重事实和证据，不迷信权威，具有独立思考、敢于质疑和批判的创新精神。

⑤ 科学精神与社会责任。具有终身学习的意识和严谨求实的科学态度；崇尚真理，形成真理面前人人平等的意识；关注与化学有关的社会热点问题，认识环境保护和资源合理开发的重要性，具有可持续发展意识和绿色化学观念；深刻理解化学、技术、社会和环境之间的相互关系，赞赏化学对社会发展的重大贡献，能运用已有知识和方法综合分析化学过程对自然可能带来的各种影响，权衡利弊，勇于承担责任，积极参与有关化学问题的社会决策。

（3）生物核心素养

① 生命观念。生命是源于自然随机事件且能在与环境互相作用中保留下来的具有新陈代谢和自我复制特征的物质形态。生命是结构与功能的统一体，无贵贱之分。生命观念是指对观察到的生命现象及相互关系或特性进行解释后的抽象，是经过实证后的想法或观点，有助于理解或解释较大范围的相关事件和现象。学生应该在理解生物学概念知识的基础上形成生命观念，如结构与功能观、进化与适应观、稳态与平衡观、物质与能量观等，并能够用生命观念认

识生命世界、解释生命现象。

② 理性思维。崇尚并形成科学思维的习惯，能够运用归纳与概括、演绎与推理、模型与建构、批判性思维等方法探讨生命现象及规律，审视或论证生物学社会议题。

③ 科学探究。能够发现现实世界中的生物学问题，针对特定的生物学现象，进行观察、提问、实验设计、方案实施以及结果的交流与讨论。在开展不同的工作中，乐于并善于团队合作。

④ 社会责任。生物学科的社会责任是指基于生物学的认识参与个人与社会事务的讨论，做出理性解释和判断，尝试解决生产生活中生物学问题的担当和能力。学生能够关注涉及生物学的社会议题，参与讨论并做出理性解释，辨别迷信和伪科学；主动向他人宣传健康生活、关爱生命和保护环境等相关知识；结合本地资源开展科学实践活动，尝试解决现实生活中与生物学相关的问题。

（4）地理核心素养

① 人地协调观。人地协调观是地理学和地理教育的核心观念，指人们对人类与地理环境之间形成协调关系的必要性和可能性的认识、理解和判断。学生建立人地协调观能够正确认识地理环境对人类活动的影响，以及人类活动影响环境的不同方式、强度和后果；能够理解人们对人地关系认识的阶段性表现及其原因；能够结合现实中出现的人地矛盾的实例，分析原因，提出改进建议。

② 综合思维。综合思维是地理学基本的思维方法，指人们具备的全面、系统、动态地认识地理事物和现象的思维品质与能力。学生运用综合思维方法，就能够从多个维度对地理事物和现象进行分析，认识各要素之间相互作用、相互影响、相互制约的关系，并在一定程度上解释其发生、发展和演化的过程，从而较全面地观察、分析和认识不同地方或区域的地理环境特点，并且能够辩证地看待现实生活中的地理问题。

③ 区域认知。区域认知是地理学基本的认知方法，指人们具备对人地关系与地域系统的特点、问题进行分析、解释、预测的方法和能力。学生掌握区域认知方法，就能够形成从区域的视角认识地理现象的意识与习惯，运用区域综合分析、区域比较等方式，认识区域特征和区域人地关系问题，形成因地制宜进行区域开发的观念。

④ 地理实践力。地理实践力是指人们在地理户外考察、社会调查、模拟实验等地理实践活动中所具备的行动能力和品质。学生具备地理实践力，就能够运用适当的地理工具完成既定的实践活动，对地理探究活动充满兴趣与激情，并会用地理眼光认识和欣赏地理环境。

## 三、核心素养下的过程教学

当前，中小学普遍存在的教学方式是使知识再现与重现，从知识的中间教起，教的是结论，学到的是技巧。如果科学教学仅以知识为线索展开，容易导致教学设计聚焦于知识，专注于学生获得知识，而忽视课程对学生科学核心素养的培养。因此，STEAM教学必须把核心素养作为重要目标，将核心素养的培养落实于教学活动中。所以，STEAM过程教学应倡导的是另外一种教学方式，使知识的过程重演，从开头教起，教的是思维，收获的是智慧。直接告诉知识，看起来可以让学生在短时间内得到更多的知识，却很难转化为解决问题的能力与智慧，也不能提升学生的STEAM核心素养。

科学思维是STEAM教学的重要思维方式，主要包括模型建构、科学推理、科学论证、质疑创新等要素，发展学生的科学思维能力是重要的教学目标之一。科学思维作为科学核心素养的一个方面，是以科学视角对客观事物的本质属性、内在规律及相互关系的认识方式，是基于经验事实建构理想模型的抽象概括的过程，是分析综合、推理论证等方法的内化，是基于事实证据和科学推理对不同观点和结论提出质疑、批判、检验和修正，进而提出创造性见解的能力与品质。

科学院院士陈佳洱说："物理学不只是图表和数据，它能带给你很多更珍贵的东西：一种理性的思维方式、人生的哲学和人生的道路。"时代在发展，教育的潮流在发展，课标也紧跟时代发展，由最初的双基目标到三维目标，再到核心素养。在核心素养的时代，我们的教学如何把握，以什么为抓手才能体现学科核心素养并推进核心素养落地呢？科学概念的建构过程和科学规律的形成过程是发展科学思维的重要途径，STEAM过程教学让学生终身受益的不是具体的科学知识，而是忘掉所学的知识之后剩下的东西，这就是科学学科核心素养。因此，我们要关注从知识、能力立意走向思维、智慧立意。我们需要一种更具有未来智慧的教育视角，在复杂多变的世界努力培养人的好奇心，启发人的智慧，增进人的自主性和责任感，引导学生积极、广泛、有远见地追寻有意义的学习。在中学阶段，要体现对科学问题深度思考的过程，促进深度学习，可以利用研究性学习和综合实践活动开展与科学有关的系列主题活动。

教学情境的创设是过程教学的重要手段，学科特色决定落实核心素养需要依托真实情境。STEAM教学的本质是人们根据事实、经验建构起来的，对自然现象的规律性的解释，这是STEAM课程的独特性。STEAM教学没有了真实情境就显得空白无力，课堂也成为一个抽象的、虚拟的、符号的世界，这有违STEAM教学的本质。建构主义认为，学习是一种活动的过程，也是一种建构的过程，学习必须处于丰富的情境之中。因此，我们应该创设真实的STEAM教学情境，带领学生走向真实的世界，将抽象的学科逻辑转化为生活逻辑，通过研究真实的STEAM教学情境问题，使学生过程性学习、发生性学习、主动性学习，从一个知识的获得者变成知识的探索者和发现者，在情境应用中落实和升华STEAM核心素养。

核心素养要在学校和课堂落实，需要具体的课堂教学模式来落实。我们在STEAM教学中实践教学，一直在思考如何与核心素养对接，如何将核心素养从一套理论框架或者育人目标体系落实与推行到具体的教育、社会活动中去，进而真正实现其育人的功能与价值，是建构核心素养指标体系时所面临的重大问题。从事教育工作的研究者一致认为，要以评价的方式来落实核心素养，制定评价标准和评价体系，从而促进STEAM核心素养的落实。经合组织开展的PISA项目就是对学生素养的评价，是一个比较好的借鉴方式。PISA对阅读、数学及科学素养的评价目标进行了相关指标的阐释，见表2-2-2。

表2-2-2　PISA对阅读、数学及科学素养的评价目标

| 序号 | 测试内容 | 具体评价目标 |
| --- | --- | --- |
| 1 | 阅读素养 | 为了实现个人目标；发展个人知识与潜能，增进社会参与和理解，运用和反思文本的能力 |
| 2 | 数学素养 | 认识和理解数学在现代生活中的地位，做出充分依据的判断，有效地运用数学以满足一个具有建构性、反思性的热心公民的生活需求 |
| 3 | 科学素养 | 运用科学知识，发现科学问题并得出有证据的结论，从而帮助我们理解自然界，对其做出决策，并通过人的活动对其进行改造 |

教学和评价是一对孪生兄弟。STEAM素养评价结构是指个体能够掌握科学知识并应用科学知识来确定问题，获得新知识，解释科学现象，得出科学相关问题有根据的结论；理解作为人类获取知识和探究方式的科学特征；关注科技塑造物质、精神和文化生活的方式；愿意从事与科学相关的事务，有科学观念，成为会思考的公民。PISA认为，科学素养这一领域不仅考查学生在涉及科学和技术的生活情境中对科学知识的分析、推理及灵活运用的能力，还要求评价学生表现出对科学的兴趣与态度，即对科学的兴趣、支持科学探究以及对自然资源、环境等表现出的责任感等。借助PISA思想，我们对学生发展STEAM核心素养的评价也可以大胆尝试与实践。

# 第三节　知识发生过程教学的校本化实施

为了促进国家课程校本化，学习体现国家意志的课标并内化施加自己的教学是教师继续教育不可或缺的任务。课堂是真正发生科学素养教育的地方，研究课标最终都将落实到课堂上，内容标准只是承载知识的半成品，迫切需要教师在课堂上实现教学主张。STEAM教学为国家科学课程校本化实验提供了一条路径。知识的实质内容是学生学习、加工、改造、建构的重要对象，知识学习在某种意义上讲，是获得知识的客观意义和建构知识的个体意义，为知识创新提供基础。[①]个体意义需要一个心理化过程，心理化就是根据自己的渴望、信念、感觉去解释行为。尽管知识是客观存在的，但要被学生真正接受，内化为自己的"活"知识，需要与环境相互作用。通过环境，学生把知识心理化后才能自主建构新知。科学是通过对"物体"的观察去解释事物，心理学就是通过观察我们的"心"去解释人的行为。STEAM教学中培养学生用"心"去理解自

---

① 徐冰鸥，潘洪建.知识内容：基本蕴涵、教育价值与教学策略［J］.教育研究，2013（9）：
123.

己、他人、社会行为的思维方式，也称为心理化过程。

人类的普遍需要和渴望是相通的，可以概括为爱和被爱，只是个人争取的方式不同。科学中的规律和定义主要以教材、情境和其他教学材料为载体，探究世界形成与演化的过程。本章主要谈教材的心理化过程、认知冲突的建立过程和教材环境的心理化过程，本节同时介绍国家课程校本化实施策略。

## 一、STEAM教学资源的心理化过程

我们也知道，教材的编写与心理学有着十分密切的联系，在19世纪末，杜威就提出了"教材心理化"的理论。杜威是美国著名教育家、实用主义教育创始人，他是基于其"经验论"教育哲学和芝加哥实验学校实践提出的这个课程观点。杜威认为，教材心理化就是教材内容直接经验化，就是把学科知识恢复到被抽象出来前原来的经验，恢复到直接的、个人的经验。教师要深刻揭示教材体系中所蕴含的思维方法和研究方法方面的内容。各学科的教材都是按照一定的教学原则编辑起来的知识体系，其基本的、主导的成分是结论性的知识，科学方法则蕴含于知识之中。因此，教师要认真组织教材，把孕伏于知识体系中潜在的方法因素变为学生学习的直接因素。诚如美国教育家布鲁纳所言："一门课程内容不但要反映知识本身的性质，而且还要反映求知者获得知识的过程。"[1]

从教师的层面上讲，教师在教学中所考虑的是教材与生长中的经验相关的因素，使教材与学生的经验相结合。在杜威看来，教材把经验加以系统化，而且教材与教法的心理化应该是同步的，既要在编制中体现，又要在教学中追求。教师教教材既是对教材的扩展，也是对教材成效的检验。同时，教学也是对教材能动的改造与加工的过程，教学教材更应该是"教材心理化"的内容。作为物理或者科学教师，要具有良好的教材心理化过程的素质。

在科学课堂教学中，学生与课程的关系，关键是要寻找教学内容与学生生活的最佳结合点，把教学内容从静态的符号还原为鲜活的生活，尽可能地使内容贴近生活与学生的认知体验，与学生所熟悉的世界息息相关，这样的教学才

---

[1] 钟以俊.面向知识形成过程的教学策略［J］.中国教育学刊，1995（5）：21.

真正会对学生的知识发展与精神发展产生影响，才是思辨性的课堂，也是最美丽的课堂。

教师必须用情感激发学生的学习欲望，这是有意义学习的情感前提。正如有的学者所指出的，从血管里流出来的是血，从山泉里流出来的是水，从一位充满爱心的教师的教学里涌腾出来的是极大的感染力，可以使学生产生同样的、与之相联系的情感。如果照着教学法的指示办事，做得冷冰冰、干巴巴的，缺乏激昂的热情，那未必会有效果。这是因为未经人的积极情感强化和加温的知识，将使人变得冷漠。在科学教学中，教师要善于理解教材、内化教材，并通过教材展开想象，引导学生以自己的生活经验来解读教材，这样才能使教材发挥最大的价值。

校园STEAM课程资源的开发，科学教师利用学校素材，通过挖掘学生生活中与学科知识有关的因素，打通了学科内容与儿童生活之间的桥梁。首先，科学教师找到了科学知识与学生生活经验的契合点，教师以自己的经历为契机，借助生活中常见的现象，将抽象的概念还原为鲜活的现实现象，科学知识不再是与学生现实生活毫无关联的理论，而与学生的生活经验建立了实质的、内在的联系。第二，教师通过联系生活经验，激起了学生的内在兴趣，引发的是学生身边的问题，是学生真正关心的、经历的情境。学生思考属于自己的问题，在教师的指导下，学科知识就成为对学生生活经验的解释，对学生经验的成长发挥指导作用，这就避免了强加的行为。将成人的经验塞给学生，不管采用什么方式，对学生来说仍然只是符号，如果是学生关心的事情，就会引起学生内在的动机和兴趣。"一个属于学生自身的目的将推动达到目的的方法"，教学要追求的正是"属于学生自身的目的"，而不是基于外在的目的对学生进行加工和塑造。①

科学教师的使命就是要把科学教材解释为学生的生活经验，并指导学生的经验不断增加。有教师会提出，是不是只有面对小学生开展STEAM教学时才需要将教材经验化？高中学生特别是重点高中的学生是不是不需要经验化的过程？针对这些问题，STEAM课程资源素材需要积累和留意，教师始终要思考怎

① 王艳玲.教师教育课程论［M］.上海：华东师范大学出版社，2011：89.

样使STEAM课程变成学生经验的一部分，怎样审美化处理这些有用的STEAM教学素材。

## 二、STEAM教学中认知冲突的创建过程

认知冲突是指不同群体或个人在对待某些问题上由于认识、看法、观念之间的差异而引发的冲突。当人们认识到态度的认识成分情感和行为不一致时，就会出现个人内部的认识冲突。这种不一致会使人感到心理上的不安，感到这种不安的人往往会想到减少这种不一致性，并建立一种心理上的平衡状态以保证与自己的心理和谐一致。在STEAM教学中，教学主体的中枢活动包含着互为前提、互相促进的认知结构和情意状态两个方面，激发学习者的动机、兴趣和追求的意向，加强教师与学生的感情交流，是促进认知发展的支柱和动力。充分利用和发掘教材以及学生活动中的矛盾因素，把学生置于矛盾氛围中，使学生产生解决矛盾的迫切需要，从而激起认知冲突。

学生学习的过程是一个"冲突"不断产生、化解和发展的过程。一个有智慧的教师，应该善于在学生学习的过程中制造认知冲突，引导学生充分激活已有的学习经验，主动建构知识。教师在STEAM教学中应充分认识认知冲突的内涵、意义及教学实践策略，发挥认知冲突在学生理解知识本质过程中的作用，引领学生在"冲突"中不断前进。

建构主义的学习理论认为，学生的学习不是知识由教师向学生的传递，而是学生自己主动建构知识的过程。这种建构不能由他人代替，而在于学生自己通过新、旧知识经验之间反复、双向的相互作用形成和调整自己的经验结构。在这种建构过程中，一方面，学习者以原有的经验系统为基础对新的信息进行编码，建构自己的理解；另一方面，学习者的原有知识又因为新经验的进入而得到丰富、调整和改造。因此，学习并不是简单的信息量的积累，同时包含由于学习者新旧知识经验之间的冲突而引发的观念转变和认知结构的重组。学习者学习的发生主要在于解决认知冲突或认知心理不平衡时，认知结构所发生的改变。

**案例：认知冲突下的教学设计——测定小灯泡的电功率①**

教师创设问题情境：灯泡的亮与暗是由什么决定的？学生在探索研究时，能将学习情境与生活情境紧密结合，使得新旧知识产生认知冲突，从而形成新的知识结构。在创设问题情境的过程中让同一小灯泡在不同电路中发光，请学生观察灯泡的亮与暗。

学生：同一小灯泡两次亮与暗不同。

教师：小灯泡的亮与暗是由什么因素决定的呢？

学生猜想电流、电压、电功率。

教师演示：

①两个不同的小灯泡串联电流相同，但灯泡不一样亮

②两个不同的小灯泡并联电压相同，但灯泡不一样亮。

说明灯泡的亮与暗不是由电流或电压单独决定。那么，灯泡的亮与暗是由电功率的大小决定的吗？同学们的猜想是否正确？精确的测量是最有说服力的。那么，如何测量小灯泡的电功率？

建构主义理论认为，教学情境对于学生学习有着重要的意义，能激发学生学习的兴趣，提高学生学习效率。创设真实的问题情境，激发学生的学习兴趣，使学生产生新旧知识的认知冲突。在这种教学模式下，问题情境的创设是关键部分。问题情境在创设时要考虑其真实性，要贴近学生的日常生活，是学生所熟悉的。这个情境对于学生要有一定的挑战性，但又不能超出学生的能力范围。

基于上述理论的启示，我们倡导STEAM教学要学会引发学生的认知冲突。所谓引发认知冲突，是指在教学过程中通过人为的因素，激发学生的认知矛盾，意在引起学生的注意，调动学生认知的内驱力，以促进学生积极、高效的知识建构。因此，引发认知冲突是基于建构主义的教学手段，也是体现知识发生过程的重要策略。

引发认知冲突是形成问题情境的基本条件——建构主义的教学主张"通过解决问题来学习"，这就要求STEAM教学中不断创设问题情境。所谓问题情境

---

① 钟振国.初中物理过程教学研究［D］.上海：上海师范大学教育学院，2011.

就是在STEAM教学过程中与学生原有的认知结构之间制造一种"不协调"，从而把学生引入一种与问题有关的情境中。问题情境的创设不仅在于提出问题，更重要的是根据学生现有认知水平设置新问题，使之与学生原有的知识经验产生激烈的认知冲突，从而使学生在STEAM学习活动中萌生出解决问题的欲望。

钟启泉教授指出："实验是在学习者的面前引起日常生活中不可能经历到的现象。违背学习者常识的实验结果，将造成学习者意识中的认知失衡状态，摆脱这种认知矛盾状态求得解放的需求，就成了学习的动机。"由此，STEAM教师可以通过创设探究性实验情境，预先让学生做出猜想，然后在学生面前呈现出日常生活中没有经历到的或意想不到的新现象，促使学生用原有的认知结构去同化、解释这些新现象，进而引发认知冲突，使学生在STEAM学习中产生强烈的探究欲望，学生只有建立认知冲突，打破一种平衡，才会主动想探究、想思考，主动地想知道其中的原因。人的认知就是从平衡到冲突，再到平衡的发展历程。

## 三、STEAM教学情境的心理化过程

课堂教学情境的创设影响学生科学观念的形成过程。科学观念是从物理学视角形成的关于物质、运动与相互作用、能量等的基本认识，是概念和规律等在头脑中的提炼和升华，是从科学视角解释自然现象和解决实际问题的基础。科学观念包括物质观念、运动观念、相互作用观念和能量观念，在STEAM教学中，教师一定要创设真实的教学情境，让学生经历科学探究和思维加工，保证科学概念和规律的内化，形成学科思想和观念，并能用这些观念描述自然界的图景。[①]

教学情境是指在课堂教学中，根据教学的内容，为落实教学目标所设定的，适合学习主体并作用于学习主体，产生一定情感反应，能够使其主动积极地建构学习，具有学习背景、景象和活动条件的学习环境。情境化的教学中，学生直接接触现成的结论，知识犹如横空出世，突然呈现在学生面前。由于不知道知识是为了解决什么问题，以及是如何得来的，这就给学生深刻理解学习内容带来了障碍，不利于学生思维的发展。思维起始于问题而不是确定的结论。

---

① 胡卫平.物理学科核心素养的内涵与表现［J］.中学物理教学参考，2017（8）：1-3.

杜威在他的"五步思维法"中指出，思维活动可分为五个阶段：第一步是问题；第二步是观察；第三步是假定；第四步是推理；第五步是检验。教学情境的核心是与知识相对应的问题，因此，创设教学情境能够模拟回溯知识产生的过程，从而帮助学生深刻理解教学内容，发展其思维能力。

学科教学也注重情境创设，新课程从以人为本、回归生活、注重发展的教育理念出发，丰富了情境的内涵，并对情境创设提出了新的要求，因此成为新课标课堂教学改革的一个热门话题。STEAM教学特别重视情境的创设，科学思维、科学探究、科学责任与态度均能在项目驱动的课堂情境中得到发展。

科学思维就是具有意识的人对科学事物的本质属性、内在规律性及事物间的联系和相互关系的间接和概括的反映。科学思维在STEAM教学情境中能迅速固化或优化。作为STEAM核心素养，科学思维是以科学视角对客观事物的本质属性、内在规律及相互关系的认识方式，以及对科学探究过程和结果进行交流、评估、反思的能力。以证据为基础，运用各种信息分析和逻辑推理得出结论，公开研究结果，接受质疑，不断更新和深入，是科学探究的主要特点。通常的STEAM教学，科学探究包含提出问题、做出假设、制订计划、收集证据、处理信息、得出结论、表达交流、反思评价等方面，可以概括为问题、证据、解释、交流等四大要素。

STEAM教学应该在理解科学、技术、社会和环境关系的基础上，逐渐形成对科学和技术应有的正确态度及责任感，主要包括科学本质、科学态度、社会责任等要素。科学本质是指对科学知识、科学研究过程、科学方法、科学精神、科学的历史、科学的价值、科学的限度等方面的特点的认识。科学态度是个体对科学对象、科学现象、科学过程、科学事实、科学理论、科学研究等持有稳定的心理倾向，主要包括好奇心、实事求是、追求创新、合作分享四个方面。社会责任主要包括科学伦理，要充分考虑伦理和道德的价值取向，并能遵守并接受伦理道德规范。理解科学技术的本质，理解科学、技术、社会与环境的关系，理解人类活动对自然环境、生活条件和社会变迁的影响。科学技术已成为社会与经济发展的重要推动力量，理解社会需求是推动科学技术发展的动力。

情境不仅包含场景，而且内含情感。任何情境如果没有教师的感情投入，都会失去教学功能。有些情境从认知层面看是到位的、有价值的，但是教师却以一种机械的方式来展示它，结果正如苏联教学论专家斯卡特金所指出的："我们建立了很合理的、很有逻辑性的教学过程，但它给积极情感的食粮很少，因而引起了很多学生的苦恼、恐惧和别的消极感受，阻止他们全力以赴地去学习。"当然，我们强调的是真实的情感，而不是虚假的情感。

情感是生命的意义，生命是情感的载体，教师应为学生提供优良的"情感服务"。缺乏情感服务的STEAM教育是被抽去了内核的教育，是残缺的教育。为此，我们反对STEAM教学过程中的程式化、工具化的教育。STEAM过程教学蕴涵着深切的人文关怀和人间关爱，是一种内在的、生机勃勃的精神。爱因斯坦曾说："一切方法的背后如果没有一种生气勃勃的精神，它们到头来都不过是笨拙的工具。"教育就是构筑年轻一代精神的时空世界，增加感情，在某种意义上就是增加学生的"快乐总量"。[①]

案例：STEAM教学实例——《做框架》[②]

第一步：借用前概念调研提出工程问题，落实工程问题，开展如下的前概念调查问卷：

1. 下列属于框架结构的是（　　）。

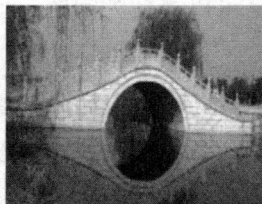  

A         B         C

2. 你认为下列属于框架结构特点的是（　　）。

A. 有许多拱形　　　　B. 只有四边形结构　　　　C. 中间都是镂空的

3. 你认为以下哪种图形最稳固？（　　）

A. 长方形　　　　　　B. 三角形　　　　　　　C. 梯形

① 钟以俊.论教育美［J］.中国教育学刊，2004（2）：10.
② 曾晓华.基于STEM教育理念下小学科学教学设计的应用——以《做框架》的教学为例［J］.珠海教育，2017（2）：47.

第二步：教学情境心理化过程。教师邀请学生小组挑战班级立体框架设计建造大赛。请学生小组讨论怎样才能搭建一个最稳固的框架，需要解决什么样的科学问题和工程问题，还有什么需要注意的。

工程目标：用木条建造一个形状不限的立体框架，使用框架承托重物。

工程限制：26根木筷、30根橡皮筋。

工程挑战：承重同样大小、材质相同的课本，比比谁的框架承重数量最多。

此教学设计对学生的前概念进行摸底，同时根据基本概念的摸底，教师可针对本班情况及时做出学习活动的调整。问卷的第二部分从基本调研直接跳到项目要求，开课就提出项目要求，引导学生用解决问题的思维去思考。在思考的同时，需要解决的问题便一一浮现出来，例如，"什么是框架结构""哪种框架结构好""要用什么搭建""搭建技术要点是什么"……一开始就提出需要解决的问题，使学生从心理上接受这种STEAM活动的设计。

应当指出，很多时候，教育者在教育过程中的情感体验及其表现并非都是自然情感的直接外露，而是运用教育特有的符号、语言、技巧和风格，并在一种微妙的多种心理活动交织融会的教育情境中创造出一种怡人的情感形式，带给学生的感觉可能是教育者的一种生命力的形式，即活生生的、动态的、与学生在受教育过程中内在情感需求起伏变化的情感形式。[①]

STEAM教学中建构的知识是从实践活动中得来的，是对实际事物及其运动和变化发展规律的反映。也就是说，知识本身具有丰富生动的实际内容，而表征它的语言文字（包括符号图表）则是抽象和简约的，学生所学的正是语言文字所汇集成的书本知识，即教材。这就要求学生不论学习什么知识，都要透过语言文字、符号图表把它们所代表的实际事物想清楚，以至想"活"起来，从而真正把两者统一起来，从教育心理学角度讲，这样的学习就是有意义的学习。相反，如果学生只记住一大堆干巴巴的文字符号，而没有理解其中的实际内容，这样的学习便是没有情境导入的机械学习。

捷克教育家夸美纽斯曾说过："一切知识都是从感官开始的。"教学情境就是以直观方式再现书本知识所表征的实际事物或者实际事物的相关背景。

---

① 钟以俊.论教育美［J］.中国教育学刊，2004（2）：11.

显然，教学情境解决的是学生认识过程中的形象与抽象、实际与理论、感性与理性以及旧知与新知的关系和矛盾。在可能的范围内，一切事物应尽量放在感官的跟前，一切看得见的东西应尽量放在视觉器官的面前，一切听得见的东西应尽量地放到听觉器官的跟前，假如有一个东西能够同时在几个感官上留下印象，它便应当用几个感官去接触，并认为这是教学中的"金科玉律"。虽然这种论述有绝对化之嫌，但的确也反映了STEAM教学过程中学生认识规律的一个重要方面：直观可以使抽象的知识具体化、形象化，有助于学生感性认识的形成，并促进理性认识的发展。

洛克说："儿童学习任何事情的最合适的时机是当他们兴致高、心里想做的时候。"这是一个教学心理化过程的体现。在STEAM教学中，如果教师上课表情冷漠，那么学生听课必然也表情冷漠；教师无激情讲课，学生必然无激情听课；教师无真情讲课，学生必然无真情听课。STEAM课堂如果没有探索的激情，课堂教学就像一潭死水；STEAM课堂没有真情，师生即使面对面，也犹如背对背。只有激情和真情才会在师生间产生一种相互感染的效应，从而不断激发学生学习的热情，唤起学生的求知欲，诱发学生进入教材的欲望。情感激发的目的在于为课堂教学提供一个良好的情绪背景，学生兴致勃勃、兴趣浓厚，甚至兴高采烈，这是教学的最佳精神状态。

# 第四节　发展学生物感与STEAM教学

随着教育改革和课程改革的进一步深化，一线教师都明白了重视知识发生过程教学的重要性，一些教师尝试在教学中进行过程教学，但是没有抓手。在STEAM教学课堂中，教师把握了过程教学的核心是注重过程，让学生了解知识发生、发展的过程。可有些教师为了节省时间，却将知识要点的所有背景资料一股脑地告诉学生，这使得过程教学形式化。对于过程教学来说，过程只是一个载体，学生的自主探究才是重点，这些教师舍本逐末，捡了芝麻丢了西瓜。[①]"物感"是重演知识发生过程教学研究下的产物，是实现过程教学的一个重要支架，物感可以理解为对物质世界的直觉或者科学直觉。第二章第一节中，我们介绍了布鲁纳认知学习理论非常重视直觉思维的价值，物感是科学教学中的一个全新概念，也是开展STEAM教学的一个重要组成部分，它是介于逻辑推理和直觉判断之间的一种思维过程。在STEAM教学过程中，学生在项目研究与实施过程中，面对现实情境通过逻辑思考和直觉判断快速对客观世界做出猜想和判定，是培养学生创新精神和创新能力不可或缺的环节。

物感是人们自觉理解物质运动规律的态度和意识，建立物感的价值主要表现在提升学生的科学素养，有助于学生对物理知识的自我建构，有助于教师开展知识发生过程的教学，有助于发展学生的创新精神和实践能力。物感的形成依赖于充分的感知和体验，是对科学概念的意义建构，是学生经历不断失误到顿悟的过程，更是科学知识与现实问题建立联系的桥梁。在科学教学中培养学生物感，目的就在于使学生学会科学地思考，学会用科学的方法理解和解决现实问题，让学生有更多的机会接触和体验丰富的物质世界和现实问题，表达自己对问题的看法，用不同的方式思考和解决问题。

## 一、物感的概念

"物感"是我们在研究"基于知识发生过程的科学教学"中类比"数感"提出来的一个全新教学概念。2001年颁布的《全日制义务教育数学课程标准（实验稿）》首次提出了要使学生"建立初步的数感与符号感，发展学生抽象思维"，并在内容标准的三个学段分别阐述了培养和发展学生数感的问题，"数感"一词首次进入我国的数学课程。[②]"数感"成为一个崭新的内容进入基础教育视野后，人们从"数感"的内涵、形成、发展、教学等方面进行了十多年的实践和研究，对中小学数学教育产生了积极的影响。

"物感"可以通俗地认为是人们对"物"的感悟。2017年7月，我国新一轮基础教育课程改革颁布的《普通高中物理课程标准（2017年版）》提出了新的

① 钟振国.初中物理过程教学研究［D］.上海：上海师范大学教育学院，2011.
② 陆珺.国内数感研究综述［J］.课程·教材·教法，2009（6）：46.

要求，普通高中的培养目标是进一步提升学生综合素质，着力发展核心素养，在"三维目标"的基础上提出以"核心素养"来统领高中物理课程的实施。首次提出了以物理观念、科学思维、科学探究、科学态度与责任为内容的高中物理核心素养。基于核心素养为价值追求的物理教学应该培养学生的物质观念、运动观念、相互作用观念、能量观念等要素，这些基本认识都属于"物"的表现范畴，是物理概念和规律等在头脑中的提炼与升华，是从物理学视角解释自然现象和解决实际问题的基础。[①]而"感"是外界刺激、作用于主体而产生的，它含有经验和直觉的成分，为了促进中学生对这五大物理观念的整体认知，我们认为中学物理很有必要提出"物感"概念并开展相关教学。

物感有逻辑推理的成分，更含有直觉的成分，是人们依据建构的物理学知识、科学研究经验和实践体验以及坚定的科学信念，对物理系统的结构、特征、运动规律等问题所产生的一种直接而迅速地认知过程。物感、数感、语感、美感与质感等都代表了学生认识世界的一种相关能力，也代表各种思维过程，是人们对物质世界的一般理解，这种理解可以帮助人们用便捷的方式做出分析判断或者解决复杂的问题，从而做出价值判定。

## 二、物感的内涵

物感由于涉及逻辑思维和直觉思维两个方面，这两个方面的表现形式和思维本质截然不同。非逻辑性是直觉思维的本质特征，是一种跳跃式的、具有突发性的思维方式，难以捉摸和驾驭，直觉类似于灵感、顿悟、奇妙启示、大胆类比等，而逻辑思维主要包括归纳、演绎、推理等形式，如爱因斯坦指出："从特殊到一般的道路是直觉性的，而从一般到特殊的道路则是逻辑性的。"

### 1. 直觉思维

物感含有直觉思维的成分。直觉思维是一种特殊的思维类型，是主体借助于智慧迅速认识对象的本质及其特点的思维活动，是直接按照对象进行理解并做出判断的思维能力，也可以说是一种特殊的理性洞察力、思维透视力，是认

---

① 中华人民共和国教育部.普通高中物理课程标准（2017年版）［S］.北京：人民教育出版社，2018.

识活动中一种敏感的思维状态。我国著名科学家钱学森认为："直觉是一种人们没有意识到对信息的加工活动，是在潜意识中酝酿问题，然后与显意识突然沟通，于是一下子得到了问题的答案。"在物理学研究中，直觉是人们依据自己的物理学知识、科学的研究经验以及坚定的科学信念，对物理系统的结构、特征和运动规律等问题所产生的一种直接而迅速的认知过程。

直觉是一种重要的创新性思维方式，在STEAM教学中有重要地位。凭借逻辑思维只能在具有逻辑联系的事物之间进行思考，它只能发现、领悟那些与原有知识具有一定逻辑联系的新事物，要超出原有知识做出全新的重大科学发现，单凭逻辑思维是无能为力的，而直觉往往在科学认识过程中起着重要作用。正如物理学家福克说："伟大的发现都不是按逻辑的法则发现的，都是由创造性的直觉得到的。"直觉思维由于没有严密的科学逻辑指导，并非都正确。"直觉可以把你带入真理的殿堂，但如果你只停留在直觉上，也可以使你陷入死角。"因此，在依照直觉行事之前，必须对它进行一番再审视。直觉判断并不等于"瞎猜"，没有一定的知识结构、实践背景和创造性思维的发挥，是无法拥有深邃的直觉的。

**2. 逻辑思维**

逻辑思维又称为抽象思维，是思维的一种高级形式。其特点是以抽象的概念、判断和推理作为思维的基本形式，通过分析综合、归纳演绎、类比迁移、抽象概括作为思维的基本过程，从而揭露事物的本质特征和规律性的联系，现行的中学物理学习把逻辑思维推到了极致的高度。

逻辑思维是借助于概念、判断、推理等思维形式进行的思考活动，是一种有条件、有步骤、有根据、渐进式的思维方式，是培养物理学科能力的核心。因此，在物理新课标教学中必须着力培养学生的逻辑思维能力。一般来说，物理理论是在理解物理现象的基础上，运用逻辑和数学方法得出的一组假设或命题，用来解释物理现象，是对物理定律和定理做出推论性总结。如牛顿定律的本质是决定论，是典型的逻辑推理的过程。我们从已知的物理结论或者条件出发，能预测未来、洞察过去，牛顿力学的发展方向就是朝不断增加逻辑基础的简单性的方向迈进。

知识是人们后天获得的对客观事物的认识，反映了事物的现象、属性和联系。在中学阶段，不仅要使学生获得物理基础知识，更重要的是要使学生学会获得知识的过程和方法，即要培养学生的思维能力。除了物理知识本身具有严密的逻辑关系，学生的认知也有逻辑。如"动能"概念的形成，很多物理教师把动能公式 $\frac{1}{2}mv^2$ 直接推送给学生，这不符合教学逻辑，更不符合学生的认知逻辑。动能与合外力的做功总是息息相关的，这一物理量是建立在"探究功与速度变化的关系"实验的基础上归纳发现的，直接灌输给学生不符合物理学概念的发展和认知逻辑。

### 3. 物感的内涵与本质

科学形成来自一套不断进化逻辑的思维体系，其基础不能由任何归纳法从经验中提取，而只能通过自由创造获得，学生物感的形成恰恰是自由创造的本源。我们认为，应该承认直觉思维与逻辑思维相互补充的性质，可是在学校学习中或多或少地贬低了直觉的价值，数学和自然科学的课程设计者要及早地发现学生的直觉天赋。物感是人们在物理概念扩展中产生对物质运动的整体认知和一般理解，物感是介于逻辑推理和直觉判断之间的一种思维过程，它不是纯粹的逻辑思维，也不是纯粹的直觉思维。物感是人脑对物质对象的一种直觉，即对物质世界的洞察与领悟，是一种物理直觉。它是通过感官而不是通过大脑的思维，含有原始的、经验性的成分，"悟"是通过大脑进行思维的。因此，物感既含有感知的成分，又含有思维的成分。

感悟必须有实践性体验。例如，汽车转弯问题，当汽车的速度太快时容易被"甩"向外侧，学生如有实践性体验，转弯的马路设成内低外高凭直觉就可以建立，不需要再用牛顿第二定律的模型进行严格的逻辑推理。一个新的物理量的建立，学生应该知道其大小，如速度为1m/s有多快、质量为1kg的物体有多重，通过实践性增加学生对物理量的基本感知。

物感主要是学生后天习得的结果，是学生在大量学习和生活实践中积累起来的储存在潜意识中内隐的、非结构的关于物质运动规律的程序性知识。这种过程不是一蹴而就的，是在学习过程中不断强化和理解物理规律和概念的本质中逐渐体验和建立起来的。

例如，要判断静止在斜面上的物体受到的静摩擦力方向，初学者要回到静摩擦力方向定义的本源来判断：先判断相对运动趋势，再根据静摩擦力与相对运动趋势相反，而相对运动趋势又要假设斜面光滑，物体将沿斜面向下运动。事实上，学生物感形成后，可以忽略上述环节，快速且准确地判断静摩擦力的方向。

## 三、物感的教学价值

立德树人是课程改革的根本任务，学生核心素养的培养是落实此任务的主要途径。基于核心素养价值追求的物理教学需着重培养学生的四大物理观念，拥有一种观察世界的独特眼光。物感的教学价值能促进物理核心素养的达成，以物感来组织中学物理教学，能实现物理课程目标的有效达成。

**1. 物感有助于学生对物理知识的自我建构**

物感的本质是对物理知识的自我建构。知识是人们对客观世界的一种解释、假设或假说，是对客观世界的心理体验，学生以自己的经验为基础来建构现实，由于每个人的经验和产生这些经验的学习过程和社会家庭文化背景的不同，导致个体对外部世界的理解迥异。所以，建构主义认为学习不是由教师把知识简单地传递给学生，而是由学生自我建构知识的过程。学生不应该只是简单被动地接收信息，而是主动地建构知识的意义，这种建构是他人无法替代的。

在建构主义学习中，教师必须认识到教学目标不仅有认知目标还有情感目标。教师特别要重视学生的情感领域，使教学与学生个人相关联。在教学中要逐渐地减少外部控制，逐渐增加学生自控力学习的过程。教师不仅需要在物理学习内容方面辅导学生，更需要在物理思维上指导学生，最终要使学生达到独立学习和独立思考的程度，在不带功利性的前提下开展学习才能促进学生物感的形成。

例如，学生可以在"物"的思维基础上建构密度概念，形成对密度的"感"，这就需要让学生对原始物理问题经过同化和顺应来建构属于学生特有的认知结构体系。这样的问题结合实际环境，学生参与的热情比较高，思维自由度较大。教师设计问题：通过网络查询知道人体的密度和水的密度接近，我们怎么知道每个人的体积呢？对于关乎自己身体，并且几乎不可直接测量的情境问题，学生在不知不觉中对密度公式变形 $V=m/\rho$ 有一个深刻的应用实践并形成深刻的感悟。[①]

---

① 熊志权，刘芳霞.促进物理概念建构的过程教学策略——以"密度"教学为例［J］.物理教师，2017（1）：39-42.

**2. 物感有助于教师开展知识发生过程的教学**

创造始于直觉。生命个体的感觉、本能以及感应，这些看似生命的简单而原始的反应，却是个体生命在体验中最直接、最有效的概貌，生命自始至终就是一场直觉的远行。[1]重视直觉在创造中的优势，就是重视个体性，就是重视原创。知识发生过程教学是指教师引导学生去揭示或感受知识发生的前提或原因、知识概括或扩充的经过以及向前拓展的方向，它的价值表现在有利于遏止注入式教学和突出学生学习的主体性，从而有利于增强教学过程的发展功能，全面提高学生的探究欲望、探究能力等各方面的素质。[2]

感悟总是在"慢"的情境中培养起来的，物感的建立需要"慢"教学，而知识发生过程教学要让学生掌握知识的来龙去脉，重演物理概念和规律建立的过程，充分地将知识还原与稀释，最终形成对物质运动的基本观察与感知，并且能用来解释自然现象和解决实际问题，从而促进学生深度学习。

STEAM教育特别强调问题的真实性。也就是说，我们过去的教育特别擅长解决这种定义优良的问题，有的人称之为应试教育。但是我们忽略了一个地方：对于这种定义不良的、真正生活中的问题，学生怎么解决？并且这种定义不良的问题能不能通过某种方法转化为定义优良的、可以解决的问题。我们对这方面的训练是非常少的。

过去的科学教育为什么总是强调解决已知问题？实际上它是需要在短时间内大批量地生产出具备基本知识和基本技能的人才，并投入到社会之中。也就是说，过去的教育其实是一种批量加工的过程。

案例：探究杠杆的平衡条件

在STEAM教育活动中探究杠杆的平衡条件时，教师设计一个如图2-4-1所示的探究性实验，让学生自己动手操作。教师甚至可以不规定条件和目标，学生也会通过多种平衡现象找出杠杆平衡的规律和条件，自主建构概念和规律，主动让课堂慢下来，这比直接传授杠杆平衡条件更有价值。大多数学生需要借

---

[1] 王玉玲.直觉与创造［EB/OL］［2018-12-27］http：//blog.sina.com.cn/s/blog_6358608e0102eb2n.html.

[2] 熊志权.基于知识发生过程的物理概念教学——以《运动的快慢》教学为例［J］.中学物理教学参考，2014（6）：26-28.

头脑中形成的视觉映象才能解决科学问题，为了改变这种局面，教师要引导学生移去实验装置进行再思考。因此，科学规律和概念就会在头脑中形成整体感悟，同时也促进学生从感性认识升华到理性认识。[①]

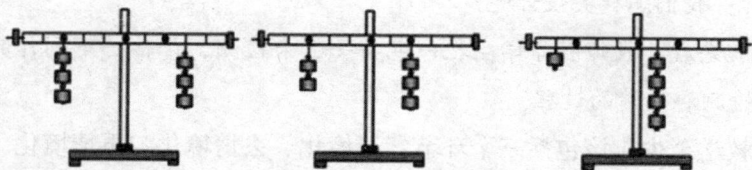

图2-4-1　探究杠杆的平衡条件

### 3. 物感有助于重新认识情境教学

物感是科学与现实问题建立联系的桥梁，所以，物感的教学需要物理现实情境来支撑，更需要学生亲身经历和实践。物感好的人能主动地将现实生活中遇到的问题和适当的物质运动规律形成联系，并且灵活巧妙地找到恰当的解决问题的方法。

科学知识是与环境交互的结果，学生只有通过情境建立感知才能建立物感。由于物感总是伴随着现实情境产生的，如果没有学生的积极参与，学生的物感培养也无从谈起。如果都是单一的题海和推导，缺少实践和直觉，物感是建立不起来的。

案例：在情境问题中缝制沙包

在STEAM课程设计中，我们先看两个教师的教学设计。

A教师是这样上缝沙包课的：第1步，教学生怎样裁剪布料；第2步，教怎样用针和线来缝合；第3步，教学生缝沙包怎样收针；第4步，怎样把这个沙包填充沙子封口；第5步，怎样用缝制好的沙包去游戏。

B教师先问他的学生：你准备缝制的这个沙包是干什么用的？

学生：用来玩的。

B教师：怎样玩？

---

① 刘芳霞，熊志权.知识形成过程的教学研究与实践［M］.长春：东北师范大学出版社，2018：32.

学生：丢来丢去。

B教师：好，我们知道沙包是用来丢的，丢的过程要注意些什么？

学生：要保证它丢得远；打到人的时候不能很疼；不易摔破。

B教师：我们怎样去设计呢？

学生做完后，教师引导学生把沙包丢一丢来检测，评估一下制作的结果，这是一个检测和反馈的过程。

情境教学至少应该包括三个环节：情境化、去情境化与再情境化。情境化是创设教学情境，激发学生学习兴趣；去情境化是从具体情境中分离概括化的知识，发展学生的科学思维；再情境化是将知识运用到新的情境中，培养学生解决问题的能力。情境化、去情境化与再情境化三者相辅相成，教学中只有处理好三者之间的相互关系，才能更好地促进学生科学思维的发展和有效提升学生解决问题的能力。[①]物感与情境教学的关系见图2-4-2所表述的。这就是一个从情境化到去情境化再到物感形成的过程，也是一个从感性认识到理性认识再到更高层次的感性认识的过程。情境以一种强有力的方式影响着学习及其迁移。概念是在感性认识的基础上产生的，不经感性认识阶段，就不会在头脑中形成概念。因此，情境创设很重要，但不是所有情境都具有育人价值，教师要针对性地进行审美化改造成物理情境。去情境是从感性到理性的过程。再情境化就是指思维由抽象到具体的过程，即在思维中把握客观具体对象的各个方面的本质以及它们的内在联系和相互作用。再情境化侧重学生对知识的应用，设置的情境问题综合性也比较强，这体现学生思维的一次飞跃发展。总之，学生在学习过程中养成独立思考的习惯，尤其注意发展广泛的联想，每当学习新知识时就要形成一种新旧知识间联系的思维自觉，努力架设知识之间相互联系的桥梁，更要超越逻辑体系方面的广泛联想。这是培养和发展物感的一种重要方法，在科学发明和发现的征途上，物感常能折射出绚丽耀眼的光芒。

---

① 吴喆，何善亮.物理教学的"情境化""去情境化"与"再情境化"［J］.物理教师，2017（11）：21-25.

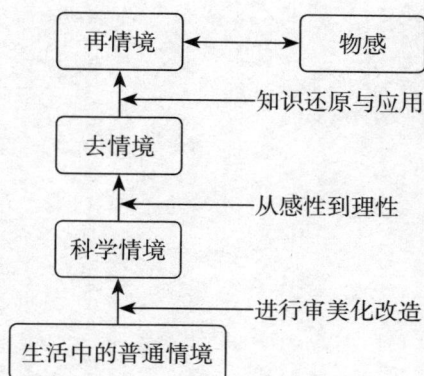

**图2-4-2　物感形成与情境教学**

一个国家能否培养出具有创新精神和实践能力的人才，已逐渐成为国家战略的核心问题之一，成为国家经济快速发展的重要法宝。只是在语言、科技、人工智能越来越发达的现代，人类的直觉却在退化。人类本是灵性且神性之物，却过多依赖于智力和外界力量，忽视了生命原本最重要的本能部分。我们认为，诗歌的回归、劳动的回归、艺术的回归恰好是直觉思维发展的重要渠道。因此，我们从开展STEM教学发展成为STEAM教学不无道理，这让中小学开展的科技创新教育、创客活动、机器人活动等始终闪耀着人文和艺术的光辉。

# 第三章

# STEAM课程课堂行为的有效性

　　STEAM课堂行为的有效性问题，是决定STEAM教育能否长期深远发展的根本问题。采用学科融合的学习方式，运用跨学科思维解决现实问题，融合人文艺术（Arts）内核，这使STEAM课堂有着传统课堂所不具备的潜力和魅力，教师不能完全照搬传统课堂教学情境下的标准来评价STEAM课堂的有效性。为此，我们可采取"头脑风暴"发展跨学科思维，建构有效提问激活学生思维并进行高效课堂讨论，优化STEAM教学模式和学生能力评价，以及提高学生创新能力等策略来提升STEAM课堂行为的有效性。

# 第一节 利用"头脑风暴"发展跨学科思维

建构主义认为，学生在认知、解释、理解世界的过程中建构自己的知识，在人际互动中通过社会性的协商进行社会建构，学生的目标只有在组员想要获得他人观点的社会互动中才能实现。"头脑风暴"是英美等国的一种思维训练方式，它是建构主义观。①

## 一、"头脑风暴"的概述

"头脑风暴"又称智力激励法、自由思考法，是由美国学者阿历克斯·奥斯本（A.F.Osborne）于1938年首次提出的，1953年正式发表的一种激发创造性思维的方法。头脑风暴法通过小型会议的组织形式，让与会者在轻松愉快的气氛中畅所欲言，无拘无束地交换思想和观点，并激发与会者思维灵感和创新意识，使各种设想在相互碰撞中激起大脑思维的创造性"风暴"，也有学者称它为"脑力激荡法"。"头脑风暴"的特点是让学生敞开思想使各种设想在相互碰撞中激起脑海的创造性风暴，这是一种集体开发创造性思维的方法。

## 二、"头脑风暴"的种类

香山学校的STEAM课程中常使用"头脑风暴"（又称为直接头脑风暴）、"反头脑风暴"（又称为质疑头脑风暴）以及"头脑写作"三种方法。每次活动以5—8个人为宜，需推选一名小主持人、一名小秘书（记录员）。小主持人的作用是在活动开始时重申讨论的题目和纪律，在会议过程中进行引导和掌握进程，实施原则如下：

---

① 袁夫石.头脑风暴：一种建构主义观［J］.现代语文，2005，3：113.

### 1. 畅所欲言

组员不应该受到条条框框的限制，放松思想，让思维自由驰骋。力求从不同角度、不同层次，大胆展开想象，畅所欲言，尽可能标新立异，提出独创性想法。

### 2. 延迟评判

坚持当场不对任何设想提出评价的原则，一切的评价和判断延迟到活动结束以后进行。这样做是为了防止评判约束组员的积极思维，破坏自由畅谈的有利气氛。

### 3. 禁止批评

参加"头脑风暴"的每个人都不得对别人的设想提出批评意见，批评对创造性思维无疑会产生抑制作用。同时，发言者的自我批评也在禁止之列。

### 4. 追求数量

"头脑风暴"的目的是获得尽可能多的设想，追求数量是它的首要任务。在某种意义上，设想的质量和数量密切相关，产生设想越多，其中创造性设想就可能越多。

### 5. 取长补短

组员除了提出自己的意见外，还要对他人提出的设想进行思考，在别人的基础上进行发展或提炼出新的创意。

## 三、"头脑风暴"的含义和步骤

### 1. 头脑风暴（直接头脑风暴）

"头脑风暴"是指针对一个或一类问题群体决策尽可能激发创造力，产生尽可能多的设想的方法。此活动一般运用在科学求证、设计方案和实施方案环节。其步骤如下：

一是确定题目。活动前，各小组收集相关资料，以便了解相关背景知识和相关信息。讨论题目要明确具体，不宜过大或过小，也不宜限制性太强。题目宜专一，不要同时将两个或两个以上的问题混淆讨论。讨论之始，教师可先提出简单的问题进行演习。

二是明确分工。一般以5—8个人为宜，需推选一名小主持人，一名小秘书（记录员）。主持人的作用是在"头脑风暴"开始时重申讨论的题目和纪律，在会议过程中进行引导和掌握进程。

三是规定纪律。教师可在开展活动前规定几条原则，如按顺序"一个接一个"轮流发言，若轮到的学生无新构想，可轮到下一个；不允许私下交流，以免干扰别人思维；切忌互相褒贬等。

四是掌握时间。活动过程中，小主持人掌握好时间，一般以15—20分钟为宜。活动结束后，小秘书（记录员）利用5分钟展示收集的想法，再组织一次小组会评价和筛选，以形成最佳的创意。

头脑风暴的特点包括：容易操作执行，具有很强的使用价值；非常具体地体现了集思广益，体现了小组合作的智慧；每个人的跨学科思维都得到了最大限度的开拓，能有效开阔思路，激发灵感；在最短的时间内可以产生大量灵感，会有意想不到的收获；使组员更加自信，发现自己居然能如此有"创意"；可以发现并培养跨学科思路和有创造力的人才；提高工作效率，更快、更高效地解决问题。

**2. 反头脑风暴（质疑头脑风暴）**

"反头脑风暴"是用批判的眼光揭示已提出的方法、设想、方案可能潜在的问题，并对其逐一质疑，分析其可行性的方法。此活动一般运用在得出结论、评价方案、反思交流分享环节。其步骤如下：

一是提出质疑。此阶段就是要求组员对每一个提出的设想都要提出质疑，并进行全面评论，评论的重点是研究有碍设想实现的所有限制性因素。在质疑过程中，可能产生一些可行的新设想，这些新设想包括对已提出的设想无法实现的原因的论证、存在的限制因素以及排除限制因素的建议。其结构通常是："某某设想是不可行的，因为……如要使其可行，必须……"

二是编制一览表。"反头脑风暴"第二阶段，是对每一组或每一个设想编制一个"评论意见一览表"，以及"可行设想一览表"。"反头脑风暴"应遵守的原则与"头脑风暴"一样，只是禁止对已有的设想提出肯定意见，而鼓励提出批评和新的可行设想。在进行"反头脑风暴"时，小主持人应首先简明介绍所讨论问题的内容，扼要介绍各种系统化的设想和方案，以便把组员的注意力集中于对所讨论问题进行全面评价上。质疑过程一直进行到没有问题可以质疑为止。质疑中抽出的所有评价意见和可行设想，应专门记录或录在磁带上。

三是评估设想。"反头脑风暴"的第三个阶段，是对质疑过程中抽出的评价意见进行估价，对于评价意见的估价与对所讨论设想质疑一样重要。因为在质疑阶段，重点是研究有碍设想实施的所有限制因素，而这些限制因素即使在设想产生阶段也是放在重要地位予以考虑的。

四是形成可行的最终设想，以便形成一个对解决所讨论问题实际可行的最终设想一览表。各组负责处理和分析质疑结果，此外还要吸收有能力对设想实施做出准确判断的行业专家参加。如果要在短时间内就重大问题做出决策时，吸收专家参加尤为重要。

"反头脑风暴"特点包括：一是"反头脑风暴"活动有助于学生智力开发。在一般教育中，我们都是先教学生一定规则，然后让学生遵守。但在现实生活中，情况会更复杂，这时候需要学生打破常规思维解决实际问题。逆向思维就是如此。因此，给学生做"反头脑风暴"的思维训练，能帮助学生开发智力，让学生遇到问题不慌张。二是"反头脑风暴"活动有利于提高学生的应变能力，增强创新意识，对学生进行"反头脑风暴"活动，让学生学会从正反两方面来思考问题、判断事物。开展逆向思维教育，对于学生成长很有帮助。"反头脑风暴"活动会让学生独辟蹊径，发现别人不曾关注的东西，有所建树。此外，"反头脑风暴"活动还可以让学生解决实际问题时发现更多方法，生活中自觉运用此方法，快速解决问题。

**3. 头脑写作**

"头脑写作"即针对一个或一类问题，将自己的想法写下后，匿名进行传递，添加修改。"头脑写作"最大的优点是没有个人表现也就没有个人表现的焦虑，组员可以不用考虑个性、行为、立场，进行独立思考，这样更专注于问题本身，不受外力干扰地进行一些深度思考，从而获得更多的灵感和角度。

"头脑写作"可以使得每个人的想法同时表达，减少了"头脑风暴"中等待表达想法的时间，也有效地避免因为跟随别人思路走而浪费时间，更不用担心在讨论中想法会丢失。当很多想法同时产生的时候，更多的想法也会更快地产生。此活动一般运用在参与者很多或小组内内向性格成员较多的科学求证、设计方案等环节。"头脑写作"的步骤流程如下：

一是介绍流程。小主持人介绍活动流程，向组员介绍"头脑写作"的活动流程。

二是写下想法。小秘书分发记录纸给组员，还可以在纸上预先打印好矩阵表格，告诉组员在纸上写下想法，并准备充足的纸张使用。

三是陈述问题。小主持人清晰地陈述本组问题，可以把问题直接投影出来或是直接打印在回答纸的最上方。提出的问题可以是开放的，也可以是具体的。问题的清晰程度直接影响答案的质量。

四是控制时间。明确一下时间节点（三分钟一轮，共五轮等）、传递纸的方向（顺时针方向或逆时针方向）。小主持人负责询问是否有人对问题不清楚，提醒组员快速阅读前人想法，并可以随意添加修改。在活动过程中，提醒组员时间以及把纸传递下去。

五是搜集分析，会议结束。小秘书搜集想法，各组进行统计、分析。

此外，还有比较有趣的建立在基本的"头脑写作"流程上的方法。比如，试着让组员将想法写在纸飞机的双翼上，然后通过飞行交换想法。其他人随意捡起一个，把它当作一个灵感刺激，然后在纸飞机上写下另一个想法，并按照指令再扔一次。

"头脑写作"的活动特点包括：一是在活动参与者特别多的情况下，组织一场"头脑风暴"十分消耗时间并且效率不高，但"头脑写作"只需在座位上发放记录纸、问问题，让大家将卡片传递下去，提醒大家传递的时间即可。二是当组中内向性格的组员较多时，会比较排斥传统的"头脑风暴"形式，写下来的方式帮助他们清楚问题，完整清晰地表达自己的想法，使每一个想法都不会散失。三是当时间有限但又想获得尽可能多的反馈时，假设只有10分钟想了解对产品的反馈，10人团队，若每人一次有3个想法，只需两轮"头脑写作"，即可获得3×10×2=60个想法，是一个灵活多产的创意工具。四是想要组织一场有效的"头脑风暴"活动，需要一个有经验的组织者来调控现场，但往往很难找到合适的组织者。"头脑写作"活动中的小主持人的工作相对简单一些，只需要陈述问题、读秒以及搜集答案。五是担心有话语权的人可能会干扰活动结果。若是一个"头脑风暴"活动中，1—2个主要成员进行垄断讨论范围和议程，则整个活动受到限制。而"头脑写作"可以给予每个人一个平等的机会去思考和表达，在无形中减轻了群体遵从的压力。

## 四、"头脑风暴"的应用方式及案例

在STEAM课程构建跨学科思维的过程中，我们针对不同的情境演变成了多种使用方式，其中"海报法"与"卡片法"是最常用的两种方式。在STEAM课程的"头脑风暴"中，这两种不同的方式适用情境和区别见表3-1-1。

表3-1-1　两种方法的情境运用和区别

| | 海报法 | 卡片法 |
|---|---|---|
| 适用情景 | 小团队、时间紧张，针对一个主题进行发散 | 想法多、时间宽裕，能够帮助团队获得更多元的想法与可能性 |
| 做法 | 每人提供1-2个最佳的想法，书写或张贴在海报纸上 | 每人提出3-5个想法，进入小组讨论阶段，小组达成共识后书写在卡片上 |
| 收集数量 | 收集的想法较少 | 收集的想法较多 |
| 用时 | 整体时间<15分钟 | 整体时间>15分钟 |
| 优点 | 1.可能会针对某个方面讨论得很深入，但也会因此丧失其他角度的可能性。2.由于大家是一条条阐述的，观点具有一定的跳跃性，不容易找到想法之间的关联性 | 1.获得的想法较多，创意想法更多。2.由于采取分列排列，很容易找到相似点，完成分组列名的工作 |
| 缺点 | 1.往往收集的是那些发言的人的观点。2.在意见提出后，人们容易关注差异点，从而陷入对观点的争论 | 书写的方法保证每个人都有机会表达自己的想法，当意见提出后，人们更容易关注相似点 |

### 案例：STEAM教学实例——《校园水循环》

在教学STEAM课程《校园水循环》时，采用的就是15分钟"海报法"的"头脑风暴"方式。教师给出问题："关于自来水，你想了解什么？"教师要求全班25人随机分为5个小组，确定1位小主持人、推选1位小秘书，其他同学负责收集资料、整理材料。学生纷纷动脑思考，给出的问题有：自来水要经过多少次过滤才能喝？水的源头在哪里？自来水要怎么过滤？谁来操作？过滤自来水的机器结构是怎样的？过滤时对水压有要求吗？……

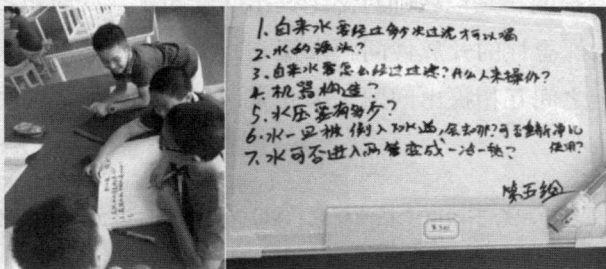

图3-1-1　海报法

15分钟的"头脑风暴"令课堂气氛非常活跃，学生积极思考、乐于思考，在小主持人的鼓励下大胆发言，每个人都参与其中。而且，学生提出的大部分问题是无法依靠单一学科知识和技术加以处理的，需要多学科的交叉和协同。如果说寻找这些问题的答案和解决方法是一个寻找宝藏的过程，那么每个学科所掌握的知识可能就是藏宝图中的一块。我们只有把这些彼此分离的地图碎片以一定的方式拼接起来，并补上一些必要的细节，才可能真正找到宝藏。"头脑风暴"可以帮助学生强化跨学科思维技能，也可以帮助学生在不同学科领域建立更完善的知识体系，进行更有意义的研究。

# 第二节　STEAM课堂教学中建构有效提问

课堂提问是STEAM课堂的一种常用的教学方法，是教学过程中师生之间相互沟通与交流最常用也是最重要的手段之一。STEAM课堂提问不只是"提出一个问题"和"回答一个问题"的简单问答行为，教师的课堂提问决定STEAM课堂的成败，影响学生学习的意义。而教师如何看待课堂提问、如何设计课堂提问、如何采取提问方式，都将影响STEAM教学的有效性。[1]

## 一、转变课堂提问的教学观念

关于课堂提问的主体，我们通常的理解是指向教师而非学生，即"在课堂教学过程中，教师就有关教学提出的问题，让学生做出应答的活动"。[2]但在STEAM课堂上的提问，是以教师对学生提出问题为主，同时也要求教师应该提示学生通过提出深思性的开放性问题来探究，提问的主体并不是单一的教师，鼓励学生与学生之间互相提出问题，因此应该是多元化的。通过生生、师生间

---

[1] 吴青平.建构主义教学理念下的课堂提问研究：以广州市S小学语文课堂为例［D］.广东：广州大学，2015.

[2] 高文，徐斌艳，吴刚.建构主义教育研究［M］.北京：教育科学出版社，2008.

的合作，就问题解决方案进行讨论、交流，通过不同观点的冲突、碰撞，在共享集体思维成果的同时深化对问题的理解，促进其认知发生变化，最终完成所学知识的意义建构。[①]课堂提问是要让学生成为独立的反思者和建构者，帮助学生学会质疑和探究，帮助学生在已有的经验和认识的基础上自主建构知识。

## 二、设置课前问卷，获取前概念

学生在学习新知识之前，就对日常生活的现象和体验形成了一些非科学的概念，称之为前概念。教师应从学生的前概念入手，让学生调动头脑中已有的知识或经验，找准新旧知识的关联问题，带领学生进入前概念的"最近发展区"，引导学生运用前概念探究跨学科知识。为了促进教师对进行的项目背景进行全面了解，一般在课前设置简洁的问卷进行调查。例如，在进行《校园水循环》STEAM课程教学前，我们会进行如表3-2-1所示的调查。

表3-2-1 《校园水循环》STEAM课程前概念调查

| 下面是一系列关于参加STEAM课程学习活动时的特征描述，请你对照自己的实际情况进行选择 | 完全不符合 | 比较不符合 | 有一半符合 | 比较符合 | 完全符合 |
|---|---|---|---|---|---|
| 你们班的同学都上过STEAM课程 | | | | | |
| 你期待STEAM课程符合你的接受程度 | | | | | |
| 你期待在STEAM课程中学到课本以外的知识 | | | | | |
| 你期待在STEAM课程中能掌握新技术 | | | | | |
| 你期待STEAM课程能帮你整合多学科知识 | | | | | |
| 你期待STEAM课程可以帮你了解工程设计周期 | | | | | |
| 你期待STEAM课程可以帮你培养亲子设计实验的能力 | | | | | |

---

① 赵强，刘炳升.建构与前概念［J］.物理教师，2001，22（7）：3-4.

## 三、创设问题情境，激发探究欲

有人这么比喻一堂好课："一堂生动活泼的且具有教学艺术魅力的好课犹如一支婉转悠扬的乐曲，这支乐曲的起调一定扣人心弦，而主旋律则一定引人入胜。"[①]这里所说的起调就是一个情境性的问题，这个好问题能够激发学生学习的动力，调动学生主动合作、探索学习的积极性，真正达到教学过程积极活跃、课堂高效的目的。

例如，在教科版五年级（下）《下沉的物体会受到水的浮力吗》中列举的是"从井中提水桶"的例子，现在的学生很少有这样的经历，并且教科书的实验与小学生的认知脱节，学生不明白为什么要这样实验，不利于提升学生的跨学科能力。针对这一情况，对本课进行STEAM课程整合：出示一个装满水的玻璃瓶子，并将玻璃瓶子放入装满水的水槽中，发现玻璃瓶沉到水槽底部。教师问学生："玻璃瓶在水中会受到水的浮力吗？"学生们纷纷举手发言，有的说不受到水的浮力，有的认为受到水的浮力，争论的气氛十分浓厚。这时，教师不失时机地追问："现在大家说的都只是猜想，我们要怎样设计实验才能验证我们的猜想呢？需要哪些工具？"一名学生从课本中"井中提水桶"的例子，马上联想到：先用手在空中掂一下玻璃瓶重量，再放入水中掂一掂，感受有什么不同。学生们很快发现，下沉的玻璃瓶在水中比在空气中要轻，但为什么会出现这种情况呢？我们可以用Arduino UNO板以及传感器去探究这其中的奥妙。

STEAM课堂教学注重将新知识与学生已有知识和经验结合起来，建立客观知识与物理状态之间的联系，在知识应用的情境中学习新知识。

## 四、注重课堂提问，彰显生活化

STEAM课堂提问应遵循"提出与学生具有相关性的问题"这一指导性原则。相关性是指与学生自己的生活相关，这样的问题有利于促进学生对知识的意义建构。提问方式也就是课堂教学中要"怎么问"，从开始设计时注重一堂课的教学重点和难点，再到结合问题的难易程度、学生的知识水平、现有提供给学生的学习材料以及课堂教学时间等方面综合考虑。教师在学习环境中适当

---

① 王美玲.浅谈课堂结课艺术［J］.教学精论，2005（10）：74-75.

地创造一些因素，使得问题与学生生活之间建立相关的联系。

例如，《海绵城市》STEAM课程，在讨论城市内涝问题时，教师播放"南屏街道看海"等视频，并提出思考的问题：为什么会出现城区看海的情况？城区看海会有哪些危害？我们利用生活中的实例，以点带面，让学生思考城市内涝的问题，符合学生的认知规律，更能体现学生的主体性，即体现学生能主动积极参与学习，对知识的主动建构。教学除了小组协作学习之外，教师根据具体的教学内容、教学对象的差异性和时空环境的有限性，灵活地运用多种提问方式。

## 五、巧设认知冲突，优化课堂提问

STEAM课程学习不是简单的信息累加，而是包括了新旧知识和经验的冲突，以及由此而引发的结构重组。教师要善于以认知冲突为依托，激发学生的兴趣和探究欲望。教师要善于抓住学生的疑惑之处进行提问，引导学生运用、联系先前的知识，以解答新的学习问题。同时，教师需同时让学生在多元的学习情境中，通过互动、协作学习，引导学生建立前概念和新概念之间的关系，让学生实现概念认识上的转变，从而获得新的概念，并且将它应用到其他情境中去。[①]

比如《潜水艇的奥秘》STEAM课程，学生已完成了自制潜水艇的任务。教师出示分别装满自来水的大水槽和小水槽，提问："潜水艇做好后我们就要进行下水测试。请问潜水艇在深海（大水槽）潜航受到的浮力与在浅海（小水槽）时相同吗？"这个提问具有挑战性，小组讨论自然形成，教师启发："大家想想，潜水艇靠往压载舱注水来改变沉浮情况，如果我们的潜水艇完全浸入水中，那潜入水的体积会变化吗？"学生回答："潜水艇完全入水时，体积不变，浮力不变，控制它的下潜深度靠改变压载舱的水量来实现。"这样一环一环相扣，既有层次性和梯度性，又富有启发性，从而使学生思维的开阔性、深刻性得到进一步的培养。

---

① 吴青平.建构主义教学理念下的课堂提问研究：以广州市S小学语文课堂为例［D］.广东：
广州大学，2015.

## 六、建构学生课堂提问评价标准

教师的课堂提问评价应贯穿在整个教学过程中，采用与学习过程相一致的情境化评估。教师适当的评价能帮助学生把学习理解为一个过程，从而让学生带着一种发展的眼光去看待自己的学习，进而对学习表现出主动性和积极性。学生的回答往往能够在某种程度上反映学生思维活动的过程，以及在这个过程中表现出的对于问题的思考状态。

在建构主义教学原则指导下，美国教育家布鲁克斯（Brooks）指出，"教师要提出与学生相关的问题"，在教学背景下评价学生的学习。教师不能单纯地指出学生回答的"正确"与"错误"，提供非判断性的反馈。把课堂提问评价作为教师服务于学习者的工具，引导学习者建构新的理解，获得新的技能。[①]

欣赏性评价：属于正评价范畴，具体表现为表扬化评价。

批判性评价：避免教师面对任何回答都慷慨表扬，或出现不够清晰、正确和全面时使用的一种评价方式。

非言语评价：除开言语评价之外，包括面部表情、行为的评价。

此外，学生在学习过程中不可能每一次都能获得成功与进步，当面对学生回答出现错误或出现不清晰和不全面的问题时，要抓住学生在回答问题的过程中所表现出来的思维、语言表达、解题策略和手段、合作意识和技巧等方面进行评价。

综上所述，在建构主义的STEAM课堂中，我们不仅要看到教师的促进者、引导者和合作者的身份，同时要注意学生是教学活动的积极参与者和知识的主动建构者。课堂教学互动过程中，提出问题者以教师为主，同时也要为学生创设情境让学生提出问题，采取多样的提问方式鼓励学生主动参与其中，为学生的学习思考提供充足的时空保障，同时把学生共同体之间的差异性这一重要资源充分调动起来。

---

① 陈秋红.教师的课堂提问行为反思［J］.教学与管理，2004（10）.

# 第三节　STEAM教学中课堂讨论有效性

STEAM课堂是一个充满问题、充满好奇的课堂。在解决问题时，学生带着好奇心大胆与同伴交流彼此的想法，帮助他们构建自己的思想。当教师在课堂中使用多样化的提问策略时，学生自然学会了如何提问，这不仅帮助学生发展质疑能力，还能帮助他们进一步理解各种知识。通过有效的课堂提问，教师和学生加深了对新知识的理解，使学习和认知更加清晰。课堂中的有效提问能够建构高效的讨论和交流，学生的旧认知不断被唤起，在学习过程中存在的一些错误认知自然也就显露出来。在学习过程中，教师将新知识融汇在各种问题中，组织有效的课堂讨论，从而引导学生参与到新知识的学习和研究中。

## 一、设置"框架式问题"，营造交流氛围

STEAM课堂讨论的主题或问题的确定，不宜笼统宽泛，不宜松散杂乱。否则要么是学生喋喋不休，看似热热闹闹，实则教师很难从中获取高价值的信息；要么是学生不愿去讨论，冷冷清清，使讨论丧失价值。因此，这种流于形式、随意、散漫的讨论多了，学生会误以为原来"课堂讨论"就是随意聊、随便说，想说什么就说什么，不能领略什么是真正的讨论，更谈不上收获思辨的乐趣。

"框架式问题"即针对科学教学目标，给学生设定一个有层次的问题纲要，根据所涉内容设置一些富有争议性的问题，让学生争一争、议一议，全身心地投入到对问题的探讨中，可有效避免学生"随意讨论"，更可以避免学生在讨论中出现杂乱的思辨。

如在四年级《导体与绝缘体》STEAM课程中，学生对"人体、大地、自来水这些物质都是导体"这一知识一知半解，认识模糊。教师先提出问题："难道人体真的不能导电吗？"大部分学生表示，人体是可以导电的，而且还有可能触电身亡。然后教师再提出问题："那为什么我们的小灯泡没有亮呢？"学

生在回答这个问题时存在一些分歧，这时教师可以组织学生进行简短的小组讨论，目的是让学生把心中的疑惑和不理解提出来议一议，而非要得出结果。讨论中，有的学生认为"因为电压太小了，电流没流到小灯泡那里"，还有的同学认为"是人体阻碍电流的能力太大了，电流没办法流到小灯泡里"。通过简短讨论后，教师找出一些人体触电的图片，让学生明白人体是可以导电的，但可能是因为电流过小，没办法点亮电路中的小灯泡。接着，教师展示"微电流信号放大器"，带领学生通过工程组装，实验验证自己的想法。学生带着想法和心中的疑问会全身心地投入到工程组装和实验中。

通过这样一个"框架式问题"讨论环节，让学生真正地认识到学习科学需要深入地进行研究，有的放矢，更好地认识实验的意图，尊重事实。这样能够让学生更加关注问题，改变以往学生只看热闹的情况，推动了探究的进程。

## 二、构建"知识课堂讨论"，提升表达能力

课堂讨论中，学生有参与机会对学生的学习具有非常重要的意义。而在传统的座位排列形式下的课堂讨论中，教师的提问往往具有一定的倾向性。有研究显示，坐在中间排列的学生被教师提问而参与到讨论中的机会最多，前排稍少，而后排学生参与机会明显最少。而利用多伦多大学的斯卡达玛亚（Scardamalia）和贝莱特（Bereiter）两位教授提出的"知识建构理论（Knowledge Building）"中的"知识建构讨论（Knowledge Building Discourse）"教学理念，则能有效地提高学生解决问题、自主学习、主动交流和创新等多方面的能力。[①]"知识建构讨论"是指班级全体学生聚集在一起，就当下研究的某个大主题或者某个具体问题提出想法和假设，不断吸收集体智慧，进而重新审视并不断改进自己的观点。[②]具体方法如下：

### 1. 申明"知识建构讨论"规则

规则由学生和教师共同制定：一个一个地说，不要抢着说；不要轻易打断

---

① Scardamlia M. Bereiter, C. Knowledge Nuilding [A] J.W.Guthrie（Ed.）, Encyclopedia of Education（2nd）[C].New York, NY: Macmillan Reference, 2003: 1370−1373.

② 香港大学教育应用资讯科技发展研究中心.知识建构教学用书（一）教学理论与实践[M], 2011.

他人发言；观点相同就不用重复说，但可以进行补充；他人发言时，不要做无关的事，注意聆听；注意发言用语，不用"他不对"等攻击性言语。

**2. 明确本次"知识建构讨论"所针对的具体问题**

知识建构对话的总目标虽然还是"深化观点，提升学生理解水平"，但每一次"知识建构对话"进行的时机不一样，其所要面对的讨论目的和讨论内容也就不一样。①

**3. 学生围成圈而坐，开始讨论，教师也是其中一员，成为"共同学习者"**

讨论中，学生拿着话筒作为发言者的标志物，等发言完毕，自己选择下一个发言者，将话筒传递下去。

**4. 教师对本次讨论进行总结，内容依据当次"知识建构讨论"的讨论内容而定**

可以包括对讨论内容的概括和提升，也可以包括对在讨论过程中学生表现的点评，还可以包括对下一步教学的想法。

案例：STEAM教学实例——所有的植物都需要太阳光吗

学生1：本次讨论的问题是生物的生长都需要太阳光吗？

学生2：我认为，植物最基本的生活条件之一是太阳光，只有在有光的条件下植物才能生长、发育、开花、结果。植物生长均需要太阳光。

学生3：我发现，放在室外有太阳光照射的植物一天就要消耗20mL水，我觉得可能是因为植物在阳光照射下叶片进行光合作用消耗掉的。

学生4：昨天我检查暗箱里的植物，发现暗箱里的植物也只有很少的水。但是暗箱里的植物没有照射到太阳光。

学生5：我觉得，植物除了光合作用以外也会消耗水。因此植物有没有消耗水不能作为植物需要太阳光的依据。

学生6：我查了资料，资料里面说，绝大多数植物的生长都离不开阳光，包括那些阴生植物、耐阴植物和喜阴植物，如吊兰、文竹等，即使不需要强烈的直射阳光也要有散射光线。但也有少数例外，如菌类植物（蘑菇、木耳、灵芝

---

① 张义兵，陈伯栋，Marlene Scardamalia，等. 从浅层建构走向深层建构——知识建构理论的发展及其在中国的应用分析［J］. 电化教育研究，2012：1—11.

等）和一些腐生植物（如水晶兰），它们都没有叶绿素，不进行光合作用，靠分解其他植物残骸获得养分，因此可以在完全黑暗的环境中生长。

学生1：生物圈中动物、植物都需要营养物质、阳光、空气和水，还有适宜的温度和一定的生存空间。我觉得一般的植物和动物都需要太阳光。

学生3：所以说，植物需要光合作用的时候需要光，但不一定非要太阳光吧？我看美国太空站里都是用LED灯给植物补充光照的。

学生5：那可不一定。深海生物在海洋几千米甚至几万米的地方，黑暗的世界也需要阳光吗？

学生6：我查到资料显示，某些化能合成细菌，如硝化菌、硫细菌、铁细菌等，它们能氧化无机物，并借助于氧化所放出的能量，制造本身所需的营养物质。因为细菌也是生物的一种，所以生物不都是需要太阳光的。

教师：今天大家都做得非常棒，基本上做到了别人说、自己在听。我们讨论了一般的植物、动物和深海动物等生物对太阳光的需求度都是不一样的。有些时候，我们可以利用人造灯光代替太阳光促进植物的生长。

## 三、良好的讨论习惯，保障有效的讨论

良好的讨论习惯要从一二年级开始抓起。由于小学生喜欢讨论学习，喜欢凑热闹，但又不懂得分工合作，也不会探讨问题，缺乏自我约束力，往往会"跑题"，难以达到探讨课堂问题的效果。甚至有些学生参与了讨论，但缺乏学习积极性，课堂效率不高。对于这种情况，教师在教学的时候有针对性地制定了一些策略，帮助学生认识到小组讨论的重要性，逐步养成良好的讨论习惯，为讨论质量的提高奠定了良好的基础。[1]

### 1. 树立良好的时间意识，促使教学过程保持一定的紧凑性

对于一二年级学生，他们刚接触小组讨论，容易出现一种放任自由、纪律松散的情况，讨论进入不了状态，使教学氛围混乱、课堂进程滞后，严重影响了课堂学习效果。这时，教师首先要调整好自身状态，每次在学生讨论前设置一个讨论任务和倒计时闹钟，并调整心态尝试参与到小组合作学习中去，从而

---

① 郭长源.浅议如何在科学课中提高课堂讨论有效性［J］.学周刊，2018，26：66-67.

让学生认识到时间的重要性以及讨论的紧迫性，这对STEAM教学也是非常重要的。要让学生意识到自己是带着任务进行讨论的，从而养成一种最基本的讨论习惯。

**2. 帮助学生不断形成良好的讨论习惯**

良好的讨论习惯需要在活动中不断形成和巩固。如教师在第一节STEAM课上，让学生说说小组讨论时应注意哪些事项，注意哪些礼仪；哪些行为可取，哪些行为不可取；甚至还可以跟同学们签订安全协议书，用"君子协议"帮助学生养成良好的讨论习惯是提高课堂有效讨论的有力保障。另外，教师还可以把学生课堂讨论的礼仪记录做成卡片分发给学生，要求学生粘贴在记录本上，在开展活动的时候严格遵守，逐步养成习惯。

## 四、延长预设时间，提高讨论的有效性

美国学者罗维（M.B.Rowe）和托宾（K.G.Tobin）通过有关等待时间延长的实验发现，在那些把等待时间延长了1~5秒的教师的课堂上，发生了下列可喜的变化：一是学生回答问题的平均时间延长；二是学生回答问题的主动性和正确程度提高；三是思考之后回答的现象增加，从事实推论得出的结论增加；四是学生的提问增加，学生做出的贡献更大。[1]

我们在STEAM课堂教学时，往往因为课堂实践的现实而讨论不足。我们为什么不能在设计讨论问题时有意识地预设延时呢？如原本预设的讨论时间为4分钟，我们预设成4分半钟或5分钟，给学生"时间差"，让更多的学生参与讨论的过程，激发更深层次的思考。

比如，学生以小组形式讨论"海绵城市"时，教师先让学生以小组为单位讨论海绵城市的组成结构，以及为什么要选择这些组成结构、人员应该怎样分工合作。于是，学生开始了紧张的讨论，有的小组就决定海绵城市的结构，以及为什么选择这个结构花了不少时间。5分钟时间到，学生意犹未尽，纷纷向教师表示还想多要一些时间才能完成此项任务。教师顺水推舟，再给学生5分钟的

---

[1] Jenni Ingram，Victoria Elliott.A Critical Analysis of The Role of Wait Time in Classroom Interactions and The Effects on Student and Teacher Interactional Behaviours［J］.Cambridge Journal of Education，2016，46（1）：37-53，17.

时间，让学生对在海绵城市组成结构中可能遇到的问题再次进行讨论。这样层层推进讨论，从而保证课堂讨论的有效性与设计的海绵城市活动的有效性。延长预设讨论时间，更是在无形中告诉学生，讨论是有层次性的，设计前要对可能出现的问题考虑周到，从而起到积淀学生综合素养的作用。

总之，如何在STEAM课堂中提高课堂讨论的有效性是一个系统问题，需要我们在教学中不断探索和完善。

# 第四节　STEAM课程中学生能力表现评价

在STEAM课程学习中，我们常采用多种评价方式相结合的评价方法，使用较多的是过程性评价（Processing Appraisal）和真实性评价（Authentic Assessment）。开展STEAM课程学习的目的是发展学生的高阶思维，提高学生解决问题的能力，并进一步激发学生的创造力，从而帮助学生更好的发展，成为适应社会需要的创新型人才。为了更好地对学生进行评价，并对学生进行信息反馈，帮助学生改进学习方法，评价学习的重点也从以纸笔测验为主的结果性评价转变为关注学生学习过程中的学习体验过程性评价。

## 一、过程性评价与真实性评价的内涵

过程性评价认为评价是阶段性的、延续性的，注重在学习过程中对学生学习过程中的情感、态度、价值观的动态变化进行评价，帮助学生更好地了解自身在学习过程中自身能力的变化。我们可以通过量化评价和质性评价相结合的评价方式，评价学生学习的成效、学生在学习过程中的学业成就、学生的情感态度等因素。[①]STEAM课堂的过程性评价强调定量评价和定性评价相结合，学习成果可采用通过评价量表、纸笔测试等多种定量评价，以及通过记录学生个

---

① 吴维宁.过程性评价的理念与方法［J］.课程·教材·教法，2006（6）：18-22.

人成长故事册或成长记录袋来进行定性评价。这种评价始终贯穿STEAM课堂教学过程，学生、同伴、教师都是评价的主体，评价的目的是及时向学生反馈信息，调节学生的学习过程，检查学习过程中学习情况，促进学生改善现有的学习方式和学习动机，为更好地进行终结性评价奠定基础。

真实性评价是在真实情境或模拟现实情境中进行的，教师通过为学生创设一系列真实性人物或解决实际问题的任务，采用日常观察记录、档案袋记录、表现形式评价等多样化的评价方式，评价学生多方面表现，帮助学生形成自我学习情况的现实认识，从而更好地改进学习方式，促进学生的全面发展。[①]

STEAM课堂的真实性评价的主体是学生，教师要引导学生学会自评，进行自我反思。真实性评价一般评价学生多方面的表现，包括学生知识和技能的掌握程度、实践操作能力、与他人进行交流合作的能力、解决问题的能力等，进而为学生提供更真实的信息反馈，帮助学生形成对自身学习情况的现实认知，从而更好地改善学生的学习习惯，促进学生的全面发展。

## 二、创设STEAM课程的项目管理架构

不论是过程性评价还是真实性评价，STEAM课程学习是在基于现实的丰富情境下进行的，具有明确的学习目标。项目活动给学生提供模糊的任务，要求学生以小组合作形式解决若干问题并完成任务，通过作品展示评价学生对各个学科概念的掌握情况。基于STEAM项目的学习为学生提供了真实情境中的模糊任务，学习过程中学生自身的能力得到了发展，整个学习过程都伴随着与同伴进行沟通、共同解决问题和自主学习。[②]从STEAM课程学习的内涵出发，Beckett和Slater在2005年构建了"项目管理架构（Project Framework）"，如图3-4-1所示。Beckett强调对学生的会话能力、科学沟通能力和写作能力进行评价，他们认为在评价学生时可使用计划表帮助学生直观看到学习目的，设计项目日志，帮助学生记录自己的科学用语、学科内容、技能发展、取得的成就

---

① 杨向东.真实性评价之辩［J］.全球教育展望，2015（5）：36-48.

② 罗伯特·M·卡普拉罗，玛丽·玛格丽特·卡普特罗，詹姆斯·R·梅根.基于项目的STEM学习［M］.王雪华，屈梅，译.上海：上海科技教育出版社，2016：182.

和尚未获得的成就。①

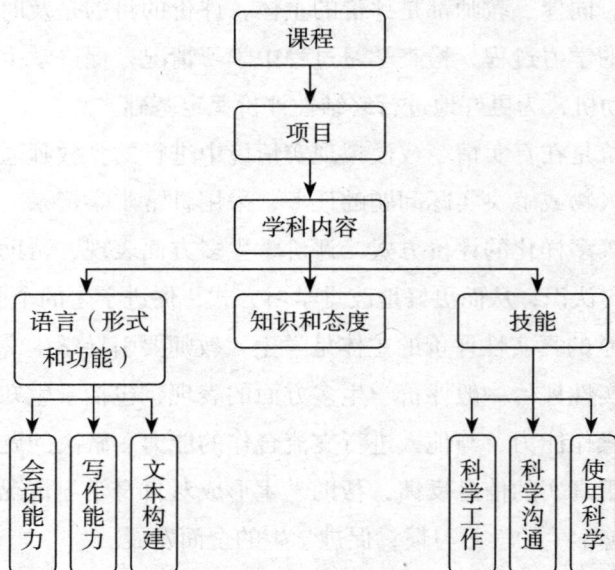

图3-4-1 项目管理架构

此项目管理架构强调学生在项目学习过程中都应当及时进行自我评价，自我评价可帮助学生及时进行自我反思，调整学习的节奏。但STEAM课堂是小组合作学习的课堂，为了更好地完成项目，同伴间的相互交流、沟通和教师的及时引导是必不可少的。而且学生在进行STEAM课堂学习过程中都必须要经历确认问题（项目）、制订计划、撰写方案、准备并开展探究、对结果进行分析和展示成果的不同阶段，这是螺旋式上升的学习过程，学生在不同的学习阶段都将会有不同的任务和评价量表。因此，我们从STEAM课堂出发，参考项目框架结构图，确定了STEAM课堂中最重要的评价方向：信息表达能力、团队合作能力、课程操作能力。在各级指标下又分为三个指标，具体如图3-4-2所示。

① Beckett，GH.The Project Framework：a tool for language，content，and skills integration
　［J］. English Language Teaching Journal，2005，59（2）：10.

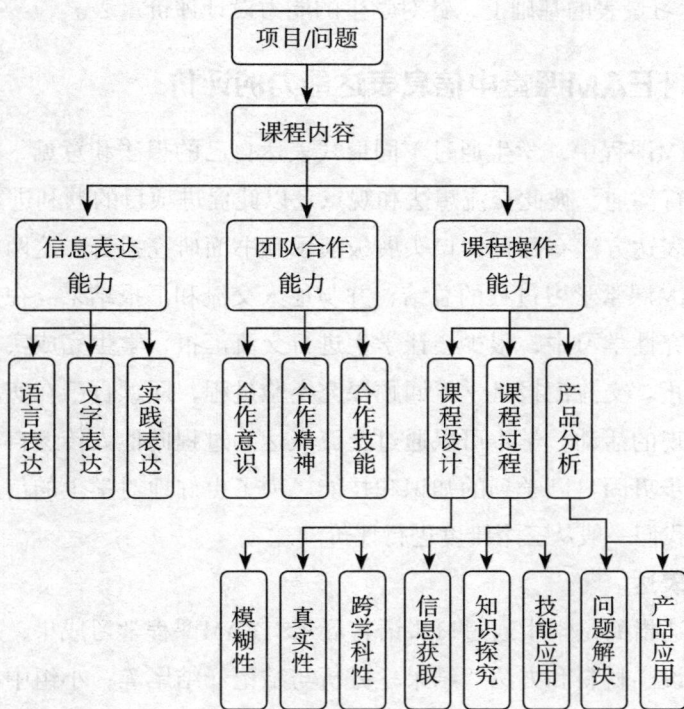

图3-4-2　STEAM课堂评价方向

STEAM课程是以学生为主体，教师引导的基于构建主义教学体验下的合作式学习方式；学生能力评价贯穿了整个学习过程，过程性评价和真实性评价紧密结合并行。在进行学生能力评价时，评价主体主要有学生、同伴和教师组成，评价方式包括了自评、互评、师评。为了更好地在有限时间内对学生能力进行高效评估，我们针对STEAM课堂评价的信息表达能力、团队合作能力和课程操作能力丰富了评价体系，细化了评价方向，扩充了评价内容，最终整理出STEAM课程学生能力评价量表。此量表将采用李克特量表（Likert Scale）的形式，即量表由一组陈述组成，每一陈述有"非常不同意""不同意""同意""非常同意"四种回答，分为0、1、2、3四个等级，每项的总分就是各题回答所得分数的总和。[①]我们在参考罗伯特·卡普特罗和达西·哈兰德编制的

① 亓莱滨.李克特量表的统计学分析与模糊综合评判［J］.山东科学，2006.

STEM项目学习量表的基础上，针对学生的能力设计评价量表。[①]

## 三、STEAM课堂中信息表达能力的评价

在STEAM课程中，学生通过不同形式表达自己的想法和意见，在团队合作中与同伴进行沟通，彼此交流想法和观点，以此促进项目的顺利进行。STEAM课堂的信息表达方法有两种：口头展板演示和书面研究报告。这两种表达方式都是对STEAM课堂学习过程的总结，并与他人交流和汇报结果。在当前科学教育开展的探究性学习中，很少会让学生进行交流汇报，学生完成实验，探究活动就戛然而止。交流汇报是学生回顾探究实验过程，回顾自己在实验中遇到的问题或新发现的活动。学生可以通过交流表达的过程向他人传递自己的想法和观点，进一步巩固自己学到的知识和技能。为了更好地对学生的信息表达能力进行评估，我们一般从三个维度进行评价。

### 1. 语言表达

语言表达指的是学生通过口头语言展示STEAM课程学习成果，一般可以包括引言、假设、材料和方法、结果、分析与结论、结尾等；小组中每一个成员都应当参与发言，表达自己的见解；口头表达时间控制在2～15分钟，可借助展板工具表达自己的观点。此外，口头表达时要求表述清晰、语言完整，对听众的提问必须如实回复。

### 2. 文字表达

文字表达指的是学生通过书面研究报告的形式展示STEAM项目学习成果，如撰写研究报告或研究论文等。一篇完整的STEAM项目论文需要包括引言、研究方法、研究结果、分析与结论、参考文献等。学生在进行撰写论文时，需明确成员任务，分工合作，遵循论文报告的要求等。

### 3. 实践表达

实践表达指的是学生在STEAM课堂上完成项目后，借助多媒体信息技术进行研究结果展示，如可制作幻灯片或利用图表、网站等形式呈现成果。为了更

---

① 达西·哈兰德.STEM项目学生研究手册［M］.中国科协青少年科技中心，译.北京：科学普及出版社，2013.

好地再现研究过程，合理地借助数码技术、通信工具及网络进行信息传递是必不可少的。在传递研究过程和成果时，展示内容是否丰富、结构是否清晰都将会是评价学生时间表达能力的评价标准。

因此，我们针对STEAM课堂中表达、沟通、交流等特点制作了如表3-4-1所示的评价量表，对学生进行的信息表达能力进行评价。

表3-4-1　STEAM课程信息表达能力评价量表

| 一级维度 | 二级指标 | 评价标准 | |
|---|---|---|---|
| 信息表达能力 | 语言表达 | 0分 | 未能通过语言展示STEAM课程成果 |
| | | 1分 | 能通过语言展示，但未能准确展示STEAM课程成果 |
| | | 2分 | 能较准确地通过口头语言展示STEAM课程成果 |
| | | 3分 | 能流利、准确地通过口头语言展示STEAM课程成果 |
| | 文字表达 | 0分 | 未能通过书面研究报告展示STEAM课程学习成果 |
| | | 1分 | 能通过书面研究报告展示，但未能流畅展示STEAM课程学习成果 |
| | | 2分 | 能较流畅地通过书面研究报告展示STEAM课程学习成果 |
| | | 3分 | 能生动、流畅地通过书面研究报告展示STEAM课程学习成果 |
| | 实践表达 | 0分 | 未能借助多媒体信息技术进行研究成果展示 |
| | | 1分 | 能借助多媒体信息技术，但未能熟练地进行研究成果展示 |
| | | 2分 | 能较熟练地借助多媒体信息技术进行研究成果展示 |
| | | 3分 | 能巧妙、熟练地借助多媒体信息技术进行研究成果展示 |

## 四、STEAM课堂中团队合作能力的评价

STEAM课堂是合作型的课堂组织形式，学生通过小组合作开展课堂学习。在STEAM课堂中，小组成员共同交流、解决问题并完成项目学习的过程。美国学者伯尼·特里林（Bernie Trilling）和查尔斯·菲德尔（Charles Fadel）强调，合作型学习不仅只是学生通过合作进行学习的方式，还应当学习如何合作、如何更好地合作，使结果达到最优化。小组合作为学生提供了必不可少的机会，学生有目的地与同伴交流，发展沟通与社交能力，同时在小组合作中互相帮

助，学会对自己和对他人负责，培养自身责任感。[①]这也与林崇德教授的《21世纪学生发展核心素养研究》中所要求的学会对自己和他人负责的团队意识和小组合作中相互帮助的互助精神有异曲同工之妙。[②]但值得注意的是，在团队合作中，每个人承担的任务和角色不一样，在评价时应当将学生放在他所处的角色定位，从而更好地对学生进行团队合作能力量化。我们一般从三个角度进行评价。

**1. 合作意识**

合作意识指的是合作行为能否产生的重要前提，指个体形成了参与团体活动和认同团体公约的认知与情感。STEAM课堂学习是团体成员共同参与某项活动，共同完成任务培养起来的。小组成员都应当有集体责任感和荣誉感，认同自己作为团队成员的角色定位，遵守团体规则并形成群体意识，积极主动地参与到团体活动中。学生能否积极主动地承担STEAM课堂学习中分配的任务，并对活动中出现的问题提出自己的建议和想法，都是评价成员合作意识的评价标准。

**2. 合作精神**

合作精神指的是建立在团队的基础上，发挥团队精神，互补互助以达到团队最大工作效率的能力。一切以大局为重，要求成员为了完成某目标通力合作、互相配合，形成集体归属感和凝聚力，充分发挥每个人的潜能，但这并不意味着要成员牺牲自我。成员在进行活动时，能否积极听取别人想法，互相帮助，共同完成STEAM课程中的问题，都将是影响学生合作精神评价的因素。

**3. 合作技能**

合作技能指的是学习过程中，成员为了完成STEAM学习任务或解决问题所展现出来的能力。合作技能通过讨论、争辩、表达、倾听及参与实践等形式展开的，学生在独立思考的同时，与他人进行沟通并采纳他人的建议，积极动手实践，进而更好地进行团队合作，促进项目的顺利进行。

---

① Bernie Trilling，Charles Fadel. 21世纪技能［M］.洪友，译.天津：天津社会科学院出版社，2011：8.

② 林崇德. 21世纪学生发展核心素养研究［M］.北京：北京师范大学出版社，2016：29-31.

为此，我们针对STEAM课堂中理解、互助、共赢等特征制作如表3-4-2所示的STEAM课程团队合作能力评价量表，对学生的团队合作能力进行评价。

表3-4-2　STEAM课程团队合作能力评价量表

| 一级维度 | 二级指标 | | 评价标准 |
|---|---|---|---|
| 团队合作能力 | 合作意识 | 0分 | 组内少数（无）组员相互学习 |
| | | 1分 | 组内部分组员相互学习、互帮互助 |
| | | 2分 | 组内绝大多数组员相互学习、互帮互助、共同研究 |
| | | 3分 | 组内所有组员相互学习、互帮互助、共同研究，团队稳健 |
| | 合作精神 | 0分 | 组内少数（无）组员有较高的认同感 |
| | | 1分 | 组内部分组员有较高的认同感 |
| | | 2分 | 组内绝大多数组员有较高的认同感、凝聚力 |
| | | 3分 | 组内所有组员有高度的认同感、凝聚力、向心力 |
| | 合作技能 | 0分 | 组内少数（无）组员相互信任，为达成共同目标而共同努力 |
| | | 1分 | 组内部分组员相互信任，为达成共同目标而共同努力 |
| | | 2分 | 组内多数组员相互信任、相互支持，为达成共同目标而共同努力 |
| | | 3分 | 组内所有组员相互信任、相互支持、分工合作、协作配合，为达成共同目标而共同努力 |

## 五、STEAM课堂中课程操作能力的评价

完整的STEAM课堂应当包括以下五个环节：确定项目（课题）、收集资料、撰写方案、探究实践、展示成果。学生在教师的引导下确定感兴趣的课题，收集相关的背景资料进行分析，进而围绕主题设计感兴趣的研究方案，教师在学生设计方案时进行必要的引导和可行性分析。学生对可行的研究方案进行探究实验后，对收集的数据进行统计，对实验结果进行分析，进而形成真实的研究成果，最后可采用多种方式进行成果展示。STEAM课程重视利用所学的知识解决现实中的生活问题，并在学习过程中重点培养学生的逻辑思维和动手能力，这恰好是中国当前教育中容易被忽视的一部分。中国学生理论和知识都掌握得很好，特别善于解题做题，但在进行实践操作时却总是不尽如人意，动手能力还有待提高。在实际项目方案设计时，方案制定不全、研究步骤不清、实践能力较弱……这种种情况都暴露了学生缺乏基础的实验探究技能这一问

题。因此，针对学生整个STEAM课程学习过程中的实际表现，我们从三个方面进行课程操作评价。

**1. 项目设计**

项目设计指的是学生基于某主题（项目）设计与研究主题（项目）相关的研究方案，并且此方案可行、可操作。研究方案一般要包括标题、引言、设计实验表、实验猜想、实验材料和实验方法。设计研究方案是整个课程顺利进行的基础，学生能否设计出基于研究主题（项目）的严谨方案将是评价学生设计能力的评价标准。

**2. 项目完成度**

项目完成度是指学生在设计好的研究方案基础上进行探究实践任务的完成程度，即任务有没有达到方案预期、完成得好不好。在STEAM课堂上，把学生活动分为若干阶段，每一阶段都有特定的任务，因此在进行评价时需要结合各阶段的任务完成情况。值得注意的是，项目完成度主要衡量学生的动手实践能力，评价学生能否按照研究方案进行研究活动、能否完成探究实验，达到方案预期，而不是评价学生是否得出正确结论或理想成果。项目完成度达到预期假设的多少是评价项目完成度的评价标准。

**3. 结果分析**

结果分析是指研究结束后对所得到的数据进行处理分析，检验数据是否支持假设，数据中出现了什么问题，进而得到相应的研究结论。在STEAM课程中，研究活动通常通过探究实验得到，针对探究实验得出的数据，确定是用什么统计方法，进而对数据进行统计运算，进行假设检验和对实验结果进一步分析，检验实验假设是否成立。学生能否针对实验数据进行处理分析，检验假设是否成立并得出相应的结论，是评价学生结果分析能力的评价标准。

就此，我们针对STEAM课堂中项目设计的可行性、完成度、结果精确度等特征制作如表3-4-3所示的STEAM课程操作能力评价量表，对学生的团队合作能力进行评价。

表3-4-3　STEAM课程操作能力评价量表

| 一级维度 | 二级指标 | 三级指标 | 评价标准 | |
|---|---|---|---|---|
| 课程操作能力 | 课程设计 | 模糊性 | 0分 | 没有明确的活动方案、活动目标和限制条件，学生只是按部就班地参加课程 |
| | | | 1分 | 没有明确的活动方案，但有较明确的活动目标和限制条件 |
| | | | 2分 | 有较明确的活动方案、活动目标和限制条件，但学生未能通过头脑风暴得出合适的方案 |
| | | | 3分 | 有明确的活动目标和限制条件，学生自己通过头脑风暴得出最适合的方案 |
| | | 真实性 | 0分 | 课程对学生没有很大的现实意义，与现实生活联系甚少 |
| | | | 1分 | 课程是教师设计的，是对现实世界的模拟，对学生有一定的意义 |
| | | | 2分 | 提出的问题（项目）对学生较有意义，且由学生自己提出 |
| | | | 3分 | 提出的问题（项目）对学生具有深刻意义，且由学生自己提出，产品值得推广到校外 |
| | | 跨学科性 | 0分 | 完成课程只需某一门以上学科的知识 |
| | | | 1分 | 完成课程需要两门以上学科的知识 |
| | | | 2分 | 完成课程需要三门以上学科的知识 |
| | | | 3分 | 完成课程需要五门以上学科的知识 |
| | 课程过程 | 信息获取 | 0分 | 多数信息是教师（或组内个别同学）从教科书或教师提供的百科全书类材料中收集来的 |
| | | | 1分 | 多数组员通过单一的渠道自己获取信息，例如仅从网站获取信息 |
| | | | 2分 | 多数组员通过一到两种方法获取信息 |
| | | | 3分 | 多数组员能通过两种以上方法收集各种来源的信息（例如图书馆查阅、采访专家、实地调查） |
| | | 知识探究 | 0分 | 多数组员在课程中没有应用新知识 |
| | | | 1分 | 多数组员仅应用由教师提供的或网络搜索的新知识 |
| | | | 2分 | 多数组员通过自己能力获得完成活动所需的新知识并加以应用 |
| | | | 3分 | 多数组员通过科学探究获得完成活动所需的新知识并加以应用 |

续 表

| 一级维度 | 二级指标 | 三级指标 | | 评价标准 |
|---|---|---|---|---|
| 课程操作能力 | 课程过程 | 技能应用 | 0分 | 组员在课程中没有应用技术或开发新技术 |
| | | | 1分 | 组员能运用部分技术进行研究 |
| | | | 2分 | 组员能熟练地运用技术来进行研究，获取信息或者计算结果 |
| | | | 3分 | 组员在活动中开发了新技术 |
| | 产品分析 | 问题解决 | 0分 | 课程产品不能显示出学生对知识、技术的理解 |
| | | | 1分 | 课程产品过于简单，没有展示出学生对任何的新知识或新技术的理解 |
| | | | 2分 | 课程产品展现学生思维能力，但没有展示出学生对任何的新知识的理解 |
| | | | 3分 | 课程产品展现出学生的高阶思维能力，是综合运用新知识和技能设计 |
| | | 产品应用 | 0分 | 课程产品没有任何应用价值 |
| | | | 1分 | 课程产品有一定应用价值 |
| | | | 2分 | 课程产品能在特定的场所，如校园中应用 |
| | | | 3分 | 课程产品具有市场推广价值，能造福人类社会 |

此外，对于课程操作能力的评价量表，我们还可以通过问卷反馈的形式获得定性评价。教师收集学生的问卷后，将量化评价和质性评价相结合，可有效提高学生的发展状况。STEAM课程操作能力问卷调查见表3-4-4。

表3-4-4　STEAM课程操作能力问卷调查

| 问题 | 回答 |
|---|---|
| 在本次课程中，我们有哪些未能预料到的事情 | |
| 如果在探究研究中希望做得更好，我们需要怎么做 | |
| 如果再次进行类似的探究，应该做的事情有哪些 | |
| 在本课程后，我们还希望能够学到哪方面的知识 | |
| 本课程最容易完成的任务是什么 | |
| 本课程最难完成的任务是什么 | |
| 完成本课程后，我们明白了什么 | |

## 六、STEAM课程评价的思考与启示

在目前轰轰烈烈的STEAM教育开发和实施课程进行中或结束后，大多数学校和教师还是使用试卷分数和最终完成品的方式对学生进行评价，这种单一的评价方式和评价工具难以反映学生在课程实施中的能力发展情况。基于此，再次提出以下的建议：

**1. 形成过程性评价和终结性评价相结合**

一个完整的评价体系应是多种评价方式的结合，在实际教学中也应如此，对学生的评价不能只使用一种判断，而是需要将过程性评价和终结性评价相结合进行。过程性评价是教师对学生能力发展过程的持续监控，在整个STEAM课程学习过程中，教师能看到学生的进步，了解学生学习的难点在哪里，及时发现学生的问题，调整学习策略，避免出现学习难度差异较大的情况。[①]终结性评价可以让教师看到STEAM课程的实施效果和学生通过课程得到的能力成长，这为新的STEAM课程开发奠定了基础，从而形成了良性循环。

**2. 评价过程中使用多种评价方法**

一个完整的STEAM课程评价方法应该使用多种评价方法，才能对学生的综合能力做出判断。传统的纸笔测试只能评价学生对课本基础知识的掌握情况，对学生设计图、设计方案和成果反思等评价都可以看到学生各方面能力的发展，学生自评和互评可以看到学生的STEAM课堂态度。但值得注意的是，不同的评价方法所适应的评价内容也不尽相同。在评价时，不应照搬、照套所有的评价方法，要根据评价的内容，对评价方法进行必要的筛选。

**3. 定量量表和定性问卷缺一不可**

在过程性评价中，教师不能以自身感受为学生评级打分，这样打分不客观，也不公平，并不能体现评分的实际作用。因此，在进行过程性评价时，教师可以根据学生的能力评价量表进行打分，这样学生的能力情况便能一目了然。定性评价是教师根据学生的定性问卷调查的反馈以及学生平时STEAM课堂表现，记录STEAM课堂学习过程中精湛课程的真实情况，并对学生做出定性结

---

① 高凌飘.过程性评价的理念和功能［J］.华南师范大学学报（社会科学版），2004（6）：
102-113.

论的价值判断，比如评出等级、写出评语等。如果说定量评价量表关注"量"而走向抽象并侧重定量描述，那么定性问卷调查则关注"质"而走向具体并且侧重定性描述。因此，我们应该通过"质"和"量"的两个侧面把握评价学生STEAM能力的本质，在此基础上做出符合课堂实际的综合评价。

# 第四章

# 基于校园的STEAM课程开发

　　STEAM教育在我国呈现繁荣发展的态势，各地纷纷出台各项政策以引导学校构建基于校园的STEAM课程。香山学校从2015年起开始探索STEAM教育，在构建STEAM课程体系的过程中确定了STEAM课程七大核心理念，致力于在解决现实问题的理性思维下，融入"有温度"的人文情怀，并在不断的工程循环中培养学生的挫折承受能力。STEAM教育不应该成为少数学生受益的教学方式，而理应让全校所有学生都有机会学习STEAM课程。因此，我们构建的STEAM课程体系既有渗透到多学科整合后的学科课程，也有在不同学段的基于项目的跨学科拓展社团课程。

# 第一节　香山学校STEAM课程的构建与运行

　　STEAM教育是关于学生参加基于项目的学习；STEAM教育运用科学探究过程和工程设计过程，是跨学科的；STEAM教育运用竞争要素，是关于积极学习和合作与团队工作的，是关于基于问题式学习、学生生活抽象化、融合过程与内容的；STEAM教育是以标准为基础的，向学生提供投身于严谨学科的理由，是21世纪的教育。

## 一、校园STEAM教育的背景

　　早在1986年，美国国家科学基金会（NSF）就发布了名为《科学、数学和工程本科生教育》的报告，强调要"加强大学教育并追求卓越，以使美国下一代成为世界科学和技术的领导者"，并就此向各州、学术机构、私营部门和作为联邦机构的国家科学基金会提出建设性建议。美国国家基金会在1996年对美国大学的科学、数学、工程和技术教育近十年展望进行回顾和总结，发表的名为《塑造未来：科学、数学、工程和技术（SMET集合）的本科生教育新期望》一文指出，针对新的形式和问题，对学校、地方政府、工商界等提出明确的政策性建议，其中就报道过了"培养K-12年级教育系统中科学、数学、工程和技术的师资队伍"。[①]近年来，这四门学科领域的标准也在推陈与更新，如2007年的《国家行动计划：应对美国科学、技术、工程和数学教育体系的重大需求报告》、2010年的《培养与激励：为美国的未来实现K-12年级科学、技术、工程和数学教育》报道、2011年的《K-12科学教学框架：时间、跨学科概念和核心概念》、2013年的《新一代科学教育标准》。我们发现，美国的STEAM教

---

① 罗伯特·M·卡普拉罗，玛丽·玛格丽特·卡普拉罗，詹姆斯·R·摩根.基于项目的STEM学习［M］.上海：上海科技教育出版社，2016：14.

育方式是学校正规教育路径以及社会非正规教育路径的结合，两者有着共同且互补的教育目标，从而形成了全方位的学习网络。在小学的正规基础教育中，STEAM教育最重要的课程载体就是科学课程。2006年，弗吉尼亚理工大学的格雷特·亚克门（Georgette Yakman）提出要将人文加入STEAM教育：有助于学生从更多视角认识不同学科间的联系，提高自身综合运用知识解决现实问题的能力。2011年，美国发布《K-12科学教育框架》，第一次将工程教育单独列出并加入科学教育的新框架内；2013年再次公布《新一代科学教育标准》，增加了与数学计算和推理方面的联系，而且增加了工程学的比例。以上例子说明，在美国小学正规教育中，STEAM教育完全渗透在科学课程中。与此同时，美国社会大量机构、科学中心、科技馆、博物馆、创客社区、实验室等都以综合STEAM项目形态，让学生自愿经历不同的学习体验，发展和促进义务教育课程。[1]

## 二、校园STEAM教育面临的挑战

2016年6月，我国教育部关于印发《教育信息化"十三五"规划的通知》，在通知里明确指出，有条件的地区要积极探索信息技术在"众创空间"、跨学科学习（STEAM教育）、创科教育等新的教育模式中的应用。2017年2月，教育部关于印发《义务教育小学科学课程标准的通知》，通知倡导跨学科学习方式"科学、技术、工程与数学"，即STEM，是一种以项目学习、问题解决为导向的课程组织方式。2017年随着STEAM教育纳入"十三五"规划，各地政府陆续出台相关政策，即参考标准，鼓励发展创客教育和STEAM教育，比如印发《教育部关于新形势下进一步做好普通中小学装备工作的意见》《江苏省STEM教育项目学校建设指导意见》《珠海市香洲区中小学STEM教育方案》，12月28日举办香洲区第一届中小学生STEAM大赛……北京、上海、珠海等地政府、科研院所、学校、社会机构纷纷采取措施，积极探索STEAM课程推进方式，尝试构建有效的课程体系、评价标准。在社会广泛关注的背后，我们发现现阶段STEAM课程体系学校面临的挑战主要体现在以下六个方面：

---

① 赵中建.美国中小学STEM教育研究［M］.上海：上海科技教育出版社，2017：1.

**1. 学校受制于学业等各方压力，无法开展STEAM课程**

很多学校知道STEAM教育的理念，也知道S、T、E、A、M的含义和学科特点，但受制于考试成绩和学业压力，跨学科的融合性整合课程无法实现。甚至出现部分学校在教育机构购买外部资源课程，但发现课程游离于国家基础课程之外，可有可无、不稳定的购买课程内容更得不到充分的重视。

**2. 学校STEAM课程评价标准和学生评价尚未建立，缺乏相应的评价标准和评估机制**

不少教育机构打着STEM、STEM+或STEAM教育的"噱头"入校推广，他们对STEAM教育模式和教学方法并不清晰，片面认为机器人、编程、机械加工等动手制作、拼凑乐高积木就是STEAM课程的全部，缺乏跨学科和解决现实问题的STEAM内核，教学实际效果并不理想。

**3. 学校STEAM课程体系初步形成，缺乏站在学校的顶层设计**

学校在建构STEAM课程时缺乏站在学校顶层设计、核心理念以及完整系统性方案，课程与各学校的教学理念和发展目标不衔接，不利于人才的系统培养。

**4. 学校STEAM教育师资问题严峻**

STEAM课程研发和实施难度大，STEAM教育对从业教师要求高，跨学科教师数量缺口大，整体水平不高。[①]而且，目前没有正规专业化的师资培训，没有标准的师资，标准化课程就难以开展；没有标准化的教学，值得被各方信服的教育评价体系无法建立。

**5. 缺乏国家、地方优秀项目示范引领，缺乏国家战略高度的顶层设计**

已有的项目系统性不强、吸引力不足、覆盖面不广、影响力不大，政府、学校、教育机构、大学社团等社会联动机制不健全，STEAM教育各自为战，无法形成全社会的合力。

**6. 引进的STEAM教育和课程书籍难以本土化、校本化**

市面上关于STEAM教育和课程的书籍数量有限，且绝大多数是国外学校的经典案例，虽然十分精彩，但缺乏融合本土课程文化的环节，学校在学习借鉴

---

① 教育部教育管理信息中心，北京师范大学联合北京国信世教信息技术研究院.中国STEAM教育发展报告［R］.北京：教育部教育管理信息中心，2017.

的过程中感觉生硬。

## 三、构建香山特色的STEAM课程体系

香山学校的《重演知识发生过程STEAM课程》从2015年开始自主开发，迄今已有4年。我们在构建基于校园的STEAM课程体系过程中，确定STEAM课程的核心理念（如图4-1-1所示）；从学校管理的角度，为学校STEAM课程做出了顶层设计；建设"多学科渗透+跨学科整合"的课程体系；以学生为中心，注重学生体验，强调合作学习和沟通交流。我们的STEAM课程以工程设计过程和科学探究为核心，鼓励学生像科学家和工程师一样学习；关注现实问题，注重在真实情境下的学习，培养学生的创新能力和解决现实问题的能力；强调通过工程设计为主导的学习体验，让学生通过关注科技发展，体验科学技术对社会发展、自然环境、个人生活的影响；在工程设计循环中培养学生的挫折承受能力。

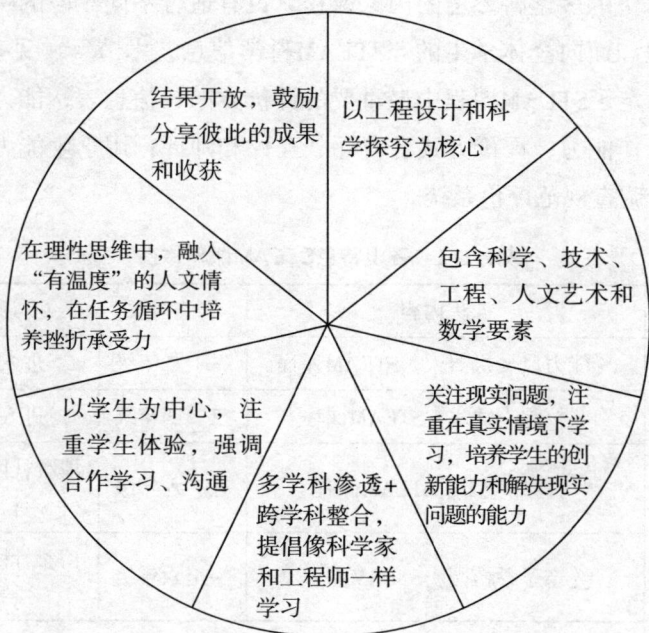

图4-1-1　香山学校基于校园的STEAM课程核心理念

　　基于上述核心理念，我们尝试了两种STEAM课程构建策略：一是基于项目的跨学科融合，二是结合学科课堂的多学科渗透。跨学科融合，是将真实生活的问题融入学生对社会、政治、经济、国际关系以及环境等问题的学习中，且很少带有学科痕迹，主要采用项目学习的方式。但跨学科整合课程与国家主体课程存在一定的差异性，因此我们可在博雅社团进行以项目为载体、开放度和自由度较高的STEAM课程开发。多学科渗透，指的是带有学科痕迹的学科之间学习内容、学习方式及结果等方面的整合，其实施方式以国家课程为据点而展开。国家课程是国家教育行政部门规定的统一课程，体现国家意志，具有统一性和强制性。因而，国家课程在具体实施方面必须联系现实生活走校本化道路。例如，可将STEAM教育理念融入科学、信息技术、美术、数学等国家课程，进行多学科的整合。在我们看来，跨学科融合和多学科渗透都是开展STEAM课程的基本策略，两者对STEAM课程建设和学校发展都有其独特而深远的价值，两者相辅相成，缺一不可。因此，我们所构建的STEAM课程体系，既有STEAM理念下的多学科渗透的国家课程，也有适合不同年段的跨学科校本化项目社团课程和面向全体学生的"STEAM科学信息艺术节"（见表4-1-1）。此外，我们确定了STEAM课程中最重要的评价方向：信息表达能力、团队合作能力、课堂操作能力；评价方式有自评、互评和师评；用学生能力定量评价量表和定性问卷调查规范评价系统。

表4-1-1　香山特色STEAM课程体系

| 课程形式 | 课程内容 | 实施对象 | 开展形式 |
|---|---|---|---|
| 国家基础学科STEAM课程 | 《能力风暴机器人》STEAM课程 | 一、二年级 | 进入科学课堂 |
| | 《校园直饮水》STEAM课程 | 三、四年级 | 进入科学课堂 |
| | 《海绵城市》STEAM课程 | 五、六年级 | 博雅社团课程、进入科学课堂 |
| | 《亲子种植园》STEAM课程 | 一至六年级 | 博雅社团课程、进入科学课堂 |

| 课程形式 | 课程内容 | 实施对象 | 开展形式 |
|---|---|---|---|
| "STEAM科技节"之科学周 | STEAM科技节 | 一至六年级 | STEAM制造竞赛、STEAM展示活动、STEAM体验活动、趣味科普讲座 |
| STEAM博雅"小课题"项目研究 | 《轴对称图形》项目研究 | 一、二年级 | 进入数学课堂 |
| | 《彩绘童年》项目研究 | | 进入美术课堂 |
| | 《纸飞机风筝的开发和改进》项目研究 | | 进入科学课堂、小课题研究、教具开发 |
| | 《彩泥世界欢乐多》项目研究 | 三、四年级 | 进入美术课堂 |
| | 《基于Arduino的微电流电路检测器及信息化数据》项目研究 | | 进入科学课堂、小课题研究、教具开发 |
| | 《石头上作画》项目研究 | 五、六年级 | 进入美术课堂、小课题研究 |
| | 《香山学校走进山场"寻根溯源、传承香山文化"社会实践活动》项目研究 | | 小课题研究、走进语文课堂 |
| | 《最强大脑——数字拼图》项目研究 | | 进入信息课堂 |
| | 《基于光传感器的钟摆实验仪》项目研究 | | 进入科学课堂、小课题研究、教具开发 |

这些课程都是围绕STEAM教育理念对原来传统的分科课程进行改革，具有以下特点：

**1. STEAM课程的核心精神**

STEAM课程的核心精神是以科学探究或工程设计问题为核心，通过构建真实情境，把组织学生活动所需要的科学、技术、工程、艺术、数学的知识形成连贯、有组织的课程结构。STEAM核心课程主要以当前社会值得关注的、重要的社会问题，诸如可持续发展、自然灾害、环境污染、生态危机等，来组织和编排不同学科的知识内容，使学生通过这些问题的探索不仅学到了相应的知识，而且增强了社会责任感。科学课程以学生为核心，充分考虑学生的需要，以学生当下的生活与经验为核心，通过相应的活动，在经验中进行各学科整合。核心课程一般采用项目的学习模式。

### 2. STEAM课程的认知、建构

STEAM教育是建构主义学习理论的产物。心理学家皮亚杰认为，知识不是通过教师传授得到的，而是学习者在一定的情境即社会文化背景下，借助其他人（包括教师和学习伙伴）的帮助，利用必要的学习资料，通过意义建构的方式获得的。因此，建构主义学习理论认为，"情境""协作""会话"和"意义建构"是学习环境的四大要素或四大属性。[①]这四大属性与STEAM教育的核心理念相吻合，即倡导在真实的任务中学习，强调在动手实践中学习，旨在培养学生的批判性思维（Critical Thinking）、问题解决能力（Problem Solving）、创造力（Creative）以及协作学习能力（Cooperative Learning）等核心素养。此外，STEAM教育是一种典型的构建主义教学实践：为学生提供学习情境，让他们积极地构建知识，从而加强对知识的理解和迁移；以小组为单位进行活动，为知识的社会建构提供优越的条件。因此，实践STEAM教学模式首先要符合建构性学习所强调的探究、发展、协作等基本要求。

在STEAM课程中，学生获得知识的多少取决于学生在头脑中建构有关知识的能力，而不取决于学生记忆和背诵教师讲授内容的能力。这与传统以教师讲授为主的教学形式大相径庭，所以我们不能把STEAM课程当成传统的科学课或劳技课来教。[②]

不过，虽然学习是学生的自我建构过程，但是单纯的学生自我建构是不可能完整的，教师的引导作用非常重要。教师需要通过向学生提问进行引导，使学生积极思考；学生通过回答问题使思考的深度逐渐增加，最终完成建构。

### 3. STEAM课程的组织方式

STEAM课程需要学生进行综合理解，并运用知识进行实践，因此学生不但需要寻找在分科课程中知识之间的交叉点和共同点，而且还需要从学生自己的

---

① 何克抗.建构主义的教学模式、教学方法与教学设计［J］.北京师范大学学报（社会科学版），1997（5）：74-81.

② 陈如平，李佩宁.美国STEM课例设计［M］.上海：上海科技教育出版社，2017：1.

生活经验入手，综合调用所理解和掌握的知识，通过不断合作，发现、搜寻、尝试理解和解决问题，从而完成整个学习。在整个学习过程中，融合了真实情境、学习动机、知识点、团队协作、问题与反馈等教学原理。学生会像科学家、工程师一样发现问题，然后提出假设或设计方案，其次科学求证或实施方案，再次得出结论或评估方案，最后反思分享。

STEAM课程的学习还把学习的过程重组，赋予学习强烈的目的性和情境性，学生在感兴趣的学习经历中不断展开"尝试—失败—修正—再尝试"的过程，直至实现目的。在这样的过程中，知识点、工具很自然地被学会和使用，是一种非常理想的学习方式。

**4. STEAM课程的学习方法**

"基于项目式的学习"和"基于问题的学习"都是STEAM课程最常用的学习方法。"基于项目式的学习"是指学生在解决真实问题的过程中，学生之间要有真正的合作，要和同龄人沟通、讨论，进行自主学习，最终建构起知识的意义和提高自身综合能力的一种学习方式。"基于问题的学习"则强调把学习设置到有意义的问题情境中，通过让学生合作解决现实问题，来学习隐含于问题背后的科学之理，培养解决问题的技能，并形成自主学习的能力。这两种学习方式最大的差异是"基于项目的学习"会有学习性的产品被学生研发出来，用产品和表现来开发认识领域的知识和技能，如博雅社团课程《校园水循环》《海绵城市》等，而STEAM多学科渗透课程则多用"基于问题的学习"方式。

**5. STEAM课程的教学组织**

一个典型的STEAM课堂的特点在于在"杂乱无章"的学习情境中强调学生的设计能力与问题解决能力。学生不再是学习相同的知识，而是各自有自己的学习任务和项目任务，他们散乱在教室内甚至教室外，兴致勃勃地进行自己的研究，期间可能通过面对面方式、网络方式与校外学习支持者、学习伙伴开展交流。这样的课堂和传统课堂是不一样的，当教学环境发生改变时，课堂的教学组织形式也要进行相应的调整。首先，大班制的授课方式已完全无法适应这样的探究策略，我们的STEAM课程采用25人的小班化管理，而在STEAM科学课堂（约50人）采用两位导师平行授课，也就是两位教师在一个大班里分工合作进行教学，必要时还可以邀请家长志愿者来支持教学。其次，原本的40分钟一堂课无法满足学生探究所需的时间，因此STEAM课程采用课时连排的方式，变成60分钟的大课。

## 四、香山学校学科整合的三种基本取向

STEAM教育要求四门学科在教学过程中必须紧密联系，以整合的教学模式使学生掌握知识技能，并运用技能解决现实生活中的问题，如何将四门独立的学科知识紧密联系实现整合，我们在实践过程中提炼了三种整合取向。[①]

**1. 学科知识整合取向**

分析各学科最基础的学科知识结构，找到不同学科知识点之间的连接点与整合点，将分散的课程知识按跨学科的问题逻辑结构化，将各学科内容改造成以问题为核心的课程组织，串接各学科知识，使课程要素形成有机结构。

知识整合模式一般采用基于问题的学习模式，强调把学习设计在复杂、有异议的问题情境中，通过学生合作解决真实世界的相应问题，促进学生对所学知识的构建，从而习得隐藏在问题背后的科学原理，形成解决问题的技能和自主学习的能力。学生可以通过体验知识获得的过程，处理学生认知的发展，通过应用知识解决问题，达成对知识的灵活掌握，并对知识进行社会性、情境性的迁移运用。解决问题的目的是为了掌握蕴含于问题之后或支持问题解决的知识，问题式多学科知识融合的整合点也是创新学习的载体，更是触发学生探究学习的催化剂。问题解决的开展方法很多，且解决过程不会持续很长。

**2. 生活经验整合取向**

注重知识的社会功能，也就是基于学生的需求，以第三次工业革命为代表的知识经济社会所必需的知识与技能为核心，整合多学科知识，然后以项目设计和实施为载体，将学术性的学科知识转化为解决生活实际问题的知识。基本做法是从学生适应社会的角度，随着典型项目进行结构化的设计，让学生在体验和完成项目的过程中学习蕴含在项目之中的学科知识和技能，或从完善现有社会的角度选择挑战性项目。

这种课程整合方式强调了社会实践活动以及社会问题解决能力的培养，

---

① 余胜泉，胡翔.STEM教育理念与跨学科整合模式［J］.开放教育研究，1997，21（4）：13-22.

强调多学科融合到真实的社会性项目中。在项目活动中寻找各学科知识的交叉点。因此，项目的过程分析、活动设计等社会分析是核心。

生活经验与社会取向课程整合模式一般采用"基于项目的学习模式"，以实践性的项目完成为核心，将跨学科的内容、高级思维能力发展与真实生活环境联系起来。项目学习一般以开发最终作品或"人工制品"为出发点，在教师的指导下，学生按照自己的设计思路，采用科学方法完成作品设计。作品设计是项目学习贯穿的驱动力，教师以提问的方式激发学生学习的兴趣，帮助学生摸清楚设计的方向，学生在完成作品的过程中进行探索、讨论、设计、检验等学习活动，解决多个问题，从而获得知识和技能。作品设计和制作是这种学习的重点，但更为重要的是学生在制作过程中获得了跨学科的知识和技能，以及创造性运用知识的能力。

基于项目的学习并非只强调学科知识的掌握，还侧重对教材内容以外知识的体验与经历，旨在丰富学生对事物的认识，注重生活经验知识的增长，整个学习过程必须真实可信，才能反映真实情境和现实生活的体验性活动，体现将学术性知识转化为生活经验知识的价值取向。

**3. 学习者中心整合取向**

学习者中心整合模式不强调由教师预设问题或项目，而是由学生个体或小组发现问题。它不仅强调解决问题能力的培养，还强调发现问题的能力，是一种依据学习者需求，以学习者生活经验为基础寻找各学科整合点的模式。强调学习者的成就感与自我效能感，强调学生好奇心与兴趣的维护与保护，强调分享、创造的愉快。在理念上，清晰地体现了教育的人本主义思想。

学习者中心整合模式采用学生主导项目的方式，学习者以个人或小组为单位提出任务，任务内容需要学习并运用跨学科知识。在项目问题解决过程中，教师发挥指导、协调、监督、计时和评价作用。能力较强的学生可以摆脱传统结构化课堂对个人学习和设计活动的约束，也能更好地发挥个人能力；能力较弱的学生会对学习过程中的自由度不适应，教师应给予更多的指导。

学习者中心整合模式强调创设学习者可以主动介入、研究与发现丰富的教育环境，让学生在蕴含丰富的STEAM知识环境中进行交互探究与发现，更好地学习知识，在建构性的环境设计中寻找蕴含STEAM知识的整合点。

上述三种课程整合取向代表了课程的知识属性、社会属性与人本属性的不同侧面，它们相互联系、相互补充，没有绝对的优劣，各有适合的领域和对象，在香山学校的课程跨学科整合的实践中综合使用和体现。

不管我们采取哪种取向的整合模式，将知识情境化与社会化都是其优势，但各学科原有的知识体系结构的劣构化是它们面对的共性问题，容易造成学生学习知识结构的不均衡，可能某些知识掌握得比较好，有些知识却没有涉及（因为所学项目没有覆盖）。这种基础知识的结构化偏差对于小学科学是个很大的问题。创新精神和实践能力培养的可持续性，其根源还在于学习者有良好的知识结构，并能不断自我完善和发展。基础教育领域知识的结构性会给学生成长带来障碍。因此，STEAM的跨学科整合一方面要将分学科的知识按项目逻辑或问题逻辑进行跨学科重铸，另一方面又要确保设计的问题和项目对所学学科基础性知识结构全面、均衡的覆盖。设计和实施STEAM跨学科整合的课程，要在学科知识的系统性和解决实际问题或项目中获得知识的随机性之间保持一定的张力和平衡。基于整体知识结构的系统性设计问题，是几个问题之间包含的学习议题（如专业概念、原理等）多次的相互连接和交叉重叠。

**案例：香山特色STEAM课程——基于项目设计与实施的跨学科课程**
**《校园水循环》**

（一）《校园水循环》教学目标设计

基于项目设计与实施的跨学科STEAM课程《校园水循环》是香山学校五年级开展的STEAM项目实践主题课程，它是以最终开发"直饮水下水、污水净化收集系统"为出发点，在教师的指导下，学生按照自己的设计思路，采用科学方法完成作品设计。学生在完成作品的过程中进行检索、讨论、演算、设计、观察等学习活动，解决多个问题，从而获得跨学科知识和技能以及创造性运用知识的社会性能力。《校园水循环》教学内容和目标分析见表4-1-2。

表4-1-2 《校园水循环》教学内容和目标分析

| 学科 | 学科核心知识内容 | 跨学科大概念 | 跨学科STEAM课程目标 |
|---|---|---|---|
| S 科学 | 科学认知：生活污水、校园生活污水、工业污水、酸雨、悬浮物、杂质。<br>科学探究：探究校园污水形成的原因和过程；生活供水的过程；污水处理的方法 | 因果关系：识别因果关系，如酸雨形成的因果关系。<br>数量与比例关系：用水量的计算单位，以及对用水量的计算。<br>图表与模式：学生设计绘制"校园水循环"的工程设计图；设计绘制"净化校园直饮水下水"的工程图、"校园每日用水"的统计图。<br>结构与功能：学生了解净水装置的基本结构以及实现功能 | 探究能力：探究校园直饮水污染和浪费的情况；提出相关的假设、搜集信息、分析和处理数据，最后验证假设并得出结论。<br>情感态度：体验探究严谨务实的精神，培养严谨科学的"好奇心" |
| T 技术 | 技术手段：学会使用搜索引擎检索信息，如"生活污水""污水净化""酸雨"等。<br>社交平台：学会使用学校平台上传分享作品并评价 | | 合作能力：小组展开合作学习。<br>检索信息：分工开展信息检索、分析与综合处理的过程。<br>情感态度：体验合作的精神，做一个合法、合乎道德的良好公民 |
| E 工程 | 设计方案：解决校园污水问题，制作校园污水一次净化系统；利用已有证据设计多种净水装置解决方案；根据标准和约束条件，设计制作净水装置 | | 设计能力：以工程思想设计校园直饮水机下水净化装置，迭代改进净水装置。<br>定义问题：制作净水装置，收集和分析信息，将污水厂习得的知识转换成工程设计图，通过搜索引擎收集、分析、改进下水处理的方法。<br>情感态度：在制作下水净水装置过程中，培养保护水的社会责任感，产生对水、家乡、大自然的社会责任感 |
| A 人文艺术 | 展示海报：学会设计作品的展示海报并撰写相关的说明文字和广告词。<br>设计校园直饮水机的外壳和外观 | | 人文关怀：学会理解尊重每名学生的主体性、差异性和多层次需求，促进学生自由全面、积极主动的发展。<br>情感价值：学会肯定每名学生为本课程做出的贡献，学会尊重学生的理性思考，关怀每名学生的精神，关注每名学生身心发展的各方面需要 |
| M 数学 | 解决问题：计算每日校园消耗的水量，如何节约水的数学概念，如加减运算、计量单位（千克、克）等。<br>数学建模：绘制"校园楼层每日用水""校园年用水量"的图表以及"节约方案"的图表 | | 问题解决：学生发现问题，即"校园直饮水耗水量大"的问题，制定"每日水消耗的图表"方案，通过合理的"节约用水"解决问题。<br>情感态度：积极参与节水活动并产生节约用水的意识 |

（二）《校园水循环》教学内容

基于项目设计与实施的STEAM理论框架突出"跨学科"和"基于项目式"的过程。跨学科强调通过主题打通学科与学科的界限，通过不同的学科领域共同研究"水"这个多样性问题，构成不同学科能力要求的STEAM教学设计，即培养科学（S）探究能力、技术（T）写作能力、工程（E）设计能力、人文艺术（A）和数学（M）问题解决能力。结合基于项目设计与实施的跨学科STEAM理论框架的课程设计，按照科学思维，开展一系列的学习活动。

1. 确定"校园直饮水机"主题，初步形成问题解决的能力

真实生活情境是指当地社区或者地域相关的社会与文化情境。我们将真实生活情境问题引入小学课程或课后项目活动中，整合STEAM教育经验和资源，解决真实情境的现实问题。跨学科STEAM课程核心在于为学生营造一个真实的学习情境，学生在教师的引导下自发发现一些社会生活中关注的主题。如城市内涝、城市缺水、环境污染、生态失衡等，这些均可以列入STEAM课程教育素材。我们采访了部分五年级学生，很多学生反映，看见同学在饮水机前打完水后忘记关水龙头。甚至还有学生提到，看到有同学用直饮水机里的水打闹、喷别的同学。我们发现校园的直饮水资源浪费较大，学生的节水意识不强，因此我们选择"校园水循环"作为主题，并创设一个情境：在现在的校园里发现了一些情况，如校园直饮水机器设计不合理，水浪费情况很严重，我们有办法可以解决这一情况吗？

2. 学生开展自主探究式学习，进一步培养问题解决的能力

首先，邀请了直饮水厂商的专家为我们开展净水机工作原理的专题讲座，随后让学生到楼层直饮水机前进行实地观察，了解自来水是如何经过净化消毒后供给学生饮用的，以及直饮水机废弃的下水是如何处理的。学生对直饮水机背景知识进行详细的自主调查研究，在真实的环境和情境中学习，加深了对科学知识的内化。学生在实地考察直饮水机的过程中，明确探究问题"如何净化自来水"以及"如何回收直饮水下水"。学生在考察直饮水机后，按照教师要求画出直饮水机净化水的流程图，设计直饮水机下水回收的设计图，为后期制作直饮水机下水回收装置做准备。

3. 学生探究"每日直饮水用水量""每日直饮水机下水排放量"，启发"节水"观念

学生根据自主探究式学习产生的问题"如何节约水"，以小组为单位开

展问题分析、提出假设、搜集证据、分析整理证据，最后验证假设得出结论的科学探究活动。学生首先提出探究"每日直饮水机用水量是多少"，提出假设"每日一台直饮水机用水量是多少"，然后制定统计计划。学生自发分组，在一周的时间内，每天分早上上学前、中午放学前、下午上学前、下午放学后，按时到学校各楼层的直饮水机旁抄录自来水水表和污水表数据（校园直饮水机一周内进水量与下水量统计表见表4-1-3，并根据统计表制作了条形统计图，如图4-1-2所示），然后分析数据，最终得出结论和提出解决问题的建议（见表4-1-4）。

表4-1-3　校园直饮水机一周内进水量与下水量统计表

| 项目（单位：立方米） | | 9月20日进水量 | 9月20日下水量 | 9月21日进水量 | 9月21日下水量 | 9月22日进水量 | 9月22日下水量 | 9月23日进水量 | 9月23日下水量 | 9月24日进水量 | 9月24日下水量 |
|---|---|---|---|---|---|---|---|---|---|---|---|
| 一楼直饮水机 | A1 | 0.4 | 0.1 | 0.3 | 0.7 | 0.4 | 0.01 | 0.5 | 0.4 | 0.4 | 0.1 |
| | A2 | 0.3 | 0.2 | 0.8 | 0.4 | 0.3 | 0.08 | 0.2 | 0.2 | 0.6 | 0.2 |
| 二楼直饮水机 | B1 | 1.5 | 0.4 | 1.5 | 0.5 | 1.5 | 0.2 | 1.3 | 0.3 | 1.6 | 0.4 |
| | B2 | 1.6 | 0.5 | 1.6 | 0.5 | 1.2 | 0.6 | 1.4 | 0.2 | 1.7 | 0.1 |
| | B3 | 0.8 | 0.8 | 1.8 | 0.7 | 0.8 | 0.4 | 1.2 | 0.5 | 0.5 | 0.1 |
| 三楼直饮水机 | C1 | 1.2 | 0.7 | 1.2 | 0.5 | 1.2 | 0.8 | 1.1 | 0.7 | 1.2 | 0.7 |
| | C2 | 0.8 | 0.5 | 0.8 | 0.8 | 0.8 | 0.4 | 0.7 | 0.5 | 0.4 | 0.4 |
| | C3 | 0.9 | 0.4 | 0.9 | 0.4 | 0.9 | 0.5 | 0.8 | 0.2 | 0.9 | 0.5 |
| 四楼直饮水机 | D1 | 0.6 | 0.6 | 0.6 | 0.2 | 0.6 | 0.1 | 1.3 | 0.4 | 1.2 | 0.5 |
| | D2 | 0.4 | 0.4 | 1.4 | 0.1 | 0.4 | 0.5 | 0.5 | 0.5 | 0.4 | 0.4 |
| | D3 | 0.6 | 0.1 | 0.4 | 0.7 | 0.6 | 0.7 | 0.7 | 0.8 | 0.2 | 0.7 |
| 五楼直饮水机 | E1 | 0.5 | 0.03 | 0.4 | 0.02 | 0.1 | 0.5 | 0.2 | 0.03 | 0.8 | 0.5 |
| | E2 | 0.5 | 0.05 | 0.5 | 0.01 | 0.4 | 0.5 | 0.4 | 0.02 | 0.2 | 0.4 |
| | E3 | 0.5 | 0.05 | 0.2 | 0.03 | 0.3 | 0.6 | 0.1 | 0.1 | 0.4 | 0.6 |
| 总量 | | 10.6 | 4.8 | 12.4 | 5.56 | 9.3 | 6.09 | 10.7 | 4.55 | 10.5 | 5.7 |

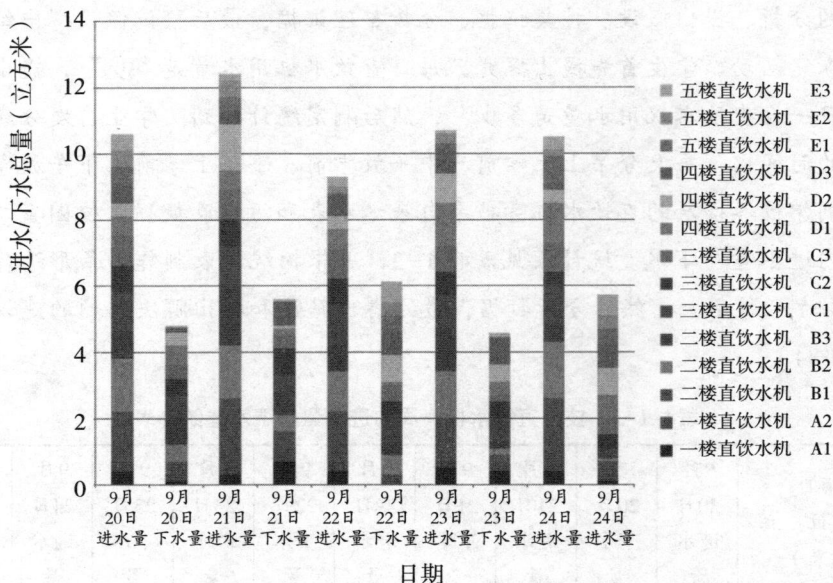

图4-1-2  校园直饮水机一周内进水量与下水量条形统计图

表4-1-4  校园直饮水机结论和解决问题的建议表

| 浪费水的做法 | 节约水的方法 |
|---|---|
| 在直饮水机前玩水 | ①安排"直饮水小管家"的志愿者下课后轮流到直饮水机前提醒同学不玩水。<br>②全校安排一场"爱护水资源"的讲座 |
| 用直饮水清洗饭盒 | 如果看到有人用直饮水洗饭盒，就主动劝阻 |
| 在直饮水机前打完水忘记关水龙头 | 看到没有关闭的水龙头主动关上，倡导同学跟我们一起节约水 |
| 直饮水机下水量很多 | ①收集较干净的下水用来浇花、冲厕所。<br>②较多杂质的污水经过过滤可以用来灌溉草坪 |
| 直饮水机周末和放假期间也在工作，不停地消耗水 | 写节水提案并上交给校长，提倡节约用水，周末和假期学校无人时，关闭直饮水开关，省电、省水 |

4. 学生开发直饮水机下水净化装置，建构净水蓄水装置

本课程中的直饮水机下水净化装置的工程设计与改进展示共6课时，依托每周五的一小时第二课堂时间。首先，学生定义待解决的问题，即如何进行直饮水机下水收集和净化。随后，学生利用网络收集和分析信息：直饮水机的下水和污水有什么不同？我们需要哪些工具？这些材料和工具必须满足哪些标准？

我们应该如何利用科学方法设计制作解决下水回收的产品？学生选择合适的材料（见表4-1-5），制定解决方案和确定解决方案的目标，完成教师布置的任务清单，设计建构直饮水机下水净化和收集的原型机。小组进行合作，将前期参观污水厂获取的信息、网络检索和科学课学习的知识进行整合，绘制污水净化的原型机。该设计注重分层处理下水和污水，将物理与化学方法相结合，通过将下水进行收集净化后用于灌溉班级内绿色植物和校园植物墙；污水经过净化、检验、回收，用于洗手间冲厕所，从而达到下水和污水都可二次利用，提高水的回收利用率，减少不必要的浪费。

表4-1-5 开发直饮水机下水净化装置材料表

| 序号 | 材料名称 | 规格 | 数量 |
|---|---|---|---|
| 1 | 下水收集箱 | 亚克力水箱定制 | 1 |
| 2 | 五层过滤 | 定制40×10×10 | 1 |
| 3 | 过滤器 | 定制40×10×10 | 1 |
| 4 | 水泵含电源 | 12V | 4 |
| 5 | 溶液pH检测传感器和温度检测传感器模块 | 可测浓度范围：pH=0-14 | 1 |
| 6 | 锂电池含电池盒 | Df | 1 |
| 7 | Arduino主板 | Mega2560 | 1 |
| 8 | 液位传感器 | 荣域华府水位传感器 | 1 |
| 9 | 水浊度传感器 | Df | 1 |
| 10 | 语音报警器 | 供电电压5V | 1 |
| 11 | PVC板材 | 2.4m×1.2m | 1 |
| 12 | 线材辅料 | 电线LED辅材开关电源等 | 1 |
| 13 | 面包板套件 | 辅材 | 1 |

学生设计好直饮水机下水和污水净化装置设计图后，进行自主尝试，不断优化设计。结合设计图，建构下水收集装置和污水净化装置并做作品展示和评估。

5. 学生结合同伴、自我和教师评价反馈，分享"直饮水下水、污水收集装置"，促进问题解决能力和合作能力的培养

学生将本课程所学知识运用到《校园直饮水》的项目式主题学习中，设计制作以科学探究、工程设计为内核的多元化产品，学生最后以报告的形式展

示和分享得到的结论和建议。展示"直饮水下水、污水收集装置"的产品和作品。此外，分享会中，学生还将设计的宣传海报、设计图、书法、编排的情景剧和本课程学习过程中的自身情感与知识经验融入其中，形成各具特色的汇报方案和成果作品，在创造过程中体验快乐与学习的乐趣。

（三）《校园水循环》教学效果评价

本课程在开展课程前后都进行了相关的评价测试，我们选取了香山学校五年级参与跨学科STEAM课程的46名小学生为研究对象，其中男生24名、女生22名。确保STEAM课程学习过程中取得理想的效果，每个组员对小组整体成果做出贡献，并且学生个体也都有自主探究、主动学习，组员间自由交流、互相沟通，形成一种积极信赖的关系，有一个较好的评价体系，且对每名学生都有明确的评价标准。

1. 信息表达能力的评价

在《校园水循环》整个学习的过程中，贯穿着信息编导和人际交流，小组成员要对研究主题或研究问题进行讨论，彼此交换意见和想法。学生在进行信息表达这一过程中进行自我反思和小组探讨，通过向别人传递自己的想法和观点，学生可以进一步巩固在STEAM课堂中学到的知识和技能。基于此，根据小组呈现的语言表达、文字表达和实践表达成果，按照5分、3分、1分三个等级进行评价。我们针对沟通、表达和交流的特点制作了如表4-1-6所示的评价量表。

表4-1-6 《校园水循环》信息表达能力评价量表

| 信息表达能力 | 1分 | 3分 | 5分 |
|---|---|---|---|
| 语言表达 | 能通过语言展示，但未能准确展示STEAM课程成果 | 能较准确地通过口头语言展示STEAM课程成果 | 能流利、准确地通过口头语言展示STEAM课程成果 |
| 文字表达 | 能通过书面报告或研究论文展示STEAM课程成果 | 能较流畅地通过书面研究报告展示STEAM课程成果 | 能生动、流畅地通过书面研究报告展示STEAM课程成果 |
| 实践表达 | 能借助多媒体信息技术，但未能熟练地进行研究成果展示 | 能较熟练地借助多媒体信息技术进行研究成果展示 | 能巧妙、熟练地借助多媒体信息技术进行研究成果展示 |

2. 团队合作能力的评价

在STEAM课堂学习中，小组成员通过合作开展学习。成员有目的地通过与同伴交流，提高沟通与社交能力，同时在小组合作中互相帮助，学会对自我和他人负责，培养自身的责任感。在小组合作中，成员担任的任务和角色不一样，在评价时应当将学生置于特定的角色定位。基于此，根据小组成员在学习过程中的合作意识、合作精神和合作能力，可以按照5分、3分、1分三个等级进行评价。我们针对互相理解、互相帮助和互惠共赢的总原则制作了如表4-1-7所示的评价量表。

表4-1-7 《校园水循环》团队合作能力评价量表

| 团队合作能力 | 1分 | 3分 | 5分 |
|---|---|---|---|
| 合作意识 | 组内只有部分成员能互相学习、互帮互助 | 组内绝大多数成员互相学习、互帮互助、共同研究 | 组内所有成员互相学习、互帮互助、共同研究，团队稳健 |
| 合作精神 | 组内只有部分成员有较高的团队认同感 | 组内绝大多数成员有较高的团队认同感和凝聚力 | 组内所有成员有高度的团队认同感、凝聚力和向心力 |
| 合作技能 | 组内只有部分成员互相信任，为达到共同目标而共同努力 | 组内绝大多数成员互相信任、互相支持，为达到共同目标而共同努力 | 组内所有成员互相信任、互相支持、分工合作、协作配合，为达到共同目标而共同努力 |

3.课堂操作能力的评价

在STEAM课堂教学中，学习活动被分为若干阶段，每个阶段都有其特定的任务，因此在进行评价时需要结合各阶段任务完成情况。我们从方案设计、方案完成度以及结果分析这三方面着手，主要围绕着课前研究问题的提出、下水污水净化收集系统的设计图、实验记录的分析解释、实验结论的分析与讨论、小组成员反思与自我评价等13个维度进行评价。基于此，根据小组提交的学习成果，可以按照5分、3分、1分三个等级进行评价，每个等级的评价标准见表4-1-8。

表4-1-8 《校园直饮水机》课堂操作能力评价量表

| 课堂操作能力 | 1分 | 3分 | 5分 |
|---|---|---|---|
| 方案明确性 | 没有明确的活动方案，但有较明确的活动目标和限制条件 | 有较明确的活动方案、活动目标和限制条件，但学生未能通过"头脑风暴"得出最优方案 | 有明确的活动目标和限制条件，学生自己通过"头脑风暴"得出最合适的方案 |

续 表

| 课堂操作能力 | 1分 | 3分 | 5分 |
|---|---|---|---|
| 方案真实性 | 方案是教师设计的，是对现实世界的模拟，对学生有一定的意义 | 提出问题（方案）对学生较有意义，且由学生自己提出 | 提出问题（方案）对学生具有深刻意义，且由学生自己提出，产品值得推广到校外 |
| 课程跨学科性 | 完成课程只需要1-2门学科的知识 | 完成课程需要3-4门学科知识 | 完成课程需要5门（包括5门）以上的知识 |
| 信息获取能力 | 多数组员通过单一渠道自己获得信息，如仅从网站获取信息 | 多数组员通过1-2种方法获取信息 | 多数组员通过两种以上方法收集各种渠道信息（如图书馆查阅、采访专家、实地调查等） |
| 知识探究能力 | 多数组员只有教师提供的网络搜索的新知识 | 多数组员通过自己的能力获取新知识并加以应用 | 多数组员通过科学探究获得完成任务所需的知识，并加以应用 |
| 技能应用能力 | 组员能应用部分技术进行研究 | 组员能熟练运用技术来进行研究、获取信息和计算结果 | 组员在学习活动中开发新技术 |
| 问题解决能力 | 课程产品过于简单，没有展示出学生对任何新知识或新技术的理解 | 课程产品展现学生思维能力，但没有展示出学生对任何新知识或新技术的理解 | 课程产品展示出学生高阶思维能力，能很好地综合运用新知识和技能 |
| 产品应用性 | 课程产品有一定应用价值 | 课程产品能够在特定场所中应用 | 课程产品具有很高的市场推广价值，能造福人类社会 |
| 课程研究性 | 仅展示了一部分研究性结论，有一些资料标注了引用来源 | 展示全部研究性结论，绝大多数资料注明了引用来源 | 展示出了全部研究性结论并导向更深入的界定，所有资料均按照版权知识标注引用来源 |
| 成果完成度 | 图片仅有一些标注和部分对设计策略的解释和说明 | 图片都具有标注和对设计策略的解释 | 图片具有标注和对设计策略的深入解释 |
| 记录完整性 | 对实验进行记录、分析和解释不完整 | 对实验记录分析和解释完整 | 所有对实验结果的记录、分析和解释都很规范且准确 |
| 结论完整性 | 仅有对实验流程简述即实验结果的解释，但不完整 | 有完整的目标和对实验结果的简述及对实验结果的解释 | 有完整的目标，及对实验流程的简述和实验结果的解释，并展现出更高层次的思考 |

| 课堂操作能力 | 1分 | 3分 | 5分 |
|---|---|---|---|
| 反思和总结 | 仅完成了部分反思和部分自我评价 | 完成反思和自我评价 | 完成反思并对小组决策有深刻独到的见解，在自我评价且作为小组成员对自己的行为和表现有深刻的见解 |

4. 个人绩效评价

小组整体的绩效比较容易检查和评价，但对教师较难观察到的组员个人学习过程及行为表现的评价，可以通过学生自评或互评获得。在STEAM课堂教学中，小组成员个人表现分为参与任务态度、完成工作质量、个人解决问题的能力、个人对小组的贡献、参与任务的专注度等五个维度（见表4-1-9），用于学生自评或组内互评。STEAM自我评价表更关注学生学习过程中与组员人际交流的评价，可使学生更注重在学习中的合作及互助，体会独立思考和团队合作的意义，提高人际交流的能力。

表 4-1-9 《校园直饮水机》个人绩效评价量表

| 个人绩效评价 | 1分 | 3分 | 5分 |
|---|---|---|---|
| 个人学习态度 | 对本课程任务大部分持有正面态度，但在小组活动中有时批评本项目或其他组员的工作 | 对本课程任务基本持正面态度，极少在小组内批评本项目或其他组员的工作 | 对本任务总是持正面态度，在小组中从不批评本项目或其他组员工作 |
| 工作质量 | 自己负责的工作偶尔需要其他组员重做以保证质量 | 所做工作具有很高的质量，基本上不需要重做 | 所做工作具有最高质量，不需要重做且可以帮助有需要的组员重做 |
| 解决问题 | 未能提出解决方案，但尝试用其他组员提出的方法成功解决问题 | 能提出解决问题的方案，并完善其他组员提出的解决问题的方法 | 积极提出解决问题的方案，并成功解决问题 |
| 贡献 | 在参与小组讨论时，偶尔能提出有帮助的想法，完成所需完成的工作 | 在参与小组讨论时，经常提出有帮助的想法，努力完成工作，工作能力较强 | 在参与小组讨论时，总能提出最有帮助的想法，是贡献很大的小组领导者 |

续 表

| 个人绩效评价 | 1分 | 3分 | 5分 |
|---|---|---|---|
| 专注度 | 有时能专注于本任务和所完成的工作，需要其他小组成员督促和提醒才能保证工作状态 | 专注本任务和所需完成的工作，不需要组员督促 | 稳定持续、高度专注本任务和所需完成工作，有很强的自我指导能力 |

3.学生学习能力问卷调查

除了评价小组成绩、人际交流能力外，还可以增加对学生的一些质性评价，才能更有效地描述学生学习能力的发展状况。可提出的问卷调查问题见表4-1-10。

表 4-1-10 《校园直饮水机》学生学习能力问卷调查

| 问题 | 回答 |
|---|---|
| 如果给本课程中的自己打分（0-10分），你能给自己打多少分？ | |
| 如果再进行一次本课程的学习，有哪些地方可以做得更好？ | |
| 本课程学习过程中，你们组谁的贡献最大？为什么？ | |
| 在学习完本课程后，你还希望哪方面可以学得更多？ | |
| 本课程中哪些项目或者任务最难，你可以怎样解决这些难题？ | |
| 在本课程中，你收获了什么？ | |

（四）《校园水循环》教学总结与反思

本课程采用基于项目设计与实施整合的跨学科STEAM理论框架进行教学设计与实施，该模式强调通过主题联结学科，开展基于项目设计的五年级范围内的跨学科STEAM学习，同时以工程设计为核心，开展解决真实校园直饮水问题的学习和注重科学探究的学习。学生在本课程学习过程中融合了科学、数学、工程、信息技术，甚至还融合了语文、英语、综合实践课程，在意识上不断地将真实的校园问题情境建构到跨学科知识中。"校园里面的直饮水是怎么来的？""直饮水和自来水有区别吗？""我们学校每天要用掉多少直饮水？""我觉得直饮水机浪费水情况很严重，我们可以怎样改进？"学生在合作学习过程中提出的问题和话语间沟通展现出物理、化学、生物等科学知识以及信息技术和工程实践概念与知识，学生在以"直饮水"为主题的学习中，于潜移默化之中掌握了跨学科的知识，感受到了工程设计的价值，以及对未来从事STEAM相关学科和STEAM融合学科表达了期望和愿景。

# 第二节  基于科学探究的STEAM课程教育

小学阶段是儿童成长的关键时期，这一时期的学生对外界事物充满着好奇，有一颗探索世界的童心。小学课程中除了语、数、外等基本学科外，科学课程更具其独特性，能够满足儿童探索世界的好奇心，引导学生正确认识世界，培养学生的实践探究能力，以及创造性思维与批判性思维的形成。而且，科学自身的多维属性以及科学与环境学、社会学等的重重联系，导致了科学具有多维的立体性。

香山学校基于科学探究的STEAM课程构建，不仅含有系统的科学知识、科学探究、科学态度和科学方法，同时从工程技术、人文素养、数学建模以及保护环境和社会责任感等多维度，帮助学生构建对科学的认识。

## 一、基于科学探究的STEAM课程概述

STEAM课程要求五门学科在教学过程中必须紧密相连，其中基于科学探究的STEAM课程更是要求分析各学科最基本的学科知识结构，找到不同学科知识点之间的连接点和整合点，将分散的课程知识按跨学科的问题逻辑结构化，将各学科内容改造成以问题为核心的课程组织，通过有序的问题有机串联各学科知识，将课程要素整合形成有机联系和有机结构。

知识整合趋向的模式，一般采用基于问题的学习模式，强调将学习设计在复杂且有意义的问题情境中，通过学生合作解决嵌入于真实情境中的问题或与真实世界相关的问题，从而找到隐含于问题背后的科学知识，通过形成解决问题的这种技能，促进学生对所学科学知识形成解决问题的技能和自主学习能

力[1]。我们希望学生通过体验知识发生过程，促进学生认知能力发展，通过应用知识解决问题从而达到对知识灵活掌握，并对知识进行社会性、情境性的迁移运用。

**1. 课程要求**

本课程将一到六年级学生划分为三个学段：一至二年级为低年段，三至四年级为中年段，五至六年级为高年段。课程特点：每个学段安排不同的课程，强调学生自己动手探究和寻找答案，而不是由教师提供现成的答案进行学习，以探究或研究性学习作为学习科学的过程，给学生提供理解学科结构的机会，有助于拓宽学生对环境的理解。期望通过STEAM课程教育改善学生的行为，进行跨学科研究，其中涵盖科学、工程、技术、数学、艺术和人文等领域。

**2. 课程目标**

（1）总目标是培养学生的科学意识，并为他们继续学习、成为合格公民和终身发展奠定良好的基础。

（2）通过本课程学习，学生保持和发展对自然的好奇心和探究热情。

（3）了解与认知水平相适应的科学知识，体验科学探究过程、发展科学探究能力以及培养跨学科知识运用的能力。

（4）发展学习能力、思维能力、实践能力和创新能力，以及用科学语言与他人交流和沟通的能力。

（5）形成尊重事实、乐于探究、与他人合作的科学态度。

（6）了解科学、技术、社会和环境的关系，具有创新意识、保护环境的意识和社会责任感。

**3. 课程内容**

基于科学探究的STEAM课程与常态科学课围绕某个科学知识的学习、制作某个单项科学制作不同。我校自主开发的STEAM课程学习项目设计需要包含科学、技术、工程和数学四方面要素，强调学生在设计真实任务情境中运用科学知识，通过开发解决方案、检验设计合理性、对方案进行可行性分析和讨论修正等过程发展工程设计能力。我们在国家科学课内容的基础上，形成了科学的

---

① 余胜泉，胡翔.STEM教育理念与跨学科整合模式［J］.开放教育研究，2015，21（4）：13-22.

四条线索："物质科学""生命科学""地球与宇宙科学""技术与工程"。四条线索在每个年段都有不同的内容，从而形成一个围绕这四条线索螺旋式上升的认知结构。各年段STEAM课程设置见表4-2-1。

表4-2-1　各年段STEAM课程设置

| 年段 | 物质科学 | 生命科学 | 地球与宇宙科学 | 技术与工程 |
|---|---|---|---|---|
| 低年段 | 了解振动发声规律；学会控制变量和因变量，学会使用对照实验；了解酸碱指示剂原理 | 感知触觉、听觉；了解植物生长的需求 | 学会利用地形或楼层空间设计合理的植物空间 | 学会制作盲人指示牌；学会制作小乐器；学会制作纸蜻蜓；学会简单的工程设计并制作小车；学会制作校园植物墙 |
| 中年段 | 了解生活中的导体和绝缘体；了解浮力的规律；了解移动雨棚的物理结构；学会使用正确的电路连接方式点亮足球场路灯；学会舞台的框架结构 | 了解生物多样性的大概念；了解指纹的特征；了解常见的微生物 | | 学会使用多种拓印的方法保存植物；学会制作和应用微电流电路检测器；学会设计并制作足球场移动雨棚模型并设计和制作足球场路灯照明系统；学会设计并搭建一个小型手影戏舞台 |
| 高年段 | 了解直饮水净水的过程 | 了解生物进化的过程，培养保护"活化石"、保护大自然的意识 | 了解化石的形成；了解城市内涝的原因和解决方法；了解城市缺水的原因和解决办法；了解海绵城市的原理 | 学会使用Arduino设计制作呼吸灯；学会书写工程技术文档；学会制作风筝；学会制作海绵城市"吸水"和"吐水"模型；设计并制作"直饮水下水、污水收集系统" |

　　我们将工程设计的思想和动手实践的理念融入科学课程，结合科学教材开发STEAM课程。除了以上课程外，还开发了"漂浮的土豆""自制乐器""酒精火箭筒""干冰泡泡大比拼""设计制作一座桥""做一个太阳能烤箱"等，让学生在科学课上经历科学探究和工程设计的过程，同时有机会拓展一下STEAM课程实践活动：提出科学问题，界定限制条件，发展和使用模型，计划和实施研究，统计和分析数据，发展数学、信息技术、人文素养和计算能力，最后形成科学的解释（或针对工程设计的解决方案），并进行分享、评估和交流。

## 二、基于科学探究的STEAM课程教学方法和策略

为了培养学生的科学素养和跨学科知识整合的能力，教师在教学策略上做了革命性的改变，引导学生通过动手做来学习科学，比如做实验、制作模型、观察、测量与种植……动手不应是纯粹的操作性活动，还应与动脑相结合，边动手边思考，可以使两者互相支持，相得益彰。也可以在课堂中采用多样化的探究实验代替过去的文本学习。在STEAM课程融入大量的探究实验内容，从而将抽象的学习内容以更直观形象的方式加以体现。此外，我们还精心设计真实的探究问题，激发学生的兴趣，符合学生认知发展规律，使学生愿意主动学习。同时，我们还会使用戏剧表演、科学游戏、模型制作、现场考察、科学辩论会等策略，丰富STEAM课程的内涵。例如，在教科版六年级《宇宙》单元，我们使用奥利奥饼干制作月相模型，用橡皮泥和一次性筷子制作星座模型，学生在操场手拉手围成不同大小的圈模拟太阳和八大行星，抽象的宇宙天文知识经过体验活动实践变得更生动具体。

教学策略的改变也带动学生学习方式的改变。学生利用掌握的科学探究活动方法，能主动地观察身边的事物，发现并提出问题；能运用已有的知识形成对问题的初步答案；能根据假设，制定简单的科学探究活动计划，通过观察、实验、制作等活动进行探究；学会查阅书籍或上网检索相关信息；在现有信息的基础上，通过简单的思维加工，给出自己的解释和结论。此外，还能将自己的结论和想法与同伴进行交流表达。例如，在教科版五年级《光》这一单元，学生利用课本所学的凹面镜原理，使用易拉罐、锡纸、多面镜子、纸箱等材料制作了一个"太阳能烤箱"，该烤箱能在阳光直射30分钟左右烤熟鸡蛋，既节能环保又轻便实用。

**案例：基于科学探究多学科渗透的教学设计——《漂浮的土豆》**

《漂浮的土豆》是中年段课程中的一个内容，本课关键概念是"浮力的变化"。在课堂上，教师通过设置多个科学实验和工程任务将学科知识联结起来，将分散的课程知识按跨学科的问题逻辑结构化，使用基于问题的学习模式将其整合为两大课时。

教学目标：

1. 设置课前问卷获取学生浮力"前概念"

学生在学习新知识之前，就通过对日常生活的现象观察和体验形成一些非科学的概念，称之为"前概念"。如许多学生会根据浮体状态、轻重、水深来判断一个物体是否沉浮。这些概念都是来自大量的日常生活中，形成的某些想法且已被他们自己证明"有效"和"合理"，一般情况下不易改变。遗憾的是，传统的教学对于改变学生头脑中这些错误前概念的作用微乎其微，不少教师三言两语就指出学生理解中的错误所在，而把主要精力放在"讲清楚"正确的知识上，以为这样错误知识就会烟消云散，但事实往往与其主观意愿大相径庭。在教学之后，学生往往还信奉原来的观点，他们认为这些观点在现实世界中很好用，看起来可以"正确"解释生活中的一些现象，生活中又继续应用这些错误观点。

为了更好地对学生知识背景做全面了解，教师在课前设置了简洁的问卷进行调查，问卷结果如图4-2-1所示。

问卷：关于浮力，你认为下列说法正确的是（　　）。

A.浮在水面的土豆受到浮力作用

B.沉在水底的土豆不受到浮力作用

C.浸没水中的土豆重量大，所以浮力大

D.潜水艇完全潜入水中，潜入越深，浮力越大

E.潜水艇完全潜入水中，潜入越深，浮力不变

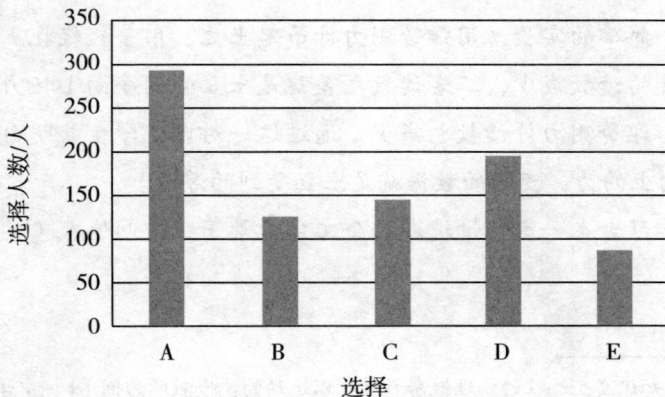

图4-2-1　中年段《漂浮的土豆》前概念统计图

调查对象为中年段学生，统计结果如图4-2-1所示。尽管学生从小就接触和体验沉浮，但从问卷发现，有293人认为浮在水面上的土豆受到浮力作用；有很多学生（127人）认为沉在容器底部的物体不受浮力作用；一部分学生（143人）认为浸没水中的土豆重量大，所以浮力大；甚至绝大多数学生（196人）认为潜水艇完全潜入水中，潜入越深，浮力越大；只有（90人）认为潜水艇完全潜入水中，潜入越深，浮力不变。学生对浮力的前概念尽管丰富多样，但不难发现，大都是生活经验的片面理解和不完全概括得到的结论。因此，为了让学生更好地认识物体浮力规律，教师应当把它的形成过程重新还原和稀释。[①]本课的重点在于将科学知识返璞归真，还原其本来面目，避免灌输式教学或简单的结论教学，让学生运用真实模型体验浮力在生活中的应用，对沉浮状态进行更深入的了解和科学测量，尝试让原本沉在水中的土豆浮起来。

2. 创设真实情境，感悟浸没在水底的土豆也受到浮力

教师首先出示一个系着细绳的土豆，并将土豆放入装满水的水槽中，发现土豆沉入水槽底部，问学生："土豆在水中会受到水的浮力作用吗？"对于这一问题，学生纷纷举手发言，有的说不受到水的浮力作用，有的认为受到了浮力作用，讨论的气氛十分浓厚。这时，教师不失时机地追问："现在大家说的都只是猜想，我们要怎么设计实验才能证明我们的猜想？用什么材料？"学生马上进入"头脑风暴"阶段，提出了各种各样的方法来验证猜想。其中一名学生联想到夏天游泳时手臂在空气中比在水中重一些，马上想道：先用手在空中掂一下土豆重量，再放入水中掂一掂，感受一下有什么不同。学生发现，下沉的土豆在水中比在空气中要轻，但为什么会出现这种情况呢？为此，教师在这里可演示一个简单的实验，用弹簧测力计吊起土豆，用手轻轻托土豆，可以看到弹簧测力计的读数减少，二者读数之差就是土豆受到手向上托力的大小。土豆浸入水中，弹簧测力计读数也减少。通过这一对比，学生就明白土豆在水中也受到一个向上的力，变轻的数据就是土豆受到的浮力。

知识是学习者在一定的情境即社会文化背景下，借助他人（学习伙伴或教

---

① 熊志权.基于知识发生过程的物理概念教学：以运动的快慢教学为例［J］.中学物理教学参考，2014（6）：26-28.

师）的帮助，利用必要的学习资料，通过意义构建的方式获得的。[①]

　　STEAM课程可以使用常见的材料让学生探究体验，降低学习难度，学生思维更清晰，也更适合小学生的认知发展水平。如果在STEAM课程中缺乏了这样的体验过程，后面的学习将因缺乏基础而无法触动学生，甚至被架空，从而使教育大打折扣。

　　3. 运用共变法引导学生像科学家般工作

　　共变法是科学判明现象因果的一种归纳方法。若某现象发生变化时，另一现象也发生变化，那么可以判明前一现象是后一现象的原因，有助于研究者通过考察某种现象同时存在、同时变化的状况，检验并确定诸现象之间的因果关系，这也是科学家常用来判明现象因果的一种归纳方法。在STEAM课堂上，我们希望学生采用像科学家探究事物的方式进行学习，发现影响事物发生、发展的内在规则。

　　教师给每组学生提供了系着细绳的土豆（质量约380g，重力约3.8N），要求学生自行探究"任务一：土豆浸入水中的浮力会变化吗"。学生根据前一部分的学习，学会分别将土豆小部分、大部分、全部浸入水中、完全浸入水中停留在不同深度，然后读取在空气中和水中测力计读数。学生收集的数据见表4-2-2，我们对表4-2-2的数据加以分析制作了如图4-2-2所示的条形统计图。

**表4-2-2　任务一实验数据表**

| 实验条件 | （小）部分浸入水中 | （大）部分浸入水中 | （全）部分浸入水中 | 全部浸入水中停留在不同深度 |
|---|---|---|---|---|
| 在空气中的重力 | 3.80N | 3.80N | 3.80N | 3.80N |
| 在水中的重力 | 3.60N | 2.50N | 0.70N | 0.70N |
| 浮力 | 0.20N | 1.30N | 3.10N | 3.10N |

① 陈素平，王小梅.对7-12岁儿童浮力前概念的探查报告［J］.教育科学研究，2011：53-56..

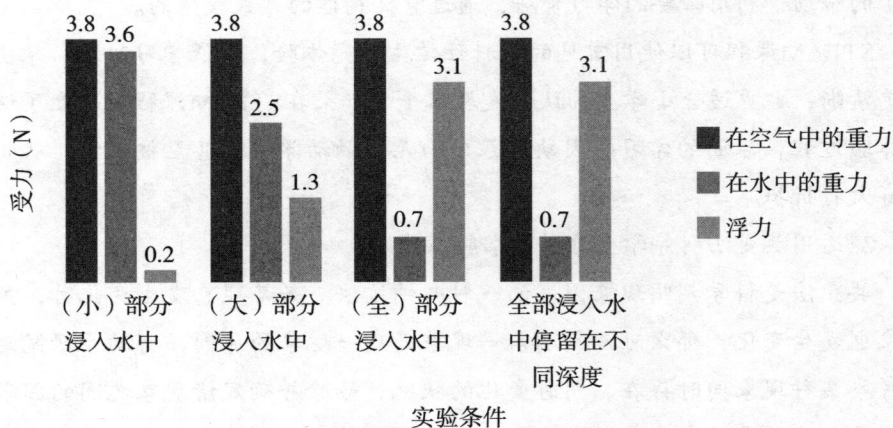

**图4-2-2 条形统计图**

学生通过科学探究得出实验数据，并尝试使用条形统计图整理实验数据，很轻松地发现水中物体浮力变化规律，即浸入水中的体积越大，受到的浮力越大；完全浸入水中以后，不同深度受到的浮力是不变的，也说明土豆浮力大小与体积有关。

经过"任务一"的自主探究，教师引导学生根据评价量表进行自评和互评，评价学生在"任务一"中的多方面表现，包括学生知识和技能的掌握程度，以及实践操作能力、与他人进行交流合作能力、解决实际问题能力等，从而为学生提供更真实的信息反馈，帮助学生形成对自身学习情况的现实认识，从而更好地改进学习方式，促进学生的全面发展。[①]

4. 构建工程任务让学生重构浮力概念

学习不是简单的信息积累，更是包括了新旧知识和经验的冲突，以及由此引发的结构重组，教师要善于以工程任务为依托，激发学生学习的兴趣和探究欲望。首先，教师发放、讲解潜水艇原理，并提问："为什么用压缩空气把压载舱内的水排出舱外，潜水艇就会上浮？"这一提问具有挑战性，小组讨论自然形成。教师启发："大家想想：潜水艇的外形会改变吗？把空气压进压载舱，使舱内的水排出舱外是改变了潜水艇的什么条件？"学生回答："潜水艇的外形不

---

变，体积也不变，压载舱进水和排水改变了潜艇的重量。潜水艇重量大，其所受重力大，潜水艇就会下沉；潜水艇重量小，其所受重力小，潜水艇就会上浮。"

这样环环相扣，既有层次性又有梯度性，并富有启发性问题，使学生思维的开阔性、深刻性得到了进一步培养。其次，教师布置"任务二：仅改变某个条件，想办法让土豆在水里浮起来"。学生经过潜水艇原理的启发，联想到可以用小刀和勺子小心地将土豆挖空，制成一艘空心能浮在水面的土豆船。此外，学生根据生活经验和任务指引，用不同的可溶物（如盐、糖、味精、小苏打、酒精）配置成让土豆浮起来的溶液。工程任务解决方法的多样化是学生在STEAM课程学习过程中自主加工的必然结果。解决问题方法的多样化对于学生解决工程任务的认识和潜能的开发是必不可少的。

总之，STEAM课程不仅重视结果教学，还应该让学生模仿科学家工作的路径、策略和思维方式，通过这样的学习路径获得结论的过程和方法。教学时忽视科学探究的过程，学生学到的知识似无源之水、无根之木，只能机械地模仿，越学负担越重。而重视过程教学，使学生知道所学知识的来龙去脉，这样既提高了学生的素质，又减轻了学生的负担。

# 第三节　STEAM教学中的挫折承受力教育

当今的社会竞争激烈，小学生在问题、困难面前表现得消极退缩，生活、学习中吃不了一点儿苦，受不了半点儿委屈，听不得半句重话，心理承受能力弱，许多报道如"某某大学生因考证不合格而自杀"[1]"某学生因抄袭，被教师教育感到没面子而跳楼轻生"[2]，这无不显示了小学生承受挫折能力缺乏与心

---

[1] 佚名.大学生考证不及格自杀折射生命教育缺失［EB/OL］.（2015–12–17）. http：//edu. people.com.cn/n1/2015/1217/c1006–27940177.html.

[2] 佚名.溧阳一学生跳楼自杀，事发前因抄袭被教师口头教育！教育局：教师没有错！
［EB/OL］.（2018–12–19）. http：//www.sohu.com/a/283105124_655074.

理脆弱。

亚伯拉罕·马斯洛（Abraham·H·Maslow）在《动机与人格》一书中提到："在生活中基本需要一直得到满足，特别是在早年得到满足的人似乎发展了一种经受这些需要在目前或将来遭到挫折的罕有力量，这是完全由于他们具有作为基本满足的结果的坚固健康的性格结构。他们是坚强的人，对于不同意见或者敌对观念能够泰然处之。他们能够抗拒公众舆论的潮流，能够为坚持真理而付出个人巨大的代价，正是那些给予了爱、获得充分的爱并且与许多人有着深厚友谊的人能够面对仇恨、鼓励、迫害而岿然不倒。"[1]正因如此，挫折是小学生成长中必需的元素。随着我国综合国力的增强以及市场经济的发展需要，小学生将会面临更激烈的竞争，会遇到许许多多的挫折与困难。生活上的挫折、学习上的挫折、人际关系的挫折、成绩的不如意、比赛的失败、突如其来的疾病、家庭的变故、父母的责备、教师的批评，都有可能是学生的挫折来源。在困难和挫折面前，学生或惶惶不可终日，或情绪低沉消极逃避，诸如心态失衡、离家出走、打击报复，甚至走向极端，如偏执、自残……

挫折体验是认知发展链条上不可避免的环节，不以意志为转移，当遇到挫折时，我们只能接受事实、调整心态、重新出发。心理学家马斯洛曾说："挫折对于孩子来说未必是件坏事，关键在于他对待挫折的态度。"特别是科学家和工程师在进行科学发现和工程设计时，成功与失败相伴相生、如影随形，诸多的不确定因素都有可能对科学发现产生影响，工程设计存在偏差也有可能让成品不能达到预期效果……

若要像科学家、工程师工作般进行学习，让学生在STEAM课堂中经历挫折和失败成为自然现象。因此，要从小对学生进行挫折承受力教育，让学生在体验中学会面对困难并战胜挫折，只有认识到挫折承受力教育的价值，并在日常生活中注重培养学生的抗挫折能力，才能让学生正视挫折、承受挫折和克服挫折，一步步走向成功。

---

[1] 亚伯拉罕·马斯洛.动机与人格［M］.许金声，等译.北京：中国人民大学出版社，2012：36.

## 一、STEAM课堂情境中挫折的体现

STEAM课堂的主要任务是让学生完成某个项目。在这一过程中，教师教导较少，学生自主学习较多。在完成整个课堂项目的过程中，学生会遇到各种各样的困难，主要表现如下：

### 1. STEAM课程方向的选择

在STEAM教学过程中，有时教师会给予项目方向，让学生来操作。但多数情况下为了培养学生的创造性思维，调动学生的参与热情，项目方向不是既定的，学生要通过自己的思考和观察来设计。这时，学生就会遇到如何确定项目方向、如何设计、研究等问题。部分学生会因为没有新颖的思路或设计不出出色的问题而苦恼，产生退缩、放弃的念头。

### 2. STEAM课程的实施过程

STEAM教育与创客教育有很多相似之处，强调多门学科知识的整合与运用。这就要求学生全方位地掌握学科知识，如数学、物理、化学、信息技术、人文艺术等知识。但由于学习能力不同，有的学生对很多知识掌握不明确，很多项目所要求的知识远超过了小学生所掌握的知识水平。在没有教师讲解的情况下，学生自主学习多门学科知识有一定的难度。同时，不能保证每次项目的运作都能成功，屡屡失败也会打击学生的积极性和自信心。

### 3. STEAM课程的同伴交流

STEAM项目要求学生相互交流、相互分享、相互合作，强调培养学生团队意识，小组成员利用信息技术等手段对项目进行分析，然后共同协作完成并解决现实问题。但在这一过程中，部分学生会出现无法跟其他学生达成一致意见或在任务分工中无法相互配合而导致项目难以进行下去。这不但会影响学生之间的关系，还会打击学生的参与热情。

### 4. STEAM课程的成果展示

STEAM教育提倡学生制作产品，以解决生活中的现实问题。为此，很多学校在进行STEAM教育的同时，也建立了"创客空间"。一方面为学生提供了STEAM项目的制作空间，另一方面将学生的设计理念转化为真实的产品。学生设计的产品理念有时候很另类、很新颖，但制作出成品后，并不是所有的产品都能在市面上推广。同时，很多学校会组织学生参加各种竞赛，如青少年科技

创新竞赛、"未来工程师"竞赛、创客比赛、机器人大赛等。在比赛过程中，学生会面临淘汰、得不到认可、没有获得预期的名次、始终得不到奖项等情况，都会让学生失去创作的积极性和前进的动力。

## 二、在STEAM课堂中经历挫折体验

我们发现，在传统课堂教学中，有些教师为了提高科学实验的成功率，讲解和指导过多、过细，以避免学生实验失败。在课程结束后，师生虽然"皆大欢喜"，但却使得科学实验的神秘感降低。实验成功来得太容易，学生对失败的亲身体验太少，非常不利于全面理解和掌握某些科学实验的精髓和原理，更不利于培养良好的科学探究习惯。

### 1. 从科学研究中经历挫折体验

任何科学探索和工程设计的过程中都存在正、反两个方面的实践经验，正面的、成功的经验固然重要，但失败的经验也有无可替代的价值。相信很多教师都深有体会：有时候学生对"成功"的实验印象并不深刻，但却对"失败"过的实验念念不忘。因此，我们可以对众多实践失败中进行原因探究，进而从"失败"中发现"成功"的原因，对学生学习无疑起着重要的作用，也能成为提升STEAM课堂教学水平新的增长点。

例如，在教学STEAM课程《创意呼吸灯》时，学生可能对电流电压的概念还没有形成完整的认识，有一名五年级女生始终不明白电路的接法，这导致她的情绪非常低落。这时候需要教师与学生进行情感上的交流，询问她在无法立刻完成课堂任务时的心理感受，同时还可以邀请对电路接法比较在行的"小教师"对她进行一对一的帮助。经过与教师的一番交流和"小教师"的帮助后，这名学生表示她非但不觉得挫败，反而非常享受经历一系列调试程序、检查硬件的过程，终于发现了错误的原因并将其解决，看到LED灯泡按照自己预想的方式亮起来，很有成就感。也有许多学生表示在上过几节课后，对看到自己编写的程序不能达到预定的效果不再惊讶，并且已经习惯了不断寻找错误和解决困难。

### 2. 在亲历技术制作中提高挫折承受力

在STEAM课程中，要敢于放手让学生自行实验，教师在为学生提供结构材料的同时，要对学生实验进行指导，允许学生按规定目的设计组装方案、分工

合作、组装器材，观察实验现象，找出结论。

例如，在进行《海绵城市》STEAM课程时，教师简单介绍了套件的组装方法和组装说明，分发了相关的实验材料。一名生简单浏览了说明书，还没等认清楚部件和零件就直接安装，结果失败了。在其他组员的提醒下，这名学生马上把说明书重新仔细研究了一遍，与小组同学再次明确了小组分工。经过反复的尝试，终于按顺序把套件重新组装完毕，教室里一片欢腾，学生们沉浸在胜利的喜悦中。

通过设计组装方案，学生经历了失败与成功的情感体验，意志力得到了磨炼，也感受到了集体合作共赢的喜悦，探究能力和工程组装能力也得到了相应的发展。

**3. 营造宽容的"遇挫"氛围**

有些教师认为，学生实验失败的出现加大了自己的工作量，浪费了较多的时间和精力。而学生太过习惯于从教师那里寻求帮助，因此他们在充分尝试独立解决问题之前，就习惯性地去向教师寻求帮助了。[①]同时，教师习惯于在学生提出要求时及时给予帮助，因此，很多学生独立生成和探索解决方案的机会错失了。

因此，教师要在被要求帮助时不再直接提供帮助，而是让学生确信"只要尝试多种解决问题的方案，不能解决问题没关系"，尤其是要向他们强调"问题的解决方案是多种多样的"。

创造一个情感安全的探索空间的手段多种多样。首先，在STEAM课程《创意呼吸灯》课堂中，教师在课程开始前，可以简单介绍一些能完成同一任务的不同编程方案，以强调问题的解决方案是多种多样的。例如，要调节LED灯的亮度，学生提出了三种编程的方案：方案一，用按钮控制LED灯亮度，且亮度变有层次地跳跃；方案二，采用电位器对LED灯调光，用电位器调光比较连贯柔和；方案三，用编程的手法让LED灯渐明渐暗，如同呼吸一样。

学生初期还不习惯自主解决问题，教师仍然会收到很多求助。若此时教

---

① 陈超越，邢宏龙，张晓梅，等. 践行宽容失败理念开发实验失败之教学价值［J］. 大学化学，2016，31：6-10.

师遇到学生求助，并马上为学生解决各种困难，则得到教师帮助的学生默默站在教师身后观察操作，而没有得到教师帮助的学生则面对不能正常运作的器件和程序一筹莫展。一节课下来，因为，提出问题的是教师，完成任务的是教师，检查和解决困难的还是教师，尽管教师总感到精疲力竭，课堂效果还微乎其微。

倘若教师在学生求助时不能立刻给予帮助，而是要求学生自行排查问题，并不断向求助的学生表达"尝试是最重要的，只要尝试各种方法，不能解决问题没关系"，鼓励学生自行调试程序并解决问题，尽量尝试多种解决方案。当一名学生认为"失败""挫折"是常见的、安全的心理环境中，他们在向教师寻求帮助之前尽可能尝试自己解决问题。学生的知识是他们在环境的交互作用中自行建构的，一味帮忙或灌输会让学生在脑内形成浅显的信息。STEAM课堂中，要求学生采用科学家、工程师那种质疑探究的学习方式——以实验项目为载体展开，以问题为线索探究规律，力求时间和思维有机结合，层层递进，使学生始终处于乐观积极的状态。

## 三、在STEAM课堂中开展挫折承受力教育

小学生的脑功能发育处于"飞跃"发展的阶段，对外界事物也开始有了自己的认识态度，尝试自己做出判断，处于形象思维向逻辑思维发展的重要阶段。[①]他们常常以自我为中心，对待事物也有很强的主观性和片面性，面对STEAM课堂活动中遇到的种种困难和挫折，很难做到自我适应，挫败感和失败感也随之而来。这时非常需要教师进行正确指导，以避免和减少学生因挫折而造成的心理问题，增强学生的挫折承受力，以更好地适应社会需要。教师可以通过创设STEAM教学情境，在开展STEAM课堂活动时使学生选择正确的方式，有效地进行挫折承受力教育，从而达到更好的教育效果。

### 1. 在STEAM课堂中树立正确的挫折观

教师必须正确认识什么是挫折承受力教育，不能盲目开展，更不能流于形

---

① 佚名.小学生心理教育随笔［EB/OL］.（2014-04-03）https://wenku.baidu.com/view/小学生心理教育随笔.html.

式或简单地说教。挫折承受力教育并不是简单的失败教育，而是让学生正确地认识挫折和困难，在面对挫折和困难时有良好的心态，能够从容应对。教师还要认识到，在STEAM教育体系下，仅靠单科教师的挫折承受力教育理念是不够的，还必须同其他任课教师合作和交流，按照学生的实际情况设计STEAM课程，有目的、有计划地开展挫折承受力活动。教师在创建STEAM课堂教育时，一定要把握STEAM课堂活动的难度。如果难度太大，会打击学生的积极性和自信心；如果难度太低，又无法达到教育目的。因此，我们在设置STEAM课程时要把握难度，让学生"跳一跳就能成功"。

**2. 在STEAM课堂中注重多元评价**

依托STEAM课堂情景开展挫折承受力教育，要有差异观念。每名学生都有自己的特点，有着不同的认知水平和成长环境。为此，教师要通过分析学生的个性特点，选择合适的、有效的教学方法，因材施教，就事论事。

美国心理学家阿尔伯特·埃利斯（Albert Ellis）提出"情绪ABC理论"，即激发事件A（Activating event的第一个英文字母）只是引发情绪和行为后果C（Consequence的第一个英文字母）的间接原因，而引起C的直接原因则是个体对激发事件A的认知和评价而产生的信念B（Belief的第一个英文字母），即人的消极情绪和行为障碍结果（C）不是由于某一激发事件（A）直接引发的，而是由于经受这一事件的个体对它不正确的认知和评价产生的错误信念（B）直接引起的。错误信念也称为非理性信念。如图4-3-1所示，A指事情的前因，C指事情的后果。有前因必有后果，但同样的前因A，不同人的理念以及评价与解释不同（$B_1$和$B_2$分别产生了不一样的后果$C_1$和$C_2$）。因此，事情发生的一切根源源于我们的信念评价和解释。[①]

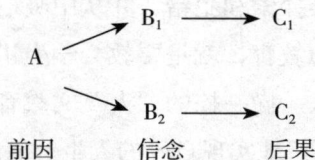

$$A \nearrow \begin{array}{l} B_1 \longrightarrow C_1 \\ \searrow B_2 \longrightarrow C_2 \end{array}$$

前因　　　信念　　　后果

**图 4-3-1　"情绪 ABC 理论"示意图**

---

① 佚名.情绪ABC理论［EB/OL］.（2011-06-14）. https://wiki.mbalib.com/wiki/情绪ABC理论.

在STEAM课堂上，教会学生在STEAM课堂中学会把所思、所想写下来，学会反思，通过反思正确认识自己，改变观念；在面对不能克服的困境时，不逃避、不后退、不偏执，要如同蜿蜒的河流，学会变化方法，迂回通过；在遇到无法解决的困难时，学会正确归因，适当缓解压力，调节自我情绪；在面临个人不能克服的问题时，要学会主动寻求帮助，有计划、有步骤地解决问题；在面对处于困境的学生时，给予必要的物质支持、心理宽慰、观念引领，必要时可采用单独辅导的方式，鼓励他们积极询问和倾听，正确认识STEAM课堂中的挫折和困难。总之，要让学生意识到挫折在人生的各时期、各生活领域都会出现，要保持良好的心态，提高挫折承受力。

### 3. 在STEAM课堂外延伸挫折承受力教育

学校的STEAM课堂虽然是开展STEAM活动和挫折承受力教育的主阵地，但如果家庭教育与学校教育不配合，也无法在STEAM课堂中进行挫折承受力教育。因此，教师在进行挫折承受力教育时要及时告知学生父母，一方面让学生父母正确认识STEAM课堂活动，另一方面可以辅助挫折承受力的教育。教师可以通过家长会、家校合作体验活动等形式，加强与家长的配合。同时还可向家长传授STEAM课程的相关知识和方法，让家长可以在家中帮助孩子进行STEAM活动并能及时观察孩子的情绪，有效配合学校挫折教育，避免家长在孩子的挫折承受力教育中不作为。多与家长交流沟通，让家长意识到自己在孩子挫折教育中起着重要作用，减少溺爱、专制、忽视等不正确的教养方式，家长对孩子要有合理的期待，形成家校一体的协作方式，发挥教育效应的最大化。

生理学家巴普洛夫说过："实验上的失败可能成为发现的开端。"正是这种失败体验加深了学生对事物的认识和观察，学生在"遇挫"的过程中完成对知识的建构。让学生有机会探索和犯错，并从中吸取经验，而不应该烙下"失败者"的烙印。挫折承受力教育，就是要教会学生坦然面对顺境与逆境、成功与失败，将成败和顺逆融入一撇一捺的"人"文教育中，让学生养成良好的心态应对挫折，解决困难，更好地实现自己的人生价值。

# 第四节　人文艺术在STEAM课程中的融合发展

STEM教育是科学（Science）、技术（Technology）、工程（Engineering）和数学（Mathematics）四门学科首字母的缩写，是美国出于对21世纪高科技人才竞争的忧虑而发起的。STEM教育重点在于数理化科技教育，曾一度成为美国、韩国、日本等多个国家繁荣经济、增加就业机会、提升综合国力的有效途径。[①]然而，调查显实，STEM教育的吸引力有限，大多数青少年对STEM教育并不感兴趣，STEM教育开始走入困境。此外，STEM教育因为过于偏重科学技术的学习让许多学生失去了抽象思维和创造力，无法达到全面教育和提升国家综合实力的根本目标。后来，STEM教育研究者也对此产生了质疑，如何才能让STEM教育重新焕发活力？在STEM教育中融入人文艺术（Liberal Arts）。

## 一、艺术在STEAM教育中的发展

罗德岛设计院院长Maede曾说："艺术提供了一个不同的通道来帮助人了解复杂的社会。"因此，学生在艺术创作的过程中特有的创作力、想象力、行动力将会是STEM教育的钥匙，唯有将STEM与Arts融合才能整体提升全面素质与竞争力。[②]STEAM教育是STEM教育的延伸，它们在本质上都是跨学科教育的典型模式，鼓励学生在"做中学"，学会使用多学科的知识来解决实际问题。

2006年，弗吉尼亚理工大学的格雷特·亚克门（Georgette Yakman）教授第一次提出来将人文艺术加入STEM教育，提出强化学生的艺术素养艺术熏陶、人文底蕴和文化底蕴，缩短了自然科学和人文科学之间的界限。新加入的"Liberal Arts"在教育界引起了不小的震动。

---

① 佚名.从STEM到STEAM：艺术将如何提升高科技人才？［EB/OL］.（2016-12-07）.http：//n.cztv.com/news/12333144.html.

② 陈怡倩.跨科统整的STEAM教育探究［J］.教育参考，2017（3）：5-11.

2011年，英国国家科学技术与艺术基金会（NTSTA）发布了《未来一代》报告，倡导将艺术类课程加到STEM教育中。同年，韩国教育部发布《整合型人才教育（STEAM）方案》，提出融入人文艺术知识，发展学生综合运用能力，有助于学生从更多视角认识不同学科间的联系，提高自身综合运用知识解决现实问题的能力，提高学生的创造性思维能力。[①]2014年，美国国家艺术教育协会（NAEA）制定了四项STEAM标准，并于2016年底以STEAM为专题展现了K-12研究时间以及STEAM成果刊登在全美艺术教育学会的学刊《艺术教育》上。

2015年，美国总统奥巴马签署《每个学生都成功法案》（ESSA）。第二届国际STEAM教育大会也于2018年4月在美国亚特兰大举办。2018年，美国国家艺术教育协会西雅图年会还以"STEAM=Arts+Design"为主题，进一步对STEAM课堂教学的方向进行探讨。2015年9月，中国教育部印发的《教育部十三五规划纲要》明确指出："要积极探索STEAM教育、创客教育等新教育模式，使学生有较强的信息认识与创新意识，养成数字化学习习惯，具备重视信息安全、遵守信息社会伦理道德与法律法规的素质。"[②]

## 二、艺术在STEAM课堂中的地位

尽管人文主义教育思想在古希腊时期便存在，并一直延续到今天，科学主义思潮也在19世纪末20世纪初随着科学的大发展和科学哲学取得主导地位和逐步形成。[③]但科学与人文两种教育分裂并明确则要晚很多，比如，19世纪的"卢梭问题"，在学术界引起人们广泛关注的是斯诺1959年出版的《两种文化与科学革命》（*The Two Cultures and the Scientific Revolution*）一书中，斯诺认为存在两种不同的文化，由于科学家和艺术家在教育背景、学科训练、研究对象、基本素养、研究工具等诸多方面的差异，使得他们在关于文化的基本理念和价值判断上经常处于相互对立的局面。[④]随着工业革命的进程，"重理轻

---

① 李媛.STEAM教育理论在初中说明文教学中的应用研究［D］.厦门：集美大学，2018：9-10.

② 佚名从STEAM的A来看美国STEAM教育［EB/OL］.（2016-12-07）.https://www.sohu.com/a/159061136_800638.

③ 何旭明.科学与人文：教育的一体两面［J］.教育理论与实践，2005，25（5）：6-10.

④ 佚名.斯诺命题［EB/OL］.［2019-01-17］.https://baike.baidu.com/item/斯诺命题/.

文"的思想慢慢形成，艺术教育被认为是无用处的学科，被边缘化，科学教育置于首位。这导致了STEAM教育看似实现了科学与艺术的平等对话，实则不然。艺术素养如何整合到STEAM课堂当中是当今STEAM教育面临的主要挑战。[1]STEAM教育需要更广泛、更具包容性的视角，很多教师可能没有艺术培训，不知道怎样将艺术教育和STEM教育进行整合。此外，在STEAM教育中，艺术仅仅被视为可有可无的部分，很多教师随意添加所谓的艺术到原有的STEM教育中就认为是STEAM教育了。艺术和STEM教育的融合呈现了杂糅和宽泛的现象，这显然对STEAM教育的内核存在较大的误解。为了能更好地进行STEAM课堂教学，我们必须给教师提供支持或结构，从而在已经混乱的教学环境中进行有效的教学尝试。

## 三、人文艺术在STEAM教育中的含义

STEM教育与人文教育往往被认为是相互对立的，这是因为前者是客观的、理性的、实用的、逻辑思维的产物，而后者是主观的、认知的、感性的跳跃思维。"A"在STEAM教育框架下具备的特殊内涵及价值属性需要进行全面解析和深入审视，只有这样教师在教育过程中才能真正实现STEAM课堂教学理念要求与核心素养。

2017年3月1日，由教育部教育管理信息中心、北京师范大学联合北京国信视角信息技术研究院共同撰写的《中国STEAM教育发展报告》在北京八一学校发布。该报告披露STEAM教育研究的不足。报告认为，STEAM中的"A（人文艺术）"元素是对原有STEM教育的补充，在培养学生全面发展中，"A"起到了重要作用。

### 1. "Arts"的具体内容

这里的"Arts"不仅仅指的是精致艺术（Fine Arts），还包括人文艺术（Liberal Arts）、语言艺术（Language Arts）、肢体艺术（Physical Arts）、手工制作艺术（Manual Arts）。具体含义见表4-4-1。

---

① 郑贤.基于STEAM的小学《3D打印》课程设计与教学实践研究［J］.中国电化教育，2016（8）：82-86.

表4-4-1 艺术（Arts）的具体内容

| 名称 | 含义 | 实现形式 | 作用 |
|---|---|---|---|
| 精致艺术 | 创作占有一定平面或空间，且具有可视性的艺术 | 音乐、歌剧、雕刻、建筑、摄影等，主要是对审美的锻炼和培养 | 让作品更赏心悦目、图表更美观大气，在作品中融入视觉、听觉和触觉的体验，提升个人素养，改善对社会和个体未来的态度 |
| 人文艺术 | 文化现象的艺术提炼 | 在以人为本的基础上，通过人文关怀，培养思考并解决现实问题的能力，最终解放人的智慧，关怀所有的人[1] | 注重对不同社会背景和观点信息整合能力的培养，培养学生的推理能力、思辨能力、批判性思维和独立思考能力，从而增强集体凝聚力和幸福感 |
| 语言艺术 | 如何完善、完美地运用语言艺术 | 包括人们通过口头和视觉符号产生和接受有意义的艺术和技能，包括书面和口头信息的编码（说和写）和译码（听和读）[2] | 培养学生对书面语言及口头语言的理解能力和运用能力，包括阅读、拼写、沟通等内容[3]。强化学生与学生之间、学生与教师之间的团队凝聚力和学习能力，口头和表达都能够得到锻炼和提升 |
| 肢体艺术 | 如何运用表情、肢体动作表达艺术 | 舞蹈、杂技、武术、科普剧等，用人的肢体动作作为艺术表现形式 | 让学生理解和体验他们所学的知识，促进学生的审美发展，实现学生真实的生活体验，表达学生的内心需求 |
| 手工制作艺术 | 如何运用材料与工具的艺术 | 由手工劳动进行制作，具备独特艺术风格的工艺美术 | 深化学生对材料的理解和运用，强化学生分工合作的能力和创造力 |

STEAM教育中的"Arts"与"Humanitise（人文）"有着亲密的联系。许多艺术灵感都源自艺术家们通过艺术的媒介与形式批判社会议题，引起我们展现人文情

---

[1] Rudolph W. Lurz.Perceptions of STEM and Liberal Arts Policyin Florida ［D］.Pennsylvania：University of Pittsburgh，2017：24-50.

[2] Thusen，TN.Postlethwaite，岑国桢.国际教育百科全书［M］.贵阳：贵州教育出版社，1990：535.

[3] Partnership for 21st Century Skills（2007）.The Intellectual and Policy Foundations of the 21st Century Skills Framework ［EB/OL］.（2018-04-16）. http：//www.p21.org/our-work/p21-framework.

怀、人文底蕴和审美情趣。"Arts"之所以能引起我们的共鸣，因为人文底蕴对人有着深远的影响。艺术的人文色彩使艺术成为人类文明的沉淀与文化创造力的阶梯，缔造了充满人性关怀和精神共鸣的空间。可以说，人文是"Arts"的本质内涵。

**2. 核心素养下的人文**

核心素养分为"文化基础、自主发展、社会参与"三个方面，综合表现为"人文底蕴、科学精神、学会学习、健康生活、责任担当、实践创新"等六大素养。从理论的角度，我们可以认为人文底蕴是文明人的基本标识，科学精神是现代人的基本品格。核心素养秉持"全面发展"的人才观与STEAM教育为未来培养全面发展的人才不谋而合。核心素养下的"人文底蕴"可以解析为"人文积淀、人文情怀和审美情趣"，这与STEAM教育中的"Arts"侧重于"Humanitise"有着异曲同工之妙。

核心素养是学科壁垒的"融合剂"，以核心素养体系为基础，各学科教学可以实现统筹整合。核心素养一方面可以知道、引领、辐射学科课程教学，彰显科学学科的育人价值；另一方面，核心素养的达成依赖各个学科独特育人功能的发挥、学科本质和特点的挖掘。《义务教育小学科学课程标准（2017年版）》明确提出，我们要在"做中学"和"学中思"，通过合作与探究，逐步培养学生提出科学问题的能力、收集和处理信息的能力、获取新知识的能力、分析问题和解决问题的能力以及交流与合作的能力等，发展学生的创造性、批判性思维和想象力，重视科学与人文的结合、求善教育、求美教育与求真教育的结合，培养学生基本的科学伦理精神和热爱科学的品质。科学课程中的核心素养强调人文底蕴、内核科学精神等各素养之间的相互联系、相互补充、相互促进，在不同情境中整体发挥作用。

STEAM教育与小学科学课程中的核心素养都强调了科技与人文的融合与共同发展，STEAM可以为核心素养的实施提供相应的载体。形象地说，STEM主要是"做什么""怎么做"，将人文艺术引入STEM，也就是将人文艺术的"谁去做""为什么做"引入到其中，让人和伦理道德在创新的过程中扮演重要的角色。

## 四、人文艺术在STEAM课堂中整合的方式

STEAM课程包括科学、技术、工程、数学和人文艺术课程，是STEAM教育

下跨学科的综合课程。培养科学与人文艺术整合的核心素养，教师要善于开发科学与人文艺术交叉与融合的STEAM课程资源，建构科学与人文艺术整合的课程体系。基于STEAM课程中的"A"，科学课程中要注重信息技术资源、生活资源和社会资源的开发与利用，课程内容融入不同程度的STEAM成分，体现科学与人文艺术（S–A）、技术与人文艺术（T–A）、工程与人文艺术（E–A）、数学与人文艺术（M–A）的联系，体现了人文艺术对STEM多个学科的渗透。以小学科学为例，小学科学课程是基础教育课程中的重要课程之一，此课程包含了物理、化学、生物、地理等多门自然学科，内容中蕴含着丰富的STEM与人文艺术交叉、融合的资源。

**1. 深化人文艺术的渗透和学科融合**

STEAM课程不是几门学科课程的简单相加，它强调打破学科的"次元壁"，提高学生探究的意识和解决问题的能力。我们不必丢开现有的小学科学教材另编一套整合性教材，而是在教学材料设计上进行人文艺术的渗透和学科的融合，这里的融合可以包括多个层次。"海绵城市除霾浇灌系统"的STEAM课程运用了地理、化学、生物等多门自然学科的科学知识，解决现今城市雾霾和热岛效应等热点问题。先进的海绵城市理念充分诠释了"节能环保、绿色出行"的人文关怀，为居民创造舒适、宜人的生活场所。

**2. 充分挖掘科学史的相关资源**

在学习教科版小学科学四年级《相互协作的人体器官》时，教师可以介绍文艺复兴时期最完美的代表——达·芬奇。他是一位思想深邃、学识渊博、多才多艺的人，不但热衷于当时流行的工程科学，还醉心于艺术创作和理论研究，同时还研究自然科学。他通过仔细地观察和精准的绘图，为早期的人们认识身体结构以及医学的发展做出了卓越的贡献。他的人文情怀和科学探究精神对后世产生重大而深远的影响。此外，教材中第一单元《天气》则是用天气图、数值预报图等科学手段，揭示了科学与社会生产、生活实践的密切关系，也是科学与人文艺术整合教育的重要资源。

**3. 开发社会新闻、热点话题及社区资源**

论及太空技术与生物、人文等融合的运用，不得不提到2019年1月15日，嫦娥四号生物科普试验载荷项目团队发布的消息，称随嫦娥四号登陆月球的生物科普试验载荷中，棉花种子成功长出嫩芽，这标志着嫦娥四号完成了人类在月球进行的首次生物试验。简单来说，试验在一个特殊的铝合金"罐子（生物科普试验载荷）"里进行，包含18毫升水、土壤、空气、热控以及两个记录生物生长状态的相机等。人类第一次在月球上做生物生长试验，随着时间的推移，成功实现人类有史以来第一片在月球生长的绿叶，对人类将在月球上种植更多植物、生产食物和建立月球基地提供研究基础和经验，具有重大意义。此外，比如，动物园、博物馆、养殖场、社会实践基地、水务集团公司、环保检测机构等，都是辅助小学科学教学的有效社区资源，学生在劳动、服务、实践中获得体验、感悟，促进提升科学与人文素养。

**4. 注重跨学科大概念，丰富艺术氛围**

Glass教授指出，教育者从STEM教育转变为STEAM教育的实践过程中，需要重点关注人文艺术与科学联系起来的大概念、基本概念、时间习惯和思维习惯。[①]大概念是指向学科中的核心概念，是基于事实基础上抽象出来的、深层次的、可迁移的概念。[②]在STEAM课堂中，跨学科大概念是位于两个或多个学科内容的、基于知识发生过程的过程性思维。我们在开发STEAM课程时，最有效的方法是发现两门或多门学科之间的跨学科大概念，并从每门学科中选择标准，并将这些标准和评价体系结合起来。在选择STEAM课程单元计划的主题时，除了融合教育者的内容知识外，教育者更应该考虑自己的专业领域和知识体系。跨学科大概念虽然在不同的STEAM学科被定义和被使用的方式相似，但在不同学科背景中并不完全相同，使用跨学科大概念能帮助学生理解和联系这些差异，促进对跨学科大概念的理解。[③]

① Glass D，Wilson C. The Art and Science of Looking：Collaboratively Learning Our Way to Improved STEAM Integration［J］. Art Education，2016，69（6）：8-14.

② Erickson H L. Stirringthe Head，Heart，and Soul：Redefining Curriculum and Instruction［M］. Thousand Oaks：Corwin Press，1995：221-223.

③ Chalmers C，Carter M，Cooper T，et al.Implementing "Big Ideas" to Advance the Teaching and Learning of Science，Technology，Engineering，and Mathematics（STEM）［J］. International Journal of Science & Mathematics Education，2017，15（1）：25-43.

# 第五章

# STEAM课堂课例应用

    学校实施STEAM课程注重与基础学科建立联系，挖掘基础学科中可以"跨学科融合"和"多学科渗透"的点，作为与STEAM课堂的结合点，从而将学生已有的基础知识进行合理拓展和延伸，使STEAM课程有明确的根基，而不是虚幻的"空中楼阁"。为了面向更广泛的学校群体，在课程选择上有所取舍，课程所使用的材料都是身边容易获得且较为廉价的，甚至是生活中的回收品，这也符合环保理念。本章不仅提供了8个针对不同学段、内容简单的"多学科渗透"的课程案例，还提供了4个以学期为周期的"跨学科融合"的教学案例。此外，还为读者提供了阅读材料、资料卡片、任务记录单、调查问卷、评价量表等辅助性教学资源。

# 第一节　基于学生活动的STEAM教学案例

## 能"吐水"的城市
### ——STEAM课程之海绵城市

### 一、课程背景

随着城市的发展，城市雨水的利用率不断下降，容易出现城市一逢暴雨便出现内涝，但水资源却十分缺乏的情况。因此，将城市改造成"既能吸水又能吐水"的海绵城市尤为重要。海绵城市在降雨时能够就地或者就近吸收、存蓄雨水，补充地下水，需要时再将存蓄的水释放出来，经过简单处理加以利用。

### 二、课程目标

本课旨在让学生了解抽水系统的工作原理并动手搭建，习得工程领域中设计、执行、反思与修正的重要性，学会像工程师一样思考。在STEAM领域中，设计、执行、反思与修正是非常重要的思考合作方式。因为在实际条件下，工程师会面临各种各样与实际不符合的设计，需要不断修正才能达到目标。

### 三、课程领域

工程学、环境学、数学、写作。

### 四、建议年段

高年段。

### 五、建议时间

135分钟。

## 六、课程任务

学习抽水系统的工作原理，通过两次搭建设计，了解设计、执行、反思与修正的工程设计循环的过程，学会像工程师一样思考，锻炼与他人交流、合作的技能，感受如何通过不断设计与改进更好地实现海绵城市抽水系统的抽水功能。

## 六、教学过程

### （一）真实情境导入（15分钟）

**第一步：提出真实情境，并设置问题（5分钟）**

教师设置一个真实情境：在海绵小区，天气干旱或紧急用水时，我们要怎样让"海绵体"（出示一块沾满水的海绵，并双手挤压）吐水呢？

**第二步："头脑风暴"（10分钟）**

教师先让各小组参加"头脑写作"。

讨论主题：如果要让海绵城市中的水"吐"出来，我们还需要哪些工具，把我们认为需要的工具以及用途写下来。

步骤：每人在便签纸上至少写出1～2个工具以及用途，如有发现相同或相似的工具则要再次思考，最后将所需的材料汇总并粘贴在海报纸上。

### （二）任务一的执行和反思（40分钟）

**1. 出示任务一和评价量表（5分钟）**

（1）出示任务一：探究抽水的方法

① 材料：水位传感器、主控板、抽水泵、蓄水池A、抽水池B、PC管、硅胶软管。

② 任务一清单，如表5–1–1。

表5–1–1　任务一清单

| 抽水泵操作指引： |
| --- |
| ①分别取蓄水池A和抽水池B； |
| ②在蓄水池A安装水泵，导管出水口连接到抽水池B； |
| ③在蓄水池A装入适量的水； |
| ④连接水泵和主控板，通过编程控制水泵工作，观察现象 |

续 表

| 材料 | 数量 | 说明 |
|------|------|------|
|  |  |  |
|  |  |  |
|  |  |  |
|  |  |  |

活动现象：通过实验，我发现打开水泵，蓄水池A的水_____（填入"会"或"不会"）抽到抽水池B中。

实验结论：

通过实验，我们发现：_____

（2）评价量表，如表5-1-2

表5-1-2　项目分数评价量表1

| 项目分数 | 1分 | 3分 | 5分 |
|------|------|------|------|
| 观看视频 | 多数组员观看视频走神，没有组员记录关键词 | 多数组员认真观看视频，只有少数组员记录关键词 | 全部组员认真观看并细致记录关键词 |
| 实验记录 | 没有组员进行数据记录，或记录杂乱无章 | 组员仅进行一些简单地记录，但漏掉了实验结果的重点部分 | 组员进行准确而严谨的记录，内容翔实工整 |
| 动手搭建 | 组员设计欠妥，未完成成品的搭建 | 组员设计较合理美观，搭建成品未具有完整性 | 组员设计合理美观，搭建成品具有完整性 |
| 组内分工 | 只有少数组员完成所有工作 | 所有组员参与实验，但分工不明确 | 组员分工明确，交流顺畅 |
| 材料用量 | 材料用量最多 | 材料用量水平中等 | 材料用量最少 |
| 总结展示 | 一人上台汇报展示，表述不完整 | 一人或两人上台汇报展示，表达能力较强 | 小组成员共同汇报，能详细说明制作过程，表达能力强 |

**2. 执行任务一（30分钟）**

正式执行任务一前，教师播放抽水试验的视频，引导学生观察抽水实验的工作原理，并讨论以下问题：

（1）视频中用到了哪些工具？

（2）为什么水位高于设置值（水位传感器反馈的数大于设置值，例如，大于3cm时）抽水机可以自动抽水？是怎样实现的？

（3）探究思考。

教师引导学生根据操作指引探究并搭建抽水系统，在这一过程中要求学生依照评价量表思考以下问题：

　　① PC管之间有哪些连接方式？

　　② 怎样将管材和抽水机连接起来？

　　③ 怎样可以克服漏水的发生？

　　④ 在搭建过程中我们还要注意哪些问题？

**3. 总结和反思（5分钟）**

全部小组完成实验后，教师组织学生讨论：

　　（1）小组是怎样分工的？

　　（2）小组搭建的抽水系统包含了哪些元素？

　　（3）实验中出现了哪些问题？是怎样解决的？

　　（4）怎样才能尽量少地使用管材以节省材料？

　　（5）蓄水池A的水被抽干，但抽水机还在"空转"，请思考有什么解决方法？

**（三）任务二的执行和反思（80分钟）**

**1. 出示任务二和评价量表（15分钟）**

　　（1）出示任务二：设计并搭建一个能防止水泵"空转"的抽水系统

　　① 材料：水位传感器、主控板、抽水泵、蓄水池A、抽水池B、PC管、硅胶软管。

　　② 任务二清单，如表5-1-3。

表5-1-3　任务二清单

| |
|---|
| 我们的假设： |
| 所需实验材料： |
| 我们的设计图： |
| 实验现象： |
| 实验结论：我的假设与实现现象_____（请填入"一样"或"不一样"）。当水位触碰到液位开关，水泵_____（填入"开始"或"停止"或"一直"）工作；当水位没有触碰到液位开关，水泵_____（填入"开始"或"停止"或"也一直"）工作 |
| 我们的收获： |

（2）评价量表，如表5-1-4

表5-1-4　项目分数评价量表2

| 项目分数 | 1分 | 3分 | 5分 |
|---|---|---|---|
| 设计图 | 无设计图，凭空设计 | 有设计图，基本能够让人看懂 | 有较详细的设计图，图中标示清楚 |
| 实验记录 | 组员没有进行数据记录，或记录杂乱无章 | 组员仅进行一些简单的记录，但漏掉了实验结果的部分重点 | 组员进行准确而严谨的记录，内容翔实工整 |
| 动手搭建 | 组员设计欠妥，未完成成品的搭建 | 组员设计较合理美观，搭建成品未具有完整性 | 组员设计合理美观，搭建成品具有完整性 |
| 组内分工 | 只有少数组员完成所有工作 | 所有组员参与实验，但分工不明确 | 组员分工明确，交流顺畅 |
| 材料用量 | 材料用量最多 | 材料用量水平中等 | 材料用量最少 |
| 总结展示 | 一人上台汇报展示，表述不完整 | 一人或两人上台汇报展示，表达能力较强 | 小组成员共同汇报，能详细说明制作过程，表达能力强 |

**2. 执行任务二（45分钟）**

各小组讨论改进原来的抽水系统，填写任务清单，凭借任务清单上的设计图在教师处领取所需的材料。各组进行搭建，教师使用以下问题启发学生思考，并提醒学生把搭建过程中遇到的问题记录下来。

（1）设计图上的设计行得通吗？

（2）是否需要在搭建过程中不断测试液位开关？

（3）搭建过程中需要怎样调整和改变？

（4）搭建过程中遇到了哪些问题？应该怎样解决？

（5）从别的组搭建的抽水系统中学到了什么？

在学生搭建过程中，教师进行巡视，鼓励有需要的小组到完成度较高的小组那里进行观摩学习。

**3. 测试与全班讨论（20分钟）**

完成搭建的小组请教师进行测试。所有小组完成后，各小组进行汇报，汇报内容包括设计思路、问题和解决方案、具体搭建过程的角色分工，以及抽水系统在生活中的实际应用。教师将做得较好的作品进行展示，全班讨论这些作品优秀的地方以及可以改进的地方，并以"下次再搭建抽水系统时，我们会有哪些变化"为主题,撰写一篇300～400字的科技小论文。

（1）哪些组的抽水系统好用?

（2）我们认为哪个组的设计最好?为什么?

（3）我们组的抽水系统还有可以改进的地方吗?可以在哪里进行改进?

（4）为了更好地指示水位高度,能否在我们的抽水系统中加入一个蜂鸣器,使水位到达预定的水位时蜂鸣器可以自动报警?

# 校园歌剧院[①]

## ——让学生参与知识形成的过程

### 活动一 确定搭建歌剧院任务

【对话】

教师:歌剧院是一种用于歌剧或其他形式的行为艺术在其中进行表演的建筑。著名的歌剧院有悉尼歌剧院、萨尔茨堡音乐节大会堂、维也纳民俗歌剧院等。

学生:我们新建的学院也要搭建一所小型的歌剧院吗?

【头脑风暴】

为了能够顺利搭建校园歌剧院,我们需要解决工程搭建问题,需要对要建造的歌剧院有个初步设想,需要确定哪些工程模块,用到哪些科学知识,用到哪些技术,需要考虑美观吗?等问题,见表5-1-5。

表5-1-5 建造歌剧院的初步设想

| 科学知识 | 工程项目 |
| --- | --- |
| 例:歌剧院的框架结构 | 搭建歌剧院可以用到哪种基本框架 |
|  |  |
|  |  |

---

① 珠海市香洲区第十六小学邱文静教师撰写的案例.

**1. 中国十大歌剧院**

（1）国家大剧院（图5-1-1）位于北京市天安门广场西侧，是国家表演艺术中心，是亚洲最大的剧院，是"城市中的剧院、剧院中的城市"，有着世界最大的穹顶。

图5-1-1　国家大剧院

（2）北京保利国际剧院（图5-1-2）位于北京，隶属中国保利集团。中国保利集团是国家艺术的弘扬者，全国有36座保利大剧院，是中国最大的演出院线管理公司。北京保利国际剧院是北京国际音乐节的主会场。

图5-1-2　北京保利国际剧院

（3）上海大剧院（见图5-1-3）位于上海市人民广场，是上海的标志性建筑物，世界级艺术作品的展示平台，国际性艺术活动的交流平台，公益性艺术教育的推广平台。

图5-1-3　上海大剧院

（4）广州大剧院（图5-1-4）位于广州市，是广州文化的标志性建筑、华南最高艺术殿堂、全球杰出艺术家的演艺舞台、中国文化体制改革的前沿阵地。

图5-1-4　广州大剧院

（5）玉兰大剧院（图5-1-5）位于广东省东莞市，是华南领先的剧院，是国内最具规模和影响力的剧院之一，东莞市文化新城的标志，有一流的舞台设施和世界顶尖剧团的加盟。

图5-1-5　玉兰大剧院

（6）大连国际会议中心大剧院（图5-1-6）位于辽宁省大连市，是国内罕见的，世界上施工难度最大的建筑之一，亚洲第一座全金属剧院，世界上唯一一个从中空建起的剧院。

图5-1-6　大连国际会议中心大剧院

（7）青岛大剧院（图5-1-7）位于山东省青岛市，是青岛市文化设施建设的里程碑和标志性建筑，华北地区规模最大的剧院之一，国内极具影响力的大剧院。

图5-1-7　青岛大剧院

（8）首都剧场（图5-1-8）位于北京市，始建于1954年，是北京人民艺术剧院专业剧场，新中国成立后建造的第一座以演出话剧为主的专业剧场，是专业剧场的典范。

图5-1-8　首都剧场

（9）上海东方艺术中心（图5-1-9）位于上海市浦东新区，是上海标志性文化设施之一，以"听交响到东方"的艺术特色享誉内外，被誉为"上海最新的高雅艺术发布地"。

图5-1-9　上海东方艺术中心

（10）琴台大剧院（图5-1-10）位于湖北省武汉市，是华中地区规模最大、功能最全、档次最高的特大型文化设施之一，也是第一座由中国人自己设计建造的顶级大剧院。

图5-1-10　琴台大剧院

### 2. 珠海日月贝歌剧院

珠海日月贝歌剧院（图5-1-11）是中国唯一建设在海岛上的歌剧院。珠海日月贝歌剧院于2010年4月28日动工建设，选址位于情侣路野狸岛海滨，凭海临风，选址独具特色。该项目总建筑面积约5万平方米，当时投资估算约10.8亿元人民币。于2013年12月29日主体结构封顶。

图5-1-11　珠海日月贝歌剧院

（1）建筑特色

在效果图上，珠海歌剧院就像是一大一小两组"贝壳"的形状，白天呈现半通透效果，一到夜晚则像月光一样晶莹剔透。"贝生于珠，珠生于海"，诠释的是珠海在中国大陆率先拥抱海洋文明、率先接受西方文明洗礼的、富有历史文化沉淀的城市精神。

（2）容纳人数

珠海日月贝歌剧院项目采用世界先进声学、光学设计和舞台工艺设计。大剧场可容纳1600人，由前厅、观众厅和舞台三部分组成，满足大型歌舞剧、音乐剧、芭蕾舞剧、话剧、交响乐、大型综合演出等需要，小剧场可容纳500人。

【活动时间】

40分钟。

【材料介绍】

海报、工程表格。

**【活动过程】**

在本环节中，请小组讨论问题并进行记录，见表5–1–6。

（1）我们要实现校园歌剧院的哪些功能？

（2）我们想建造一座什么样的校园歌剧院？包括外形和内部构造。

（3）为了能够成功建造校园歌剧院，需要集合小组的想法和意见，并设计校园歌剧院的设计图和模型。

表5–1–6　小组记录表

| 现有歌剧院的特点 | 校园歌剧院的外形 | 校园歌剧院的设备条件 | 工程限制条件 |
| --- | --- | --- | --- |
|  |  |  |  |
|  |  |  |  |

**【空间站】**

在讨论的问题中，肯定还有想要补充的问题或者想法，请把你的问题或想法与家人和教师交流，听听他们的意见并进行改进。

## 活动 二 歌剧院的基本框架

**【对话】**

学生：我们看到的许多歌剧院的外形都是有一定形状的，像我们珠海的日月贝歌剧院也是有形状的。

教师：确定歌剧院的基本框架后就是考验你的思维能力、动手能力，我们需要搭建一个属于自己的框架舞台，你可以做到吗？

**【头脑风暴】**

### 认识框架结构

出示生活中的各种框架结构（图5–1–12），其中夹杂一张非框架结构塔，请学生找出不同类型的图片，并说明理由。

图5-1-12 生活中的各种框架结构

【活动时间】

40分钟。

【材料介绍】

木棒、吸管、牙签。

【活动过程】

（1）现在需要搭建一个歌剧院的基座，请搭建三角形和四边形框架。

① 用手压，哪种框架容易变形？哪种框架比较稳定？（四边形容易变形，三角形比较稳定）。

② 你能解释为什么是这样吗？你刚才压的是三角形的哪个地方？分析其稳定的原因。

（2）竖起三角形，一边横放于水平桌面，两手分别按压另外两边，我们发现除单根木棒变形外，三角形的形状、三个内角的大小都没有发生变化。而如果拿起一个四边形，单手拿起置于空中，要是"转轴"处够润滑的话，四边形早就变形（内角发生变化）了。另外，如果也将四边形竖起来，一个角尖接触桌面，两手分别按压上面的两边，会发现，四边形变形了。

（3）容易变形的四边形框架我们能想办法加固吗？（加斜杆的方法）怎么加？请完成表5-1-7记录单，注意说明填写方法。

四边形框架如图5-1-13所示。

图5-1-13　四边形框架

表5-1-7　记录单

| 形状 | 是否稳定 | 我是怎么样操作的 |
| --- | --- | --- |
| 三角形 | | |
| 四边形 | | |
| 加了斜杆 | | |

通过实验，我发现：

稳定性最强的图形是_____形，所以我们在搭建歌剧院基座的时候可以选择这种图形

（4）用吸管和牙签搭建简单立体框架结构，如图5-1-14。

图5-1-14　学生搭建的简单立体框架结构

① 选用材料：牙签和吸管若干。

② 我们的设计：加几根竹签？加在哪里？怎样加？

③ 评价标准：在上面压重物（在上面先压一张瓦楞纸，再在上面依次放钩码盒）。

④ 时间限定：设计加检验一共10分钟。加固的框架承重多的小组胜利，如果承重一样多，则用料重量最轻的小组获胜。

## 活动 三 完成歌剧院的光和电

【对话】

教师：歌剧院的基本框架我们已经确定了，我们都知道在表演的时候需要光和电，这能让歌剧院具有更高的艺术美。

学生：没错，光和电确实是歌剧院必不可少的设备与条件。

【头脑风暴】

（1）关掉教室灯光，打开手电筒。想一想，回答下列问题：

① 手电筒的光柱有什么特点？

② 手电筒的光是怎样传播的？

③ 你是如何证明光是怎样传播的，请与小组成员共同探讨并用文字或图片表达你的想法。

（2）光源常指能发出可见光的发光体。

凡物体自身能发光者，称作光源，又称发光体，如太阳、恒星、灯以及燃烧着的物质等。但像月亮表面、桌面等依靠反射外来光才能使人们看到它们，这样的反射物体不能称为光源。我们日常生活中离不开可见光的光源，可见光以及不可见光的光源还被广泛地应用到工农业、医学和国防现代化等方面。光源可以分为自然光源和人造光源。此外，根据光的传播方向，还可分为点光源和平行光源。

【活动时间】

40分钟。

【材料介绍】

手电筒、木条、电池、灯泡、导线若干。

【活动过程】

（1）手电筒就是生活中常见的光源，它是靠什么发光的呢，你知道吗？

（2）现在将手电筒的光照射在木块上，观察有什么变化？

（3）了解完光的传播特点之后，我们就可以亲自动手，通过组装电路元件使小灯泡亮起来，但是用什么办法来控制舞台上小灯泡的亮和灭呢？

4. 请用小灯泡、电池、导线、开关连接简单的电路。

【空间站】

歌剧院的灯光效果实际是追求温暖的感觉，同时也要考虑效率以及维护，歌剧院的灯光效果图，如图5-1-15所示。而外观照明因为照明时间需要更持久，所以追求寿命更长、功率最低的灯具，LED是最好的选择。

请将电路连接在上节课做好的歌剧院的基座上，如果需要其他材料可在课后自行补充。

图5-1-15　歌剧院的灯光效果图

## 活动 四 　让歌剧院声如洪钟

【对话】

教师：歌剧院上的光和电设备已经准备好了，现在就差声音了，可声音是怎样产生的呢？我们该怎么让歌剧院声如洪钟呢？

学生：不用担心，这节课我们就一起进入声音的世界！

【头脑风暴】

（1）人耳是怎样听到声音的呢？我们先来看看耳朵的构造，如图5-1-16所示。

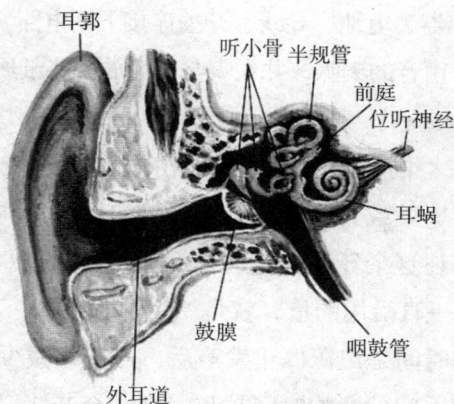

图5-1-16 人耳构造

（2）一些动物如何发声的。

① 人：声带振动发出声音。

② 蜜蜂：翅膀振动发出"嗡嗡"声。

③ 蟋蟀：翅膀振动发出"叫声"。

（3）一些乐器如何发声的。

① 二胡：靠弓与弦之间的摩擦产生振动发出声音。

② 箫：靠管内的空气振动发出声音。

【活动时间】

40分钟。

【材料介绍】

小鼓、钢尺、皮筋、小喇叭。

【活动过程】

（1）出示鼓、钢尺、皮筋，尝试用不同的方式让它们发出声音，填写表5-1-8。

表5-1-8 活动过程设计

|  | 用力按压 | 弯曲 | 拉伸 | 轻轻击打 | 拨动 |
|---|---|---|---|---|---|
| 小鼓 |  |  |  |  |  |
| 钢尺 |  |  |  |  |  |
| 皮筋 |  |  |  |  |  |

（2）通过实验，我们发现声音是由物体的振动产生的。

（3）请使用蜂鸣器、电池、导线、开关连接下列电路，并让喇叭发出声音。

（4）换个能调节声音的喇叭，并在喇叭上面放一些纸屑，观察有什么变化？

【空间站】

同一个声源，在不同的环境下，即使由同一个人去听，也会有不同的效果，这主要是从房间墙壁或其他物体产生反射的效果不同。那么，我们可以用一些什么样的量去描述这个环境的差别对听觉的影响呢？其中最重要的一个，也是历史最久、人们一直沿用的量，就是"混响时间"。

一个房间的混响时间是声源停止发声后，声压级减少60dB所需的时间。声音强度（声能密度）间的混响时间越长，则"余音绕梁"越久，声音听起来越"厚实"或"浑浊"。混响是由于声音在房间内多次反射而形成的，因此混响时间的长短与房间的大小、室内的吸声状况以及频率等有关。

不同用途的房屋要求不同的混响时间。混响时间太短，声音听起来很单薄、干瘪；混响时间过长，则会使声音变得模糊、含糊不清。比如，演奏管风琴的乐室，混响时间要求较长，以便管风琴发挥和声丰满、低音浑厚、气势磅礴的特点。音乐厅的混响时间也要求稍长，以使听众感到和谐、圆润。对于音乐试听室和音乐演播室，其混响时间比音乐厅要求短些，可以对声源有个准确的评价。歌剧院的混响时间则要求稍短些，因为要兼顾歌唱和对白。对于歌唱，混响时间要长些；对于对白，混响时间长了字音就听不清晰了。电影院则因为可以在制作电声时加入人工混响，所以房间的混响时间就可以更短一些。至于消声室，则要房间不反射声音，混响时间趋于零。

不同大小的房间要求的混响时间也不同。房间容积大，要求混响时间长些，以减小声音"空空荡荡"的感受；房间容积小了，早期反射声对室内各处的影响大、能量强，因此混响时间可以短些，但也能达到同样的听觉效果。

在同一间房间里，对于不同频率的混响时间是不同的。频率越低，混响时间越长，这是因为物体对高频比低频的吸收要强些。

室内是不是坐了听众，混响时间也是不同的。满场的混响时间要低于空场的混响时间。这是因为每一位听众都是一个吸声体，场内吸声强，反射声的能量就会减小，混响时间当然就短了。

由于混响的作用很重要，人们已经会用机械的方法制造人工混响。而目前主要是在电路上做文章。稍加调节，就可以得到各种不同的人工混响，而且可

以自由调节。（信息来源：美国剧院之声网）

## 活动 ⑤ 初步设计校园歌剧院

### 【对话】

教师：歌剧院的光和电我们已经确定下来了，声音也有了，现在需要准备搭建我们的校园歌剧院了。

学生：是呀，在搭建歌剧院的时候，我们必须先做好歌剧院的设计图，这样才能根据图纸的样子搭建校园歌剧院。

### 【头脑风暴】

（1）回顾工程问题，例如，搭建校园歌剧院的原因？需要搭建一座具有什么样功能的歌剧院？搭建校园歌剧院需要安装哪些设备？

（2）回顾已经学过的科学知识和探究实验，你学到哪些知识能应用在搭建皮影戏舞台中？

（3）小组如何进行分组？

### 【活动时间】

40分钟。

### 【材料介绍】

纸。

### 【活动过程】

设计并搭建校园歌剧院，除了能够保证承担学校的各项艺术表演，还需要做到价格合理。在这之前，需要完成许多前期工作，现在就请小组同学进行讨论，确定各项工作的具体实施，见表5-1-9。

表5-1-9　讨论各项工作的具体实施

| 工程项目 | 工程描述 | 特点简介 | 负责人 |
|---|---|---|---|
| 歌剧院基本框架 | | | |
| 歌剧院外形设计 | | | |
| 歌剧院光电系统 | | | |
| 歌剧院声音系统 | | | |
| 歌剧院造价预算 | | | |

（1）搭建校园歌剧院工程项目的结构。

（2）在完成项目特点介绍之后，请完成校园歌剧院的设计图。（可另附）

（3）请将小组的工程设计结构和设计图与其他小组和教师进行汇报及分享，注意在汇报时可按照表格内容进行汇报。

（4）根据其他小组和教师的意见修改校园歌剧院设计图。

【空间站】

（1）请将设计图和搭建想法和你的家人分享，听听他们有什么好的想法和意见，并将它们收集记录下来，和小组成员分享，再次改进设计方案和设计图。如表5-1-10。

表5-1-10　意见分享

| 家人的意见 | 其他小组成员的意见 | 我们的想法 |
| --- | --- | --- |
|  |  |  |

（2）知识扩展：北京大学歌剧研究院（图5-1-17）。

图5-1-17　北京大学歌剧院

北京大学歌剧研究院位于北京大学校园内。北京大学歌剧研究院大楼西临未名湖畔，东临中关村北大街，北临圆明园，由教学楼和歌剧院两部分组成，占地面积10651平方米，总建筑面积约1.6万平方米。北京大学歌剧研究院是国内唯一一家专供歌剧研究、教学、演出的实验性歌剧院，拥有完美的声响结构和完善的舞台功能，是进行歌剧研究、教学、实践和展示、检测歌剧成果的场地，是国内上演歌剧和欣赏歌剧的最佳场所，也将是世界各国首脑和嘉宾来北京大学参观垂访之处，还将是首都北京独特的、象征歌剧艺术的标志性建筑。

## 活动 六 搭建校园歌剧院模型

**【对话】**

教师：在完成了对校园歌剧院的构想之后，我们需要根据设计图来搭建校园歌剧院模型。

学生：我都准备好了，迫不及待想开始了。

**【头脑风暴】**

请回答下列问题：

需要搭建一座高_____厘米、宽_____厘米、长_____厘米的校园歌剧院基本模型。

**【活动时间】**

40分钟。

**【材料介绍】**

小木棒（长度不一）每组100根或更多、绳子（一捆）、热熔胶枪（配热熔胶）、剪刀、透明胶、白布。

**【活动过程】**

准备搭建校园歌剧院，细化搭建模型工作，做好明确分工，见表5-1-11。（检验标准：将一定重量的钩码放置在舞台上）

表5-1-11　校园歌剧院模型工程安排表

| 工程师姓名 | 主要工作 |
|---|---|
|  |  |

【活动建议】

（1）在制作模型的过程中，对于疑难问题和未知技术问题及时向教师请教。（教师需要提醒学生有关科学、技术、工程等方面的策略和方法）

（2）及时完成相关制作的记录和修改校园歌剧院模型。

（3）及时完成制作，不拖拉、争执。

（4）遇到问题需要重新修改设计图时，可用纸另附。

（5）使用胶枪和木棒时不玩耍，做到安全搭建模型。

在搭建歌剧院模型的过程中，请将遇到的难以解决的工程问题记录下来，填入表5-1-12。

表5-1-12　小组遇到的工程问题

|  |
|  |

【空间站】

课后及时修改模型。

## 活动 七 > 展示我们的歌剧院模型

【对话】

教师：在完成了歌剧院的模型之后，现在对我们的歌剧院进行展示，请其他同学来评价一下我们的歌剧院模型。

学生：我们一起展示。

【头脑风暴】

把自己带来的、能动的玩具配合灯光，试着在歌剧院舞台上表演，并完成表演记录表，见表5-1-13。

**表5-1-13　表演记录表**

| 表演小组 | |
|---|---|
| 表演主题 | |
| 灯光效果 | |
| 声音效果 | |
| 其他效果 | |

【活动时间】

40分钟。

【材料介绍】

歌剧院模型、电动玩具。

【活动过程】

（1）在歌剧院模型展示和表演后，完成并提交工程建议书，见表5-1-14。

**表5-1-14　工程建议书**

| 工程概况：学校准备搭建一座校园歌剧院，现在公开向学校师生招收方案，只要有合适的方案，就能够在学校建造一座校园歌剧院，以便学校的艺术活动能够在学校举行，丰富校园生活 | |
|---|---|
| 搭建地点：校园足球场 | 搭建规模：舞台高2.5m、长3m |
| 设计要点： | |
| 预算方案： | |
| 制作检验数据： | |
| 表演效果分析： | |

（2）一个项目的完成离不开组员的团结协作，请根据整个工程的完成情况，完成评价表（表5-1-15）。

**表5-1-15 搭建舞台效果总评价表**

| 类别 | 评价因素 | 主要内容 | 评价分数 |
|------|---------|---------|---------|
| 舞台工程完成情况 | 材料管理 | 制作材料管理及摆放顺序 | ☆ ☆ ☆ ☆ ☆ |
| | 预算控制 | 将预算控制在范围内 | ☆ ☆ ☆ ☆ ☆ |
| | 工程完成质量 | 舞台能够完成歌剧演出 | ☆ ☆ ☆ ☆ ☆ |
| | 工程完成效率 | 能够及时完成相关工程任务 | ☆ ☆ ☆ ☆ ☆ |
| | 资源利用率 | 合理利用资源，减少不必要的浪费 | ☆ ☆ ☆ ☆ ☆ |
| | 工程预期目标和效果 | 工程达到预期目标和效果 | ☆ ☆ ☆ ☆ ☆ |
| 项目组工作态度 | 积极性 | 能主动提出意见和建议 | ☆ ☆ ☆ ☆ ☆ |
| | 合作性 | 成员之间相互帮助、相互配合 | ☆ ☆ ☆ ☆ ☆ |
| | 协调性 | 与其他小组成员沟通、协调 | ☆ ☆ ☆ ☆ ☆ |
| | 纪律性 | 遵守活动记录，听从安排 | ☆ ☆ ☆ ☆ ☆ |
| | 创造性 | 善于运用新思维、新方法 | ☆ ☆ ☆ ☆ ☆ |
| 皮影舞台模型 | 舞台结构 | 舞台基本框架稳定，外形完好 | ☆ ☆ ☆ ☆ ☆ |
| | 电路系统 | 电路连接正确，电线摆放整齐 | ☆ ☆ ☆ ☆ ☆ |
| | 灯光系统 | 灯光明暗相接，根据实际需要调节灯光 | ☆ ☆ ☆ ☆ ☆ |
| | 声音系统 | 播放声音清晰，无杂音 | ☆ ☆ ☆ ☆ ☆ |
| | 其他设备 | 能够丰富歌剧院的其他装饰 | ☆ ☆ ☆ ☆ ☆ |

综合评价：

（3）在完成舞台模型的过程中，对小组成员进行评价，如表5-1-16。

表5-1-16 皮影舞台工程项目小组成员评价表

| 姓名<br>评价内容 | | | |
|---|---|---|---|
| 舞台结构 | ☆ ☆ ☆ ☆ ☆ | ☆ ☆ ☆ ☆ ☆ | ☆ ☆ ☆ ☆ ☆ |
| 电路系统 | ☆ ☆ ☆ ☆ ☆ | ☆ ☆ ☆ ☆ ☆ | ☆ ☆ ☆ ☆ ☆ |
| 灯光技术 | ☆ ☆ ☆ ☆ ☆ | ☆ ☆ ☆ ☆ ☆ | ☆ ☆ ☆ ☆ ☆ |
| 声音技术 | ☆ ☆ ☆ ☆ ☆ | ☆ ☆ ☆ ☆ ☆ | ☆ ☆ ☆ ☆ ☆ |
| 表演效果 | ☆ ☆ ☆ ☆ ☆ | ☆ ☆ ☆ ☆ ☆ | ☆ ☆ ☆ ☆ ☆ |
| 活动材料的准备 | ☆ ☆ ☆ ☆ ☆ | ☆ ☆ ☆ ☆ ☆ | ☆ ☆ ☆ ☆ ☆ |
| 舞台模型设计和制作 | ☆ ☆ ☆ ☆ ☆ | ☆ ☆ ☆ ☆ ☆ | ☆ ☆ ☆ ☆ ☆ |
| 收集整理资料 | ☆ ☆ ☆ ☆ ☆ | ☆ ☆ ☆ ☆ ☆ | ☆ ☆ ☆ ☆ ☆ |
| 探究活动完成情况 | ☆ ☆ ☆ ☆ ☆ | ☆ ☆ ☆ ☆ ☆ | ☆ ☆ ☆ ☆ ☆ |
| 团结合作精神 | ☆ ☆ ☆ ☆ ☆ | ☆ ☆ ☆ ☆ ☆ | ☆ ☆ ☆ ☆ ☆ |
| 交流展示能力 | ☆ ☆ ☆ ☆ ☆ | ☆ ☆ ☆ ☆ ☆ | ☆ ☆ ☆ ☆ ☆ |
| 创新实践能力 | ☆ ☆ ☆ ☆ ☆ | ☆ ☆ ☆ ☆ ☆ | ☆ ☆ ☆ ☆ ☆ |

备注：请你根据整个工程项目的完成情况对你的小组成员进行星级评价。

（4）整理资料，分享收获和体会，提交下列资料，见表5-1-17。

表5-1-17 资料集

| 校园歌剧院工程项目清单和设计图： |
|---|
| 校园歌剧院模型： |
| 工程建议书： |
| 工程实施过程照片： |

# 第二节　基于问题研讨的STEAM教学案例

## 校园直饮水
### ——解决现实生活问题研讨

### 活动 一 ＞＞ 创建节水型直饮水机

【对话】

学生：我每次路过直饮水机都能听到"哗哗"的流水声，学校的直饮水机实在是太浪费水了！我们可以利用身边的材料改造我们的直饮水机，并实现节约用水的功能吗？

【头脑风暴】

对于这个任务要求，你有哪些任务需要咨询？请在表5-2-1中填入相关问题。包括科学知识和工程限制条件问题。

科学知识问题：直饮水的水是从哪来的？

工程限制问题：有什么方法可以把自来水净化成直饮水？

表5-2-1　任务咨询表

| 科学知识问题 | 工程限制问题 |
| --- | --- |
|  |  |
|  |  |

### 直饮水机的介绍

直饮水机，顾名思义就是对水进行净化，使之可以直接饮用的机器设备。它属于家电的一种，通过多级净化，使家庭中的自来水能够达到直饮的效果。

直饮水机用途：直饮水机能够制备或给予温水、热水和（或）冷水的器具，基本满足人们日常的饮水、泡茶、冲咖啡、冲即食食品以及调制冷饮等各种需要。

直饮水机与传统方式相比具有以下优点：

（1）若200人饮用温开水，每年可节省电费1万元，饮用温开水与桶装水相比，可节约80%的水费。

（2）采用超滤过滤器和活性炭过滤技术，去除所有细菌、病毒和部分毒素，符合饮用水卫生标准。

（3）保证饮用水（包括温开水）是已煮沸水，完全可以放心直饮。

（4）提供≥95℃的开水和30～45℃的温开水，不需冷却，直接喝到"凉白开"。

**【活动室】**

**活动时间**

30分钟。

**活动过程**

（1）直饮水机需要哪些功能？

（2）小组讨论：直饮水机和传统饮水机方式相比有哪些特点？这些特点有什么作用？

（3）在日常使用直饮水机中，存在哪些浪费水的现象？你有解决办法吗？

浪费水的现象：部分同学没有随手关水龙头的习惯，导致水浪费。

解决办法：可以在水龙头上安装感应器。

（4）为了解决上述现象，请在图5-2-1画出直饮水机需要改造的地方和改造思路。

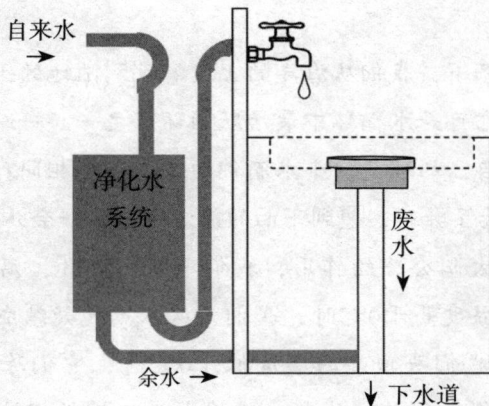

图5-2-1　直饮水机的设计思路

（5）如果让你设计一个直饮水机节水方案解决上述现象，需要哪些材料？请完成表5-2-2，尽量记录下想法和考虑的问题。

表5-2-2　记录表

| 要解决的问题 | 解决问题的方法 | 方案 | |
| --- | --- | --- | --- |
| | | 材料 | 用途 |
| 怎样在直饮水机上安装水龙头感应器 | 调节水龙头的流量并安装感应器 | 感应器 | 用于节约用水 |
| 怎样将直饮水机排水管中的废水收集起来 | 选择大小合适的水箱，长度、粗细合适的水管，按照设计图连接 | 水箱、水管 | 收集直饮水机排水管道中的废水 |
| | | | |

【空间站】

你真棒，设计了一个直饮水机改造方案！在设计的方案中还有哪些方面没有考虑到呢？请和家人、朋友分享你的设计方案，听取他们的建议并改进你的方案。

## 小水滴旅行记

嘿！大家好，我是小水滴，我来自南海。那里物产丰富，盛产鱼、虾和名贵海产品，而且还是一块富含石油的宝地。

一天醒来，天气特别热，把我都热得轻了许多。"可能天空中会凉快一些吧。"我心里默默地期盼着。想着想着，我和我的小伙伴离开家乡的怀抱，飘飘然地飞向天空。

在风伯伯的带领下，我们从海洋的上空游玩到陆地的上空，人们把这个过程叫作水汽输送，它可是水循环中最活跃的环节之一。一路上，我无时无刻不在和别的水滴畅谈自己的理想。小水滴们的梦想不尽相同：有的希望一直在天空中遨游；有的厌倦了奔跑，想到下面的河流中凉快一会儿。

随着风伯伯和太阳公公的作用，我们不断向上升，离地面越远，我们感觉越冷。当空中的温度高于0℃时，我们又从水蒸气凝结成小水滴；有些小伙伴飘得太高了，当我们头顶上的温度低于0℃时，它们冻成了小冰晶。我们还遇到了大气中的微粒家族，比如，尘埃大哥、烟粒姐妹等。在他们的作用下，我们聚集结合，你挨着我、我挨着你，挤来挤去抱成一团，便形成肉眼可以看到的云。

如果云内出现小水滴和小冰晶共存的情况，那么，种凝结和增大的过程将大大加快。由于大云朵的体积和重量不断增加，他们在下降过程中不仅能赶上那些速度较慢的小云朵，还会"吞并"更多的小云朵使自己壮大起来。当大云朵越长越大，最后大到空气再也托不住他时，我们又换回原来的精灵装，变成雨滴，带着天空对大地的问候，飘飘洒洒来到暖洋洋的地面上，有了一种踏实的感觉。

## 缺水与水质恶化[①]

我们休养生息的地球有71%的面积被水覆盖，然而人类真正能够利用的淡水资源约占地球总水量的0.26%。有人比喻说，在地球这个大水缸里，可以用的水只有一汤匙。

从总体上看，中国是一个干旱缺水的国家，水资源人均占有量仅占世界人均水平的四分之一。

中国大多数人口都集中在包括黄河和长江在内的几条主要河流流经的区域。这些河流为中国大部分粮食生产提供了所需的灌溉用水，还满足了不断增长的城市用水和工业用水的需求。

由于中国从黄河抽取越来越多的水来满足其经济增长的各种需要，黄河难以满足供水需求。1972年黄河的水位大幅度下降，导致黄河在中国漫长的历史上第一次未能入海就干涸了。那年黄河断流15天，并在随后的10年中间歇性地出现断流。1985年以来，黄河年年断流，且断流时间越来越长。1996年，黄河断流133天。1997年，由于干旱，黄河断流长达226天。这一年，河水有很长一段时间未能流到黄河出海所流经的最后一个省份——山东省。

虽然黄河断流是中国缺水最明显的标志，但它仅仅是多种征兆之一。位于黄河和长江之间的较小河流——淮河于1997年被抽干，淮河因断流而未能入海达90天。有卫星照片表明，随着地下水位的下降和泉水的干涸，近年来中国有数百个湖泊消失，许多地方小河断流。随着地下水位的下降，成千上万的农民

---

① 原文摘自《中国科普博览》——"缺水与水质恶化"。

发现他们的水井也干涸了。

在黄河断流、地下水位下降和水井日益干涸之时，中国的需水量却继续增加。从现在到2030年，中国即使人均用水量不增加，人口的增长也将使水的需求量在当前用水量上增加四分之一。实际上，人均耗水量也在增加，预计中国在农业、居民住宅和工业这三个方面的用水量都将增加。

此外，日益严重的水质污染也会造成水质性缺水。当水中的有害物质超出水体的自净能力时，就会发生污染。这些有害物质包括农药、重金属及其化合物等有毒物质、有机和无机化学物质、致病微生物、油类物质、植物营养物、各种废弃物和放射性物质等。水污染的来源主要是未加处理的工业废水、生活废水和医院污水等。

水质污染对人类健康的危害极大。污水中的致病微生物、病毒等可引起传染病的蔓延。水中的有毒物质可使人畜中毒，一些剧毒物质可在几分钟内使水中的生物和饮水的人死亡，这种情况还算比较容易发现。最危险的是汞、镉、铬、铝等金属化合物的污染，它们进入人体后造成慢性中毒，一旦发现，无法遏止。据世界卫生组织（WHO）调查，世界上有70%的人喝不到安全卫生的饮用水。现在世界上每年有1500万5岁以下的儿童死亡，死亡原因大多与饮水有关。据联合国统计，世界上每天有2.5万人由于饮用污染的水而得病或由于缺水而死亡。

水污染给渔业生产带来巨大的损失。严重的污染使鱼虾大量死亡。污染还干扰鱼类的洄游和繁殖，造成生长迟缓和畸形，鱼的产量和质量大大下降。还有许多水产品因污染而不能食用，许多优质鱼也濒临灭绝。污水还污染农田和农作物，使农业减产。污水对运输和工业生产的危害也很大，严重腐蚀船只、桥梁、工业设备，降低工业产品的质量。水污染还造成其他环境的条件下降，影响人们的游览、娱乐和休养。

中国主要河流有5万千米长，根据联合国粮农组织的报告，80%的河流水质遭到破坏而不能再维持鱼类生存。由于城市和河流上游企业，包括高污染的造纸厂、制革厂、炼油厂和化工厂等排放的有毒物质的污染，黄河水目前含有众多重金属和其他有毒元素，使得在其他流经的许多地方，黄河水已不适于灌溉，更不用说供人类饮用了。

随着工业化的速度超过污染控制手段的发展，越来越多的河水变得不适于灌溉。在人口稠密、高度工业化的长江流域，也许不是取水用于工业威胁到农业用水，而是长江水被工业污染得不再适用于农业灌溉。湖泊和海湾的污染也相当严重，就是地下水也难逃厄运。

现在，是否有清洁的水已成了人类生死攸关的大问题，解决水质污染，将对人类社会产生深远的影响。

缺水与水质恶化的相关图片，如图5-2-2所示。

图5-2-2　缺水与水质恶化图片

## 活动 二 >> 奇妙的直饮水

【对话】

学生：为什么直饮水机出来的水可以直接饮用？

教师：因为直饮水机里有神奇的净化装置，它们可以把自来水中多数有害物质过滤掉。

【头脑风暴】

（1）小组讨论：自来水中可能含有哪些杂质？你能把这些杂质进行分类吗？

（2）你知道用哪些办法可以除去水中杂质吗？

**【资料卡】**

微米PP棉又称为微米PP熔喷式滤芯，可以阻挡水中的铁锈、泥沙、虫卵等大颗粒物质。

**【活动室】**

**活动时间**

60分钟。

### 实验一：微米PP棉滤芯是否能分离自来水中不溶的杂质

**材料介绍**

铁架台、漏斗、滤纸、适量PP棉滤芯、玻璃棒、混有泥沙和铁锈的自来水。

**活动目的**

学会使用PP棉滤芯过滤，可以分离水中不溶解的杂质，学会用对比的方法进行实验。

**活动过程**

**1. 过滤器的准备**

取适量微米PP棉置于漏斗中，然后用手压住，用蒸馏水润湿，使微米PP棉紧贴着漏斗的内壁。

**2. 过滤**

把过滤器放在铁架台的铁圈（或漏斗架）上，使混有泥沙的水沿着玻璃棒流进过滤器，如图5-2-3所示。

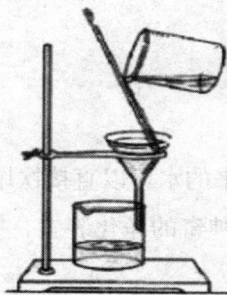

图5-2-3　过滤实验

**3. 洗涤沉淀**

向漏斗中注入少量水，使水刚刚浸过沉淀物，等水滤出后，再次加少量水洗涤，连洗几次，即可把沉淀物洗干净。

**4. 填写实验现象及结论**

实验现象：发现过滤前的自来水比较_____（填入"浑浊"或"澄清"），过滤以后的自来水比较_____（填入"浑浊"或"澄清"）。还发现微米PP棉上面_____（填入"有"或"没有"）泥沙。

实验结论：_____

【头脑风暴】

如果向一杯清水中加入2滴红墨水并搅拌均匀后，你发现有什么变化？能不能用过滤的方法除去水中的红墨水？如果可以，请说明理由；如果不可以，请尝试用新的方法。

【资料卡】

净水活性炭一般为柱状颗粒、表面积大、微孔发达、吸附速度快、净化度高、使用寿命长。可广泛用于生活用水、工业用水、溶液过滤、吸附净化等，也可用于工业废水深度净化，可有效除去臭味及多种重金属离子等有害物质和进行脱色。

实验二：溶解在水中的物质可以通过活性炭吸附的方法除去吗

实验图片如图5-2-4所示。

图5-2-4 尝试用活性炭吸附水中的物质

**材料介绍**

红墨水、烧杯、活性炭、玻璃棒、100mL蒸馏水。

**活动目的**

（1）了解活性炭吸附水中溶解性杂质的原理。

（2）学会用对比法进行实验。

【活动过程】

（1）将100mL蒸馏水加入烧杯中，滴加1～2滴红墨水，观察红墨水的变化。

（2）用玻璃棒搅拌加入红墨水的水，仔细观察加入红墨水的水的变化。

（3）将适量活性炭加入有红墨水的水，并用玻璃棒搅拌，静止10分钟后，观察现象。

（4）实验现象：装有水的烧杯中滴红墨水后，红墨水在水中_____（填入"有"或"没有"）扩散。用玻璃棒搅拌后，有红墨水的水变成了_____（填入颜色）。说明红墨水_____（填入"能"或"不能"）在水中溶解。向有红墨水的水中加入活性炭，搅拌静置后，发现有红墨水的水中颜色_____（填入"加深"或"变淡"），最后变成_____（填入颜色）。说明溶解在水中的物质_____（填入"不可以"或"可以"）通过活性炭吸附的方法除去。

### 实验三：神奇的超滤膜

经过上述实验我们知道，可以通过过滤的方式除去水中不溶解的杂质，还可以用活性炭吸附溶解在水中的杂质和异味。那水中有害的细菌呢？这时候就需要用上神奇的超滤膜了。

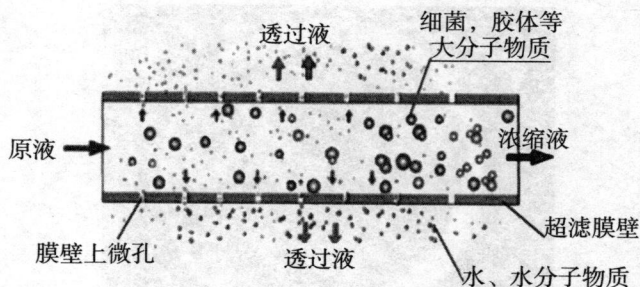

图5-2-5　超滤膜过滤原理

超滤膜是一种具有超级"筛分"分离功能的多孔膜。常见的细菌和病毒直径在100～5000纳米，但超滤膜的孔径只有几纳米到几十纳米，也就是说超滤膜的孔径只有一根头发丝的1‰！当对超滤膜施加一定的压力时，当自来水流过超滤膜表面时，其表面密布的许多细小的微孔只允许水及小分子物质通过，而大多数细菌和病毒由于体积大于超滤膜表面微孔径的物质则被截留在超滤膜的进液侧，成为浓缩废液流出，因而实现对自来水净化、分离的目的，如图5-2-5所示。

（1）根据已有的实验和上述材料，请在维恩图记录普通滤纸过滤和超滤膜过滤有什么相同点和不同点？

（2）超滤膜过滤后的浓缩废液里含有哪些成分？能否直接饮用？如果能饮用，请说明理由；如果不能饮用，请说明可以用在其他方面吗？

【头脑风暴】

（1）根据所学的知识，设计一个自来水的直饮水净化系统，让水达到可以直接饮用的程度，系统设计如图5-2-6所示。各种材料不同摆放顺序是否会影响净化效果？请把你们组的想法记录下来。

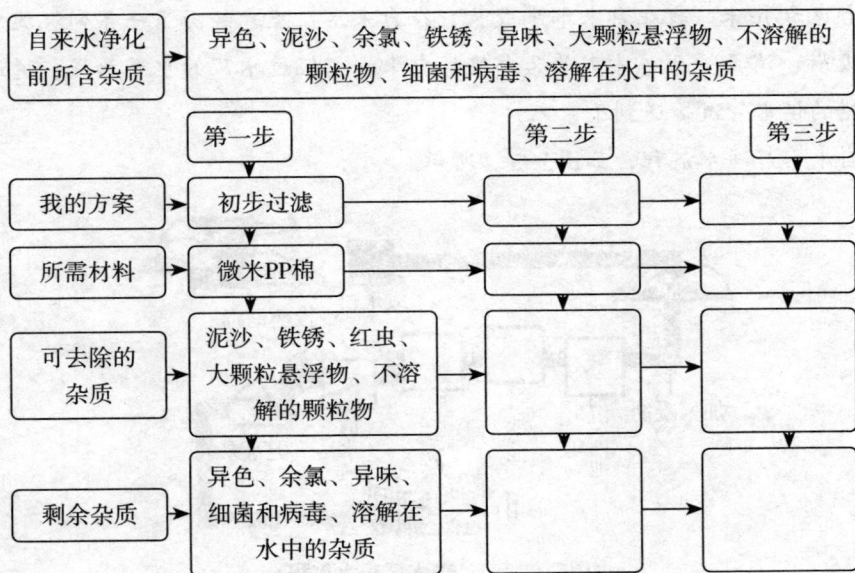

| 自来水净化前所含杂质 | 异色、泥沙、余氯、铁锈、异味、大颗粒悬浮物、不溶解的颗粒物、细菌和病毒、溶解在水中的杂质 | | |
|---|---|---|---|
| | 第一步 | 第二步 | 第三步 |
| 我的方案 | 初步过滤 | | |
| 所需材料 | 微米PP棉 | | |
| 可去除的杂质 | 泥沙、铁锈、红虫、大颗粒悬浮物、不溶解的颗粒物 | | |
| 剩余杂质 | 异色、余氯、异味、细菌和病毒、溶解在水中的杂质 | | |

图5-2-6　自来水的直饮水净化系统设计

（2）小组讨论：如果给你大石块、小碎石、纱布、细沙、棉花、大号可乐瓶，你能设计出一个简易的净化水装置吗？各种材料摆放顺序不同是否会影响净化效果？这个净水装置净化的水能够直接饮用吗？请把你们组的想法记录在表5-2-3内。

表5-2-3 想法记录表

| 设计图 | 材料放置顺序（从上到下） | 实验效果 | 出现的问题 | 改进的办法 |
|---|---|---|---|---|
|  |  |  |  |  |

【空间站】

## 自来水诞生记

当你打开家里的水龙头，我就会哗哗地流出来，欢笑着向你打招呼，我就是自来水。可能你觉得我十分平凡，但我的出身和成长历程却不平凡。我来自江河湖泊的地表及地下，但绝大多数地表水都达不到《生活饮用水卫生标准》的质量要求，因为在水体中会有难溶性杂质、可溶性杂质、病原微生物，甚至会有颜色和异味。我在自来水厂成长，在自来水厂里我经历了一系列沉淀、过滤、吸附、消毒等历练才成长为合格的自来水，经过水厂的水泵加压，通过纵横交错的供水管道输送到千家万户。

自来水厂净水流程，如图5-2-7所示。

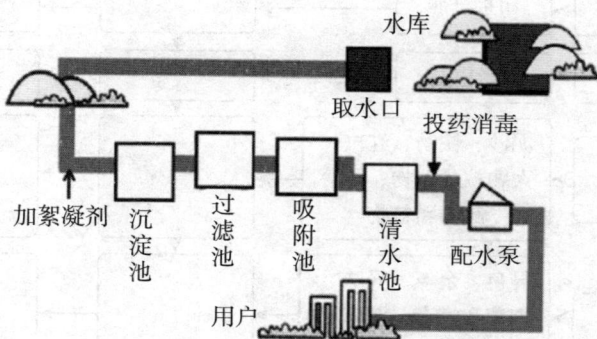

图5-2-7 自来水厂净水流程

## 净水机原是"水老虎"[1]

几个月前，朱女士乔迁新居，舍弃了用了多年的桶装水饮水机，花2599元购买了一台某品牌反渗透式净水机。使用这一净水机能够对自来水进行净化，

---

[1] 节选自《科技日报》2014年9月9日第04版：科技改变生活《反渗透净水机浪费水，你知道吗？》.

净化之后的水可以直接饮用，省去了换桶装纯净水的麻烦。

然而，好景不长。朱女士发现最近几个月的水费嗖嗖地往上涨，仔细排查后发现，装在厨房里的净水机下面有根水管在往下水道排水。咨询净水机销售人员才得知，净化得到1升纯净水，需要排出3升自来水。"原本以为这样喝水既方便又健康，没想到对自来水浪费这么严重。"朱女士说。

中国质量检验协会净水设备专业委员会常务副理事长顾久传向科技日报记者解释道："家用反渗透净水机有一个进水（或称原水）和两个出水，两个出水分别为'透过水'（即纯净水、饮用水）和'浓缩水'（即净化水、洗用水）。"

"一些净水器的经销商乃至部分生产商不懂得反渗透净水机的浓缩水是优质的洗涤用水，安装工在给用户安装时把浓缩水水管往下水道中一插了事，造成了大量水资源的浪费。现在更有一些厂家在炮制和鼓吹所谓'微废水家用反渗透净水机'，延续把RO浓缩水即优质的洗涤用水插入下水道排放的做法，继续浪费大量宝贵的水资源。"顾久传说。

"家用反渗透净水机根本不存在所谓的'废水'，把RO浓缩水称作'废水'，把它白白排放掉，是浪费行为！"说到这些严重浪费水的现象，顾久传痛心疾首。

他解释，反渗透净水机是一个很好的分质供水系统，自来水经过PP熔喷滤芯过滤、颗粒活性炭吸附过滤、压缩活性炭过滤三道预处理后，去除了水中的余氯、悬浮物、铁锈、胶体，以及大部分有机物等。此后，一部分水经过反渗透膜和后置颗粒活性炭吸附过滤，制得纯净水供饮用。而大部分水则经过了前三道而未能经过二级处理，成为浓缩水流出，这些浓缩水完全可以作为洗涤用水。

在家庭日常生活中，洗涤用水的需求量恰好比饮用水大得多，可以用来淘米、洗菜、刷锅、洗碗、抹桌子、洗衣服、拖地板、冲厕所……

## 活动 ③ 余水、废水收起来

【对话】

学生：哇！没想到直饮水机在净化水的过程中还会产生这么多余水，我们能将这些余水、废水收集起来吗？

教师：当然可以！虽然余水、废水不能饮用，但用途还是很广的！

**【头脑风暴】**

（1）直饮水机排水管道的废水与净化水系统中的余水是一样的吗？可以分别用在哪些方面？

（2）如果要收集废水和余水，需要哪些材料？

**【活动室】**

*活动时间*

60分钟。

调查校园直饮水机产生的余水和废水

*活动目的*

学会对校园直饮水机产生的余水和废水进行分析研究，揭示本质，找出规律，总结经验。

通过计算确定收集余水和废水的水箱体积。在调查过程中，仔细观察，认真记录，学会计算，学会总结。

（1）小组讨论：为了设计一个直饮水机的节水方案，应该调查哪些方面？请在图5-2-8中写出能提出的问题

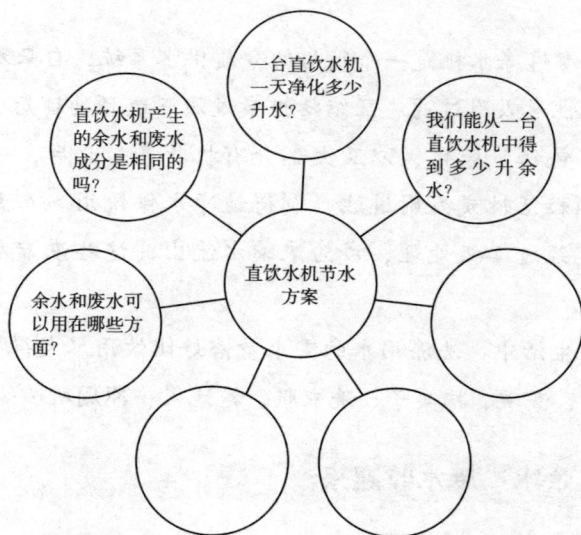

**图5-2-8 直饮水机节水方案问题设想**

（2）你有什么方法解决这些问题？为了解决你们提出的问题，你需要哪些

材料、工具？解决问题的方法记录在表5-2-4中。

表5-2-4　解决问题的方法

| 提出的问题 | 解决的方法 | 方案 | |
| --- | --- | --- | --- |
| | | 需要的材料、工具 | 用途 |
| 直饮水机产生的余水和废水成分是相同的吗 | 分别将直饮水机的余水和废水用两个矿泉水瓶装适量水样。仔细观察颜色、气味、有无不溶杂质等 | 矿泉水瓶、笔记本 | 矿泉水瓶用于装水样；笔记本用于记录实验现象 |
| 余水和废水可以用在哪些方面 | 根据上个问题的实验现象和结论，进行讨论分析 | 笔记本 | 记录实验现象和结论，进行讨论分析 |
| 一台直饮水机一天能净化多少水 | 连续一周记录学校校园内每台直饮水机早上学生到校前的水表读数和学生离校后水表的读数，再取平均值 | 笔记本、计算机 | 笔记本进行记录水表读数；计算器用来计算平均值 |
| 一天能从一台直饮水机得到多少升余水 | 连续一周将每台直饮水机的余水用水管引入20L的水箱内。若水满，则记录在笔记本上，余水用于浇花。若最后不满20L，则用量筒进行测量 | 20L水箱、笔记本、计算器、量筒、水管 | 20L水箱用于装余水并估测余水体积；笔记本用于记录；水管用于引水；量筒用于测量余水体积；计算器用于计算平均值 |
| | | | |

（3）请将收集到的数据和实验现象记录下来，并通过计算，总结是否应该将直饮水机的余水、废水收集起来？

提示：可通过计算校园直饮水机平均一天的纯水量、余水量、废水量计算出一年的纯水量、余水量、废水量，分析数据得出结论。

（4）经过实验发现，余水和废水的成分是_____（填入"一样"或"不一样"）的。经过肉眼观察，余水中主要含有_____；废水中主要含有_____。在校园中一台直饮水机每天消耗_____L自来水，其中纯水_____L、废水_____L。若每吨自来水费3元，则一天的水费是_____元，一年的水费是_____元。

综上所述，在直饮水机上安装余水、废水收集系统是_____（填入"有必要"或"没有必要"）的。

**【头脑风暴】**

（1）学校直饮水机都是采用自来水进行水净化的，每次净化可得纯水和余水比例为1：1.5，学校3000名学生，若每天每名学生饮水1L，则一天消耗多少升自来水？若每吨自来水费3元，则一天的水费是多少元？一年的水费呢？

（2）若将余水收集起来，一年能收集到多少升余水？若将收集到的余水用于冲厕所，每人每天上厕所耗水6L，则收集到的水可以供多少人使用？

### 自制的水位警报器能够警示水位吗？

**材料介绍**

水龙头、蜂鸣器、电线、大小金属片、乒乓球、装有水的水箱、2个空水箱、水管、透明矿泉水瓶。

**活动目的**

了解水位报警器的原理并制作出来。

**活动过程**

（1）如图5-2-9所示，取一个空水箱作为余水、废水收集箱，放在桌面上，用自来水模拟余水、废水注入空水箱中。

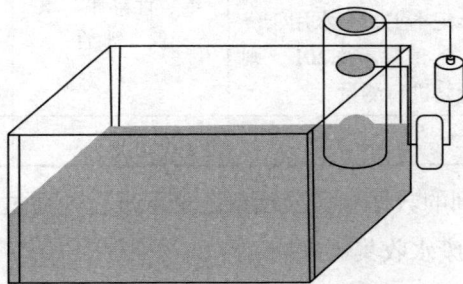

图5-2-9　模拟实验

（2）制作水位报警装置。如图5-2-10所示，将一个透明水瓶的底部剪开，将一块小金属片连接到一根导线上，导线另一端连接到电池的正极。在距离第一块金属片5厘米处安装一片大金属片，大金属片下端放入一个乒乓球。大金属片一端连接蜂鸣器，蜂鸣器另一端连接电池负极，最后将水位报警器安放在空水箱壁上。

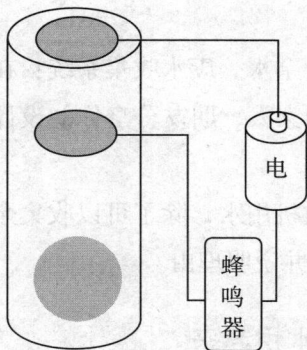

图5-2-10 水位报警装置

（3）实验现象：当打开水龙头时，水慢慢流出。一段时间后，水位报警器中的乒乓球会慢慢_____（填入"上升"或"下降"），当水位升高至警戒线时，蜂鸣器_____（填入"会"或"不会"）响，以示警告。

【头脑风暴】

（1）你还能设计出怎样的水位报警器？请将你的奇思妙想画下来，并说明原理和所需材料，填写表5-2-5。

表5-2-5 设计想法

| 水位报警器设计图 | 设计原理 | 所需材料 |
| --- | --- | --- |
|  |  |  |

（2）如果让你给直饮水机设计一套余水、废水收集系统，你会怎么做呢？可能会遇到什么问题？请尽量提出解决办法，填写表5-2-6。

表5-2-6 遇到的问题和解决方法

| 想法 | 碰到的问题 | 解决办法 |
| --- | --- | --- |
| 抽取余水、废水时会不会堵塞管道 | 怎样能够让管道不堵塞 | 在抽水泵进水管道增加一个过滤的网兜 |

（3）要在直饮水机上加装余水、废水收集系统，请画出设计图，并表明所需要的材料。

**【空间站】**

1. 你真棒，设计了一个余水、废水收集系统！在你设计的方案中有没有哪些方面没有考虑到呢？请和家人、朋友分享你的设计方案，听取他们的建议并改进你的方案。

2. 为了进一步节约直饮机用水，除了可以收集余水和废水以外，还有什么方法吗？请说说你的方法，并说明理由。

## 活动 ④ 余水、废水用起来

**【对话】**

学生：真没想到，原来校园的直饮水机还产生这么多余水和废水！但这些收集到的余水、废水不能喝，能用到哪里呢？

教师：我们可以将这些水用于灌溉花木，还可以用于冲厕所。这样既可以节约水资源，又可以创建节水型学校。

**【头脑风暴】**

要把在一楼收集到的余水、废水输送到五楼，需要借助什么材料和工具？

**【活动室】**

**活动时间**

60分钟。

### 怎样实现抽水

**材料介绍**

抽水泵、水管、装了10L水的水箱、空水箱。

**活动过程**

（1）将装了10L水的水箱平放在地上，另一个空水箱放在桌面上，并安装抽水泵和自制水位报警器。

（2）在装水的水箱中固定好抽水管道，将排水的管道放入空水箱中。

（3）打开抽水泵开关，观察现象。水满后，关闭抽水泵开关。

活动过程如图5-2-11所示。

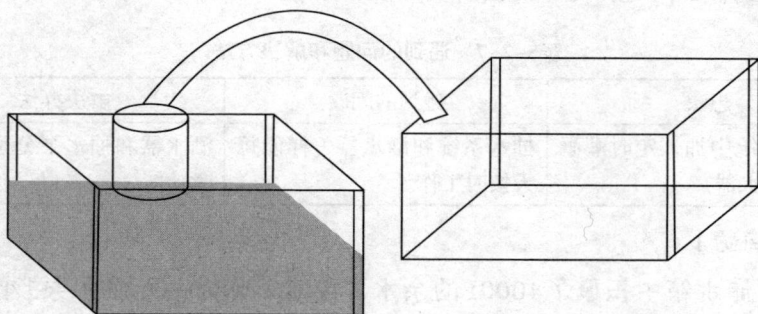

图5-2-11　活动过程图

（4）实验现象：打开抽水泵开关后，抽水泵会_____（填入"马上"或"延迟"）喷水，喷水一段时间后，桌面上水箱的水位_____（填入"上升"或"下降"）。

【头脑风暴】

小组讨论：如果抽水机一直抽水的话，装有水的水箱会怎么样？你有什么办法改进吗？

**怎样将余水、废水箱中的水用于灌溉花木？**

（1）你能在前面活动的基础上，在余水、废水回收箱上加入报警装置，让水位到达预定水位时，报警系统自动报警吗？请在图5-2-12上画出水位报警器、抽水泵的位置，并说出理由。

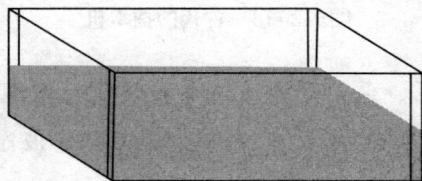

图5-2-12　余水、废水回收箱上加上报警装置设想图

设计的水位报警器位于回收箱的_____（填"上方"或"下方"），原因是_____。

设计的水泵抽水入口位于抽屉盒的_____（填"上方"或"下方"），原因是_____。

（2）小组讨论：如果要将收集的余水、废水用于灌溉花木，你会怎么做？

可能会碰到什么问题？尽量提出解决办法，见表5-2-7。

表5-2-7　遇到的问题和解决方法

| 想法 | 碰到的问题 | 解决办法 |
|---|---|---|
| 在抽水系统中加入定时灌溉花木的洒水器 | 抽水系统和洒水器怎样能每天按时工作 | 洒水器和抽水泵分别安装定时功能 |

【空间站】

如果储水箱中积聚了4000L的余水、废水，倘若一台抽水泵1小时能抽100L的水，要在1个小时内将所有的余水、废水抽完，需要多少台抽水泵一起工作？

## 抽水机的历史

图5-2-13　古代的抽水机

抽水机，又称水泵、泵，是输送液体或使液体增压的机械。它主要用来输送液体，包括水、油、酸碱液、乳化液、悬乳液和液态金属等，也可输送液体、气体混合物以及含悬浮固体物的液体。

泵是作为提水的器具出现在历史上的。如埃及的链泵（公元前17世纪）和中国的桔槔（公元前17世纪）、辘轳（公元前11世纪）和水车（公元1世纪）。比较著名的还有公元前3世纪阿基米德发明的螺旋杆，可以平稳、连续地将水提至几米高处，其原理仍为现代螺杆泵所利用。

龙骨水车适合近距离抽水，提水高度在1～2米左右，比较适合平原地区使用，或者作为灌溉工程的辅助设施，从输水渠上直接向农田提水。用于井中取水的龙骨水车是立式的，水车的传动装置有平轮和立轮转换动力方向。

水车一般安放在河边。提水时，下端水槽和刮板直伸水下，利用链轮传动原理，以人力为动力，带动木链周而复始地翻转，装在木链上的刮板就能顺着水把河水提升到岸上，进行农田灌溉。这种水车的出现，对解决排灌问题，起到极其重要的作用。最初的龙骨水车是用人力转动的，后来我国人民又创制了利用畜力、风力、水力等转动的多种水车。

## 活动 ⑤ 设计方案

**【对话】**

学生：经过前面的学习，我们对直饮水机有了充分的了解。

教师：在相关知识的基础上，让我们进一步调整方案，让它更加完美。

**【头脑风暴】**

（1）小组讨论：一个直饮水机节水回收利用系统由哪些部分组成。

如水净化系统、余水和废水收集系统……

（2）经过一段时间的学习，解决了哪些问题？还有哪些问题需要解决？

将已解决的问题和待解决的问题填入表5-2-8内。

表5-2-8　已解决的问题和待解决的问题

| 将提出的问题进行分类 | | |
|---|---|---|
| 已解决的问题 | 未解决的问题 | |
| | 问题 | 解决思路或办法 |
| | | |

**【活动室】**

**活动时间**

60分钟。

**活动目的**

将所学的知识进行总体设计和规划。

## 我们的直饮水机节水回收系统

工程目标：为了解决校园直饮水机器设计不合理和水资源浪费严重的情况。

工作目标：制作一个$20 \times 11 \times 42cm^3$的直饮水机模型，要求该模型具有一定的净水能力，并设计一个能容纳20L余水、废水的节水回收系统，能够在需要的时候将余水、废水利用起来，并合理安全地排放余水、废水。

（1）小组讨论：设计余水、废水回收的节水型直饮水机的目的是什么？

（2）小组讨论：在设计余水、废水回收的节水型直饮水机的时候，需要考虑哪些因素？有什么方法可以解决？需要什么材料和工具？将讨论的内容填入表5-2-9中。

表5-2-9　小组讨论1

| 需考虑的因素 | 解决办法 | 所需材料和工具 |
| --- | --- | --- |
|  |  |  |
|  |  |  |

（3）小组讨论：有什么方法可以减少自来水中的杂质？将讨论的内容填入表5-2-10中。

表5-2-10　小组讨论2

| 方法 |  |  |  |
| --- | --- | --- | --- |
| 所需材料 |  |  |  |

（4）通过小组讨论，发现废水回收的节水型直饮水机模型需要由＿＿＿＿＿＿（填入数量）部分组成。按照进水到出水的顺序，分别是＿＿＿＿＿＿＿＿＿＿＿＿＿＿＿＿＿＿＿＿＿＿＿＿＿＿＿＿＿。

要用＿＿＿＿＿＿（填入工具或材料名称）来检测并提示水位的高度变化，用＿＿＿＿＿＿（填入工具或材料名称）来抽取余水、废水，用＿＿＿＿＿＿（填入工具或材料名称）净化余水、废水中的杂质。

（5）在已设计的基础上，你能完善心中的模型设计图吗？

（6）根据设计图，能列出设计的模型需要哪些材料吗？将思考结果填入表5-2-11中。

表5-2-11 记录表

| 废水回收的节水型直饮水机 | | | |
|---|---|---|---|
| 结构部分 | 材料清单 | 设计说明 | 设计负责人 |
| 微米PP棉过滤系统 | 大号可乐瓶、微米PP棉、水管 | 自来水通过可乐瓶中的微米PP棉进行首次过滤 | |
| | | | |
| | | | |

（7）现在为每个项目组都提供500元的项目预算，请你查阅附录材料价格并计算材料成本，将相关结果填入表5-2-12中。

表5-2-12 材料记录表

| 材料 | 单价 | 数量 | 总价（元） |
|---|---|---|---|
| 模型固定亚克力板（20厘米×11厘米×42厘米） | 100元 | | |
| 水箱（20L） | 30元/个 | | |
| 大号可乐瓶 | 4元/个 | | |
| 水管 | 10元/米 | | |
| 微米PP棉 | 8元/克 | | |
| 活性炭 | 10元/克 | | |
| 超滤膜 | 50元/组 | | |
| 水管 | 2元/米 | | |
| 大金属片 | 2元/个 | | |
| 小金属片 | 1元/个 | | |
| 小矿泉水瓶 | 1元/个 | | |
| 蜂鸣器 | 10元/个 | | |
| 抽水泵 | 大号：30元/个 | | |
| | 中号：20元/个 | | |
| | 小号：10元/个 | | |
| 电线 | 2元/米 | | |
| 乒乓球 | 1元/个 | | |
| 总价（元） | | | |

（8）为了更好地在成果展上宣传你的方案，你需要设计一份海报，如图5-2-14所示（提示：海报内容包括名称、模型草图、项目介绍、项目亮点）。

项目名称：
我们的节水型直饮水机

（草图）

项目介绍：

项目亮点：

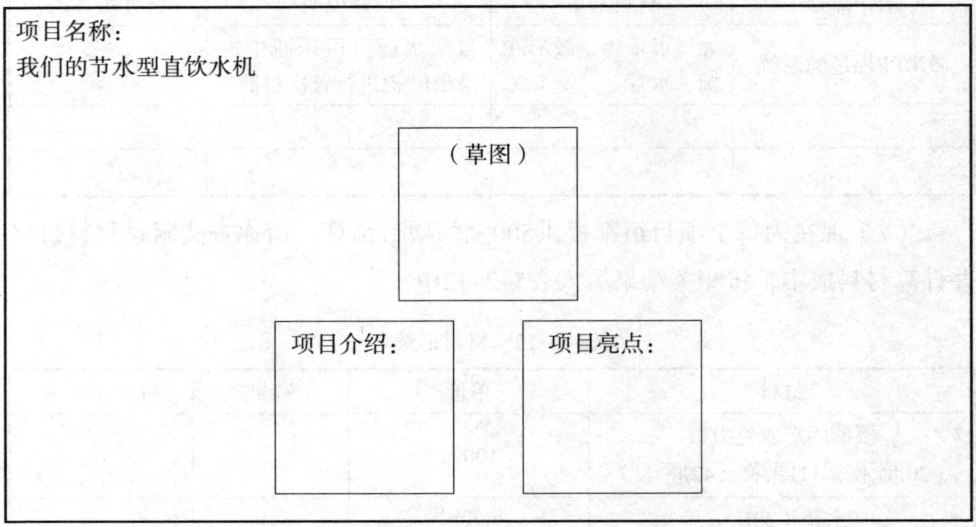

**图5-2-14　设计宣传海报**

【空间站】

工程方案项目清单，见表5-2-13。

**表5-2-13　工程方案项目清单**

小组成员：_____
设计：
包括最初设计、整个工作过程中对设计的修改以及清晰地展示所提交方案的最终设计。富有创造力的设计是可以加分的！
□所有线条都简洁细致。
□包括所有必要的标注和图例。
□详细说明设计中使用的所有材料。
□说明各个维度的尺寸和比例。
□在合适的情况下，准确计算出面积。
□对初始设计的所有更改都有记录。
预算：
做一个详细的预算，细致地解释在规定的设计成本范围内如何合理地解决既定的工程问题。如果预算较低，请解释你的方案如何实现较高的性价比；如果预算较高，也请说明你的方案为何需要过高的支出。
□简明地呈现预算数额。
□计算过程清晰、合计正确，并给出恰当的标注。

续 表

检验和数据收集：
在建模、检验和修改的整个过程里，多次测量并得到的数据。请务必全部记录并保留，以便需要时进行回顾。
□包含了所有工作过程中的数据，如检验结果、生成的数据和基于结果做出的修改。
□给出恰当的标注。
说服性的文字：
展示设计是如何解决既定的工程问题的，并解释设计方案为何是最好的选择。
□用检验结果证明设计的合理性。
□书写简明清晰，没有错别字

（1）向全班同学汇报设计的节水型直饮水机。

（2）用什么方法可以测试自己设计的节水型直饮水机？

## 活动 ⑥ 动手制作模型

【对话】

教师：上节课，我们已经做好了一个工程方案！快来动手搭建吧！

【头脑风暴】

（1）如何解决自来水净化系统和余水收集系统中水位过高的问题？

（2）在搭建的过程中，还需要注意哪些问题？

【活动室】

**活动时间**

60分钟。

**材料介绍**

自选。

**注意事项**

动手搭建模型时，使用刀具和剪刀要注意安全，使用热熔枪要谨防烫伤。

**活动过程**

（1）为了明确制作模型的思路，请画出制作模型的流程图。

（2）请按照设计思路和流程，将节水型直饮水机模型制作出来。

【空间站】

继续搭建节水型直饮水机模型，完成自查表5-2-14，以进行作品的检测和展示。

表5-2-14　节水型直饮水机模型自查表

| 项目 | 完成程度 | 出现的问题 | 可能的解决办法 |
|---|---|---|---|
| 微米PP棉过滤情况 | | | |
| 活性炭吸附情况 | | | |
| 超滤膜净化情况 | | | |
| 余水、废水收集情况 | | | |
| 余水、废水净化情况 | | | |
| 余水、废水利用情况 | | | |
| 用余水、废水灌溉情况 | | | |
| 用余水、废水后排放情况 | | | |
| 其他 | | | |

## 活动 七 优化模型

【对话】

教师：搭建好节水型直饮水机后，怎样才知道是否达到了预期的效果呢？

学生：当然是做实验检验一下啦！

【头脑风暴】

需要设计哪些步骤来检测设计的模型性能？

【活动室】

**活动时间**

60分钟。

**材料介绍**

制作的模型、设计的方案。

### 检验节水型直饮水机

**活动目的**

学会通过实验检测模型，学会通过检测实验结果修正模型。

**活动过程**

（1）组装好模型。

（2）打开模型中的自来水开关，将水龙头流速调节为中等，5分钟内观察模型，将观察记录结果填入表5-2-15中。

表5-2-15  观察记录表

| 节水型直饮水机 | 微米PP棉过滤装置 | 活性炭吸附装置 | 超滤膜净化装置 | 余水、废水收集箱 | 抽水泵 |
|---|---|---|---|---|---|
| 现象 | | | | | |

检测结论：通过实验检测，节水型直饮水机_____（填入"完全达到"或"基本达到"或"还未达到"）预想中的性能。

**活动反思**

（1）根据模型对各项约束的满足程度对初次设计进行改进，将改进情况填入表5-2-16。

表5-2-16  节水型直饮水机模型改进建议表

| 项目 | 是否满意（填入"是"或"否"） | 是否出现问题（填入"是"或"否"） | 可能的解决办法或改进意见 |
|---|---|---|---|
| 微米PP棉过滤情况 | | | |
| 活性炭吸附情况 | | | |
| 超滤膜净化情况 | | | |
| 余水、废水收集情况 | | | |
| 余水、废水净化情况 | | | |
| 余水、废水利用情况 | | | |
| 用余水、废水灌溉花木情况 | | | |
| 用余水、废水后排放情况 | | | |
| 其他 | | | |

（2）对自己设计的方案和模型是否满意？若满意，请说明优点；若不满意，请说明理由。

【空间站】

和家人或朋友商量一下，设计的节水型直饮水机还有哪些地方需要改进？为什么？

## 活动 ⑧ 节水型校园成果展

【对话】

学生：经过这段时间的学习，我们终于成功搭建了一个节水型直饮水机！

教师：快把各自的节水型直饮水机拿出来和班上的同学比一比，看谁做得最好！

【活动室】

**活动时间**

60分钟。

**材料介绍**

海报、方案、模型。

**活动过程**

（1）整理材料，分享收获。

资料集内容：① 一个节水型直饮水机模型；②一个项目宣传海报；③一份工程项目方案书（包括项目方案、项目设计图、项目原始材料、工程建造过程的照片）。

（2）你能介绍自己的节水型直饮水机的性能情况吗？设计的方案中有哪些优缺点？将相关内容填入表5-2-17。

表5-2-17　方案记录表

| 性能情况： | |
| --- | --- |
| 优点 | 缺点 |
|  |  |
|  |  |

（3）你能分享自己在搭建节水型直饮水机中遇到的困难和解决困难的方法吗？

（4）你能分享自己在搭建节水型直饮水机中的经验和收获吗？

（5）请展示自己团队的作品和团队成员与作品的合影。

（6）你觉得其他团队的作品有什么优点？还有哪些地方可以改进？

【空间站】

（1）延续活动：知识延伸，活动相关资料库。

（2）经过本项目的学习，能根据项目自评表给自己的表现打个分吗？将分值按要求填入表5-2-18。

表5-2-18 节水型直饮水机项目自评表

| 类别 | 项目 | 评分 |
|------|------|------|
| 设计图 | □所有线条都简洁细致 | ☆ ☆ ☆ ☆ ☆ |
| | □包括所有必要的标注和图例 | ☆ ☆ ☆ ☆ ☆ |
| | □详细说明设计中使用的所有材料 | ☆ ☆ ☆ ☆ ☆ |
| | □说明各个维度的尺寸和比例 | ☆ ☆ ☆ ☆ ☆ |
| | □在合适的情况下，包含面积的计算，并计算准确 | ☆ ☆ ☆ ☆ ☆ |
| | □对初始设计的所有更改都做了记录 | ☆ ☆ ☆ ☆ ☆ |
| 科学检验和数据收集 | □各个小实验数据记录 | ☆ ☆ ☆ ☆ ☆ |
| | □节水型直饮水机初次检测数据 | ☆ ☆ ☆ ☆ ☆ |
| | □工程结束后，提升再检测的数据 | ☆ ☆ ☆ ☆ ☆ |
| 项目的原始材料（体现完成过程） | □包含所有建模、检验和修改的工作数据 | ☆ ☆ ☆ ☆ ☆ |
| | □工作涉及所有检验的结果、生成的数据、基于检验结果做出的修改 | ☆ ☆ ☆ ☆ ☆ |
| | □给出恰当的标注 | ☆ ☆ ☆ ☆ ☆ |
| 海绵城市模型 | □微米PP棉过滤情况 | ☆ ☆ ☆ ☆ ☆ |
| | □活性炭吸附情况 | ☆ ☆ ☆ ☆ ☆ |
| | □超滤膜净化情况 | ☆ ☆ ☆ ☆ ☆ |
| | □余水、废水收集情况 | ☆ ☆ ☆ ☆ ☆ |
| | □余水、废水净化情况 | ☆ ☆ ☆ ☆ ☆ |
| | □余水、废水利用情况 | ☆ ☆ ☆ ☆ ☆ |
| | □用余水、废水灌溉情况 | ☆ ☆ ☆ ☆ ☆ |
| | □用余水、废水后排放情况 | ☆ ☆ ☆ ☆ ☆ |
| 技术 | 技术操作 | ☆ ☆ ☆ ☆ ☆ |

"真棒！请保持"为★★★★★；"做得不错，继续努力！"为★★★★；"做得一般，要加油！"为★★★；"做得很差，要努力！"为★★

# 共乐园及其名贵植物[①]

## ——STEAM课程之植物的奥秘

共乐园位于唐家湾北面的鹅峰山下，始建于1910年，曾取名"小玲珑山馆"。园内植物资源丰富，还有多种树龄近百年的名贵树木，和中国的历史名人有很深的渊源，非常值得探究。

## 一、课程重点

本课程以实地考察为探究方式，支持学生应用所学的科学、技术、工程、艺术、数学多学科融合的知识，通过团队协作共同开展探究实践。在本课程学习中，学生在参与的过程中获得结果性知识，还习得蕴含在解决过程中的过程性知识，以学科整合的方式认识植物，在解决问题中获得社会发展需要的综合素质。

**【涉及领域】**

科学、技术、工程、艺术、数学、语文、历史。

**【建议年级】**

小学五年级。

**【建议时间】**

两周。

## 二、课程任务

学生团队讨论并制定研究方案，进行合理分工，实施过程中从数量、品种到特征、变化等，结合有来历或背景的故事，最后以文字报告、图片资料、演示文稿等方式展示成果。

---

① 珠海市香山学校吴慧彦老师撰写此案例.

## 三、课程步骤

### （一）情境导入

共乐园依山傍水，亭榭错落，林荫蔽日，风景幽美。它始建于清朝宣统元年，1986年被公布为珠海市文物保护单位。里面的植物品种繁多，且大有来头，值得我们探究一番。

### （二）任务执行与反思

#### 1. 制定研究方案（10分钟）

（1）确定学习小组分工，见表5-2-19

表5-2-19　学习小组分工

| 姓名 | 分工 | 联系方式 |
|------|------|----------|
|      |      |          |

（2）任务：确定研究方案，见表5-2-20

表5-2-20　研究方案

| 日期 | 内容 | 方法 | 工具 | 预期成果 | 负责人 |
|------|------|------|------|----------|--------|
|      |      |      |      |          |        |

#### 2. 执行任务

正式执行任务前，教师要求学生思考以下问题：

（1）分工内容分别有哪些？

（2）研究内容包括哪几个方面？

（3）预期成果会是什么？用什么方式展示出来？

#### 3. 总结和反思

全部小组完成任务后，教师组织学生进行讨论：

（1）如何根据成员长处分配任务？

（2）通过方案的制定，发现还有哪些内容没有完善？

### （三）任务的执行和反思

#### 1. 园内名贵植物之多少

汇报方式：列表展示。

通过实地考察，尽可能多地了解共乐园的名贵植物种类。

**2. 黑松、罗汉松与柠檬桉**

正式执行任务，教师要求学生依照评价量表思考以下问题：

（1）基本情况研究，见表5-2-21

表5-2-21　黑板、罗汉松与柠檬桉基本情况记录表

| 植物名称 | 科属 | 原产地 |
|---|---|---|
| 黑松 | 松科 | 日本、朝鲜半岛 |
| 罗汉松 | | |
| 柠檬桉 | | |

思考：这么多的名贵植物，为什么要选择这三种植物作为研究对象？

（2）植物特征研究，见表5-2-22

表5-2-22　黑板、罗汉松与柠檬桉特征记录表

| 植物名称 | 特征 |
|---|---|
| 黑松 | |
| 罗汉松 | |
| 柠檬桉 | |

提示：亲自设计一张与众不同的植物小名片，把观察到的植物特征画上去，可以只画局部，也可以画植物的全貌。

（3）定点研究，见表5-2-23

表5-2-23　（植物名）＿＿月生长变化记录表

| | 根 | 茎 | 叶 | 花 | 果 |
|---|---|---|---|---|---|
| 变化 | | | | | |
| 病害 | | | | | |
| 修剪 | | | | | |
| 施肥 | | | | | |

（4）园内位置、入园时间与来历研究，见表5-2-24

表5-2-24　黑板、罗汉松与柠檬桉园内位置、入园时间与来历研究

| 植物名称 | 园内位置 | 入园时间 | 来历 |
|---|---|---|---|
| 罗汉松 | | 1920年 | |
| 黑松 | | | 孙中山赠送 |
| 柠檬桉 | 别墅前 | | |

（5）有来历或背景的故事研究，见表5-2-25

表5-2-25　三种植物背景故事记录表

| 植物名称 | 背景故事 |
|---|---|
| 罗汉松 | |
| 黑松 | |
| 柠檬桉 | |

总结：几棵植物的背后竟有这样的故事，和当时的历史事件及人物有着紧密联系，真是不简单！能挖掘看似简单问题的深层内蕴并不难，只要开动脑筋多问几个"为什么"，得到的答案就会更深入。

**3. 总结和反思**

（1）可采用文字报告、图片资料、演示文稿、故事汇编、手工制作、讲故事等方式展示研究成果。

（2）开展研究性学习前后，在资料的搜集与整合方面有哪些进步？还有哪些不足？

（3）反思与评价，见表5-2-26。

表5-2-26　研究性学习学生评价表

姓名：＿＿＿＿＿　　班级：＿＿＿＿＿　　日期：＿＿＿＿＿

| 评价主体 | 评价内容 | 描述性评价 |
|---|---|---|
| 家长评价 | 您的孩子是否和您讨论过活动选题 | |
| | 您的孩子对所参与的活动是否非常感兴趣 | |
| | 您的孩子为从事这项活动在课外投入时间和精力的程度如何 | |
| | 您对孩子的成果有什么看法 | |
| | 从您的孩子参与这项活动起，您发现孩子有哪些变化 | |
| 学生自评 | 你对自己选择的活动主题是否一直很感兴趣 | |
| | 你收集资料、信息的途径有哪些 | |
| | 你与小组其他成员合作是否愉快 | |
| | 在活动中遇到困难时，你是怎样克服的 | |
| | 你对自己的活动成果是否满意 | |
| | 你认为应从哪些方面改进你的活动 | |

续 表

| 评价主体 | 评价内容 | 描述性评价 |
|---|---|---|
| 教师评价 | 学生对所选活动主题的兴趣是否持久 | |
| | 学生获取信息的多样性与适用性 | |
| | 小组成员能否进行有效的合作与分工 | |
| | 学生主动请教老师的次数有多少 | |
| | 活动成果是否实现了预定的活动目标 | |
| | 学生是否有独创性的表现 | |

**4. 活动拓展**

除了名贵植物，共乐园还有哪些值得研究的地方呢?

## 四、课程总结

本课程通过学生实地考察探究，运用多学科融合的综合能力，从方案确定到分组实施再到展示反馈，调动了学生学习探究的积极性，培养了学生思考、动手、创造的能力，让学生有效地提升了个人综合素养。

# 第三节　基于项目学习的STEAM教学案例

## 校园足球场[①]

——让学生参与项目设计的过程

### 活动一 运动与健康

【对话】

学生A：现在的学校运动场比较老旧，同学们都不怎么爱运动。

学生B：每天除了上体育课，课后和放学后都不怎么看到有同学来运动。

学生A：为什么要坚持运动呢? 现在天气这么热，一运动就会出很多汗，

---

① 珠海市夏湾小学韩涛老师及香山学校许剑珩老师共同撰写的案例.

又臭又脏!

学生B：看来你还是没有懂得运动和健康的关系，我们一起来学习一下吧。

【头脑风暴】

对于运动和健康的关系，你想了解哪些方面的知识呢？请将相关内容填入表5-3-1。

表5-3-1　想了解的知识

| 科学知识问题 | 解决问题的途径（工程限制问题） |
|---|---|
|  |  |

【资料卡】

**1. 适合校园运动的普遍方式**

广义的运动是物质的固有性质和存在方式，是物质所固有的根本属性，没有不运动的物质，也没有离开物质的运动。运动具有守恒性，即运动既不能被创造又不能被消灭，其具体形式则是多样且可以互相转化的，但在转化中，运动总量保持不变。

人在运动的过程中，身体的机能会随着运动而变化，因此，通过运动可以加强自身的体质。所以，运动是人类离不开的一种活动方式。

**2. 我们在学校能参加哪些体育锻炼**

学校的运动主要是指以在校学生为参与主体的体育活动，通过培养学生的体育兴趣、态度、习惯、知识和能力来增强学生的身体素质，培养学生的道德和意志品质，以促进学生的身心健康。因此，体育是学校教育的重要组成部分。

学校运动需要借助必备的运动设施，其中最基础的就是足球场、200米跑道和篮球场。

**3. 为什么我们要参加体育锻炼**

做运动在生理和心理上有很多好处，所以要多做适当运动。具体好处如下所示：

（1）在生理上

体育锻炼有利于人体骨骼、肌肉的生长，可增强心肺功能，改善血液循环系统、呼吸系统、消化系统的机能状况，有利于人体的生长发育，提高抗病能力，增强有机体的适应能力，降低儿童在成年后患上心脏病、高血压、糖尿病等疾病的概率；体育锻炼是增强体质最积极、有效的手段之一，可以减少过早进入衰老期的危险；体育锻炼能改善神经系统的调节功能，提高神经系统对人体活动时错综复杂变化的判断能力，并及时做出协调、准确、迅速的反应，使人体适应内外环境的变化，保持肌体生命活动的正常进行。

（2）在心理上

体育锻炼具有调节人体紧张情绪的作用，能改善生理和心理状态，恢复体力和精力；体育锻炼能增进身体健康，使疲劳的身体得到休息，使人精力充沛地投入学习、工作；体育锻炼可以舒展身心，有助安眠及消除读书带来的压力；体育锻炼可以陶冶情操，保持健康的心态，充分发挥个体的积极性、创造性和主动性，从而提高自信心和价值观，使个人在融洽的氛围中获得健康、和谐的发展；体育锻炼中的集体项目与竞赛活动可以培养人的团结、协作及集体主义精神。

【活动室】

**活动时间**

40分钟。

**活动调查**

（1）你喜欢的运动是什么？

（2）你一般都在哪里参加体育运动？

（3）你觉得运动能为你带来哪些变化？

（4）你心目中的运动场是什么样的？

（5）你能画出你心目中的运动场吗？

（6）你觉得运动场在建造过程中可能会出现哪些问题？你要怎样解决这些问题呢？请完成表5-3-2，尽量记录下你的想法和考虑的问题。

表5-3-2　记录表

| 要解决的问题 | 解决问题的方法 | 方案 | |
| --- | --- | --- | --- |
| | | 材料 | 用途 |
| 运动场的足球场是铺设人工草坪还是铺设天然草坪 | 查阅资料，进行探究。实验探究人工草坪和天然草坪哪个更适合踢足球。进行造价估算，最后提出铺设方案 | 人工草坪、天然草坪 | 探究实验 |
| | | | |

【空间站】

你设计了一个运动场设计图，在你设计的方案中，还有哪些方面没有考虑到呢？请和家人、朋友分享设计方案，听取他们的建议并改进自己的方案。

## 活动 二 心目中的运动场

【对话】

教师：从上节课的采访中，我发现同学们大都喜欢踢足球和打篮球，那么这两项运动在哪里开展比较合适呢？

学生：当然是运动场了。

教师：你心目中的运动场是什么样子的？

【头脑风暴】

（1）说一说，在非运动场所可以踢足球吗？有哪些危害呢？

（2）踢足球时，你喜欢在自然草坪上还是在人工草坪上踢球？为什么？

【资料卡】

### 标准化足球场的基本要求

足球场地必须是长方形，长度为90～120米，宽度为45～90米，球门高2.44米、宽7.32米，足球用皮革或其他适合材料制成，圆周长为60～70厘米。

### 球场草皮知多少

我们知道，足球场中的草坪确实存在着人工草坪和天然草坪两种类别。我们分别从费用、建设周期以及维护方面进行了解。

（1）人工草坪：目前国内人工草坪的价格在100元/平方米左右，如果加上基础（灰土、钢筋混凝土）的造价（60元/平方米），人工草坪足球场的造价在150～160元/平方米。随着科技的发展，新品种的人工草坪也不断出现，现在国外已经出现了价格在50～70元/平方米的人工草坪，相信人工草坪会朝着更加物美价廉的方向发展。人工草坪足球场建设周期很短，一般半个月就能完成，在投入使用后基本不用维护，只要防止恶意破坏就行了。

（2）天然草坪：目前国内天然草坪的市场价格在10～50元/平方米之间，国外的足球场专用草坪的价格仍在70欧元/平方米左右，折合人民币500～600元/平方米。正规天然草坪足球场的基础要求较高，一般是由草皮层、育成层、排水层及调整层构成。天然草坪的足球场在种植完后要养护三四个月后才能见到绿油油的草坪，才能正式投入使用。在正式投入使用后还要专人养护，要定期浇水、施肥、修剪，还要防治病虫鼠害，因此，后期的养护费用极其昂贵，而且受气温、天气、土壤的影响很大，很难养护好。在使用过程中，草坪局部很容易遭到破坏，需要经常进行补植、补种。

那么，人工草坪和天然草坪相比，哪个草坪的摩擦力更小，更有利于球员的水平发挥呢？

**【活动室】**

**活动时间**

40分钟。

探究一：人工草坪和天然草坪哪种场地的摩擦力更小

**材料介绍**

人工草坪足球场、天然草坪足球场、1.4米左右长木板1个、标准足球1个、量角尺1个、支架1个。

**活动过程**

（1）搭建一个高1米，斜边长度约1.4米，斜边与水平面成45°角的三角形测量架，如图5-3-1所示。

（2）在测量架下铺上人工草坪，将标准足球放在测量架的最上端，使球沿测量架下滑，测定球接触草坪到球停止滚动的距离。这个距离越长，表示草坪表面越光滑，反之则越粗糙。滚动的最佳距离为3~12米，滚动距离2~14米时为可接受的范围。

图5-3-1　测量图

将实验现象及数据记录填入表5-3-3。

表5-3-3　实验现象及数据记录表

|  | 第一次 | 第二次 | 第三次 | 第四次 | 第五次 | 平均值 |
|---|---|---|---|---|---|---|
| 人工草坪 |  |  |  |  |  |  |
| 天然草坪 |  |  |  |  |  |  |

结论：发现天然草坪足球场的滚动距离平均为_____米；人工草坪足球场的滚动平均距离为_____米。_____（填入"人工草坪"或"天然草坪"）足球场的滚动距离较远，摩擦力较_____（填入"大"或"小"）。

运动员在相同时间、同样强度的运动下在摩擦力较大的_____（填入"人工草坪"或"天然草坪"）足球场上运动，将会消耗更多能量，过早出现疲劳状况，严重影响运动员的发挥。

因此，校园运动场选择铺设_____（填入"人工草坪"或"天然草坪"）作为足球场草坪。

## 探究二：设计运动场

我校运动场占地40000平方米，建筑面积20690平方米。其中，校园运动场内足球场大小设计：

场地：长105米、宽68米。

球门：长7.32米、高2.44米。

大禁区（罚球区）：长40.32米、宽16.5米，底线距离球门柱16.5米。

小禁区（球门区）：长18.32米、宽5.5米，底线距离球门柱5.5米。

中圈区：半径9.15米。

角球区：半径1米，距离大禁区13.84米。

罚球弧：以点球点为中心，半径9.15米的半圆。

点球点：距离球门线11米。

（1）请按照1：1000的比例，分别计算场地、球门、罚球区、球门区、中间区、角球区、罚球弧、点球点之间的距离，并记录在图5-3-2中。

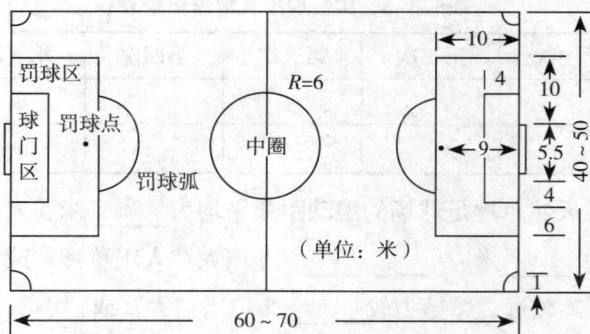

图5-3-2　记录图

**【空间站】**

### 球场草坪的花纹与色差是怎么产生的?

谈到球场草坪,不得不说的是它们五花八门的花纹和极富规律的色差。有些球场的草皮绘出足球的图案或俱乐部的标志,这起到了装饰、美观的作用。而明暗相间的条纹则更为多见,它们有时甚至能够为裁判判断球员是否越位起到辅助作用。

制造草坪色道其实很简单,用物理、化学、生物三种方法皆可实现,如图5-3-3所示。

图5-3-3　球场草坪修剪

物理方法是用剪草机或镇压机按照不同方向、相同幅度在草坪上修剪出条纹。因为草茎叶倒伏方向不同,叶片反射的光自然就有差异。这种操作通常在赛事前几天完成,待到草坪上的草恢复垂直后,花纹便会消失。

生物方法则是给草坪追加施肥，或喷洒生长调节剂。比如，给小草根外施氮肥或钾肥，就能达到增色或减色的效果；喷洒多效唑或矮壮素可起到深色、矮化作用。当然，这种药物是调节剂而不是激素，不会对奔跑在场上球员的身体造成影响，否则法国边锋瓦尔布埃纳就不会是"一个人战斗"了。

化学方法就是染色，但这种最简单的方式对草坪伤害很大，价格很昂贵的草坪一般不使用此方法。

运动场地草坪的舒适度调查，见表5-3-4。

表5-3-4　踢足球时不同草坪的舒适程度调查表

| 草坪种类 | 踢球感受 | 防滑程度 |
|---|---|---|
| 自然草坪 | | |
| 人工草坪 | | |

## 活动 三　运动场的日与夜

【对话】

学生：珠海的夏天太热了，而且炎热的周期特别长，白天运动太热，真希望晚上也能去运动。

教师：那就要给运动场安装照明系统。

学生：可是这样会浪费大量电能，一点都不低碳环保。

【头脑风暴】

（1）哪些能源属于低碳环保的新能源？它们有哪些优点？使用的时候会有哪些限制？将讨论结果填入表5-3-5。

表5-3-5　新能源研究

| 新能源名称 | 优点 | 使用限制 |
|---|---|---|
| | | |
| | | |

（2）你觉得哪种新能源适合运动场呢？为什么？

**【活动室】**

**活动时间**

40分钟。

**工作原理**

太阳能灯的原理：太阳能电池板是一种对光有响应并能将光能转化为电能的器件。白天，太阳能电池板接收太阳辐射能并转化为电能储存在蓄电池中；夜晚，当周围亮度不足时，LED灯自动开启，将蓄电池中储存的电能释放出来。

### 探究一：组装太阳能灯

**材料介绍**

太阳能电池板1个、导线1组、灯柱1个、LED灯1个、小台灯（手电筒）1个。

**活动内容**

（1）根据实物图，将电路中的组件连接起来，如图5-3-4所示。

太阳能灯的实物图：
太阳能电池板

图5-3-4　实物和电路组件

（2）请按照实物图的连接方式，画出太阳能灯的电路图。

（3）请按照太阳能灯的电路图和实物图组装太阳能灯，并将太阳能电池板放在太阳下照射，观察太阳能灯是否发亮。如果没有，请检查电路是否连通。

### 探究二：设计运动场的太阳能照明灯

现代化运动场不仅在建筑外形上要吸取当代建筑艺术的最新发展和当地人文历史的精髓，塑造出符合当代精神的体育场，而且一定要有良好的照明环境。

照明是依靠光线的功能，合理地照射与作用于运动员、裁判员、观众的视觉上，使运动员得以集中注意力并充分发挥他们的竞技水平，创造出好成绩；使裁判员可以迅速地做出准确无误的判断；让在场的观众可以轻松欣赏运动员的技术动作，感受场地上激烈而活泼的竞技氛围。

【头脑风暴】

（1）为了能在夜晚也可以使用运动场，只在运动场中安装一个照明灯可以吗？为什么？

（2）如果要安装4盏照明灯，那应该怎么连接电路？请画出电路图。

（3）夜晚没有太阳，无法给太阳能灯供电，我们将太阳能板和蓄电池连接在一起，制作了一个太阳能蓄电系统。请将图5-3-5电路中的组件连接起来。

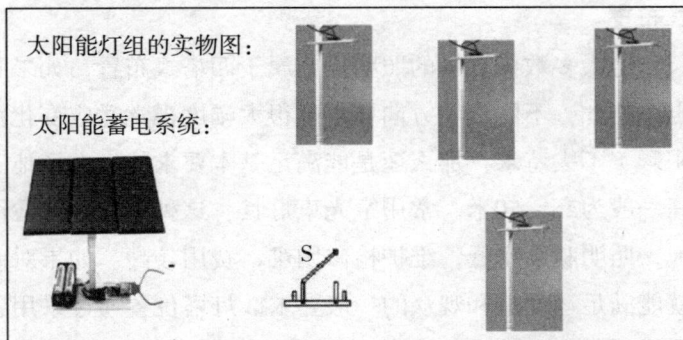

图5-3-5　太阳能蓄电系统及灯组的实物图

（4）请按照太阳能灯组的实物图组装太阳能灯，并将太阳能电池板放在太阳下照射太阳能电池板，观察太阳能灯是否发亮。如果没有，请检查电路是否连通。

（5）珠海市位于广东省南部，珠江出海口西岸，每年能接收的太阳能总辐射大约170千克标准煤燃烧发出的热量，是省内太阳能资源较丰富的地区之一。我们使用的太阳能电池板与太阳能蓄电系统每小时大约能收集到0.13度电。请根据表5-3-6，计算2015年度每个季度能收集到多少度电？

表5-3-6　一年中日照小时数统计表

| 月份 | 一月 | 二月 | 三月 | 四月 | 五月 | 六月 | 七月 | 八月 | 九月 | 十月 | 十一月 | 十二月 |
|---|---|---|---|---|---|---|---|---|---|---|---|---|
| 日照时间数（小时） | 208.3 | 80.6 | 49.1 | 183.9 | 129.1 | 262.6 | 201.2 | 230.9 | 219.2 | 184.3 | 154.8 | 83.3 |

【空间站】

### 体育场地照明设计的布置及安装

灯具的布置是否合理，直接影响到场地照明的效果和经济性。现在的体育建筑常用的布灯方式主要分为以下几种方式：室外体育场地包括灯杆式、四塔式、多塔式、光带式、光带与灯塔混合式；室内体育场地包括均布式（满天星式）、光带式（分场内上空和场外上空）、均布与光带混合式。接下来，我们简单介绍两种，即四塔式布置和多塔式布置。

#### 1. 四塔式布置

直到今天，绝大多数体育场的照明设施属于四塔式布置，如果我们对它存在的若干缺点（例如，不同观看方向要求有很大幅度视觉适应变化范围以及出现较生硬的阴影）不去苛求，那么还是能满足基本要求的。在场地四角设置四个灯塔，塔高一般为25～50米，常用窄光束灯具。这种布置形式适用于没有跑道的足球场地，照明利用率低，维护检修困难，费用较高。如果对照明质量不过分苛求，就能满足运动员和观众的一般要求。灯塔位置通过采用各种不同光束角投光灯的瞄准，在场地上可形成一个适宜的照度分布。但是当代电影和电视需要有高且均匀的垂直照度，这就要求射入场地较远部分光的角度需小于规定限额。由于采用大型气体放电灯而获得较高亮度而产生的影响，加上传统的塔高，使之不可避免地产生过度的眩光。这种四塔式布灯形式存在的缺点是不同观看方向的视觉变化幅度较大，阴影较深。从彩色电视转播看，既要满足各个方向的垂直照度，又要把眩光控制好，这是比较困难的。如要满足Ev／Eh44值要求和较少眩光，对四塔照明方式有必要采取一些改进措施：把四塔位置向两侧和边线外移动，使场地对面和四角隅能获得一定的垂直照度；在电视主摄像机方向一侧的灯塔上增加投光灯数，加强光束投射；在电视主摄像机方向一侧的看台顶上补充光带照明，要注意控制眩光，不应使场地两端的观众察觉出来。

#### 2. 多塔式布置

这种布灯形式在场地两侧设置组灯塔（或灯杆），适用于练习场地，如足球、排球、网球场地等。它的突出优点是用电量较省，垂直照度与水平照度比较好。由于灯杆较低，这种布置形式还有投资便宜、维护方便的优点。

## 活动 ㊃ 不怕下雨的运动场

【对话】

学生A：我们喜欢去球场运动，可珠海是一个沿海城市，尤其是到了四五月份的雨季，这里经常下雨，一下雨就不能踢球了。

学生B：是呀，那我们怎么解决这些问题呢？

【头脑风暴】

如何解决下雨天不能运动的问题呢？晚上想运动又怎么办呢？

【资料卡】

顶棚指的是室内空间上部的结构层或装修层，为室内美观及保温隔热的需要，多数设顶棚（吊顶），把屋面的结构层隐蔽起来，以满足室内的使用要求。顶棚又称天花板、天棚、平顶。这里的顶棚是指可达到全封闭状态的顶棚。如果在运动场上安装全封闭的顶棚，将有以下几个特点：

**1. 全封闭的顶棚运动场能提高观众舒适度**

虽然一般的半顶棚也可以达到效果，但是运动场上总有一些地方比较受太阳和风雨的青睐。而在运动场上安装全封闭的顶棚可以为运动员和观众遮风挡雨、遮阳防晒，也更有利于运动员水平的发挥。

**2. 全封闭的顶棚运动场能减少天气对比赛的影响**

在露天的运动场上，曾经出现过好几个门将开出去的球被风又吹回来了的现象。半开顶棚会造成场地部分区域有积雪和积水，严重影响比赛。

**3. 全封闭的顶棚运动场能减少对电视直播的影响**

在露天的运动场进行电视直播时，受天气影响较大。在半开顶棚的运动场，场内光线亮度不一致，容易造成"阴阳场"，很不利于电视直播。而在全封闭的顶棚运动场，就将天气和光线的影响情况降到最低。

**4. 全封闭的顶棚运动场不利于草坪养护**

天然草坪需要日照、温度和湿度，所以顶棚必须是可以开启的，如半开顶棚和露天。若是全封闭无法开启的顶棚下只能做人工草皮了。

**5. 全封闭运动场的其他特点**

现在演出和举办各种大型活动也是运动场收入的一部分，为了提供能在室内开展互动的场所，大多数运动场选择建设造价较高但实用性更强的全封闭、可开启的顶棚。

【头脑风暴】

（1）收集资料，分析露天运动场、半开顶运动场和全封闭运动场的优势及不足，见表5-3-7。

**表5-3-7　三种运动场的优势和不足**

|  | 露天运动场 | 半开顶运动场 | 全封闭运动场 |
|---|---|---|---|
| 优势 |  |  |  |
| 不足 |  |  |  |

【活动室】

**活动时间**

40分钟。

**活动目的**

通过阅读材料和自行搜索资料，了解可开启的全封闭顶棚运动场。通过设计可开启的全封闭顶棚运动场，培养学生工程技术方面的能力。

**活动过程**

### 探究一：什么是可开启全封闭顶棚的运动场

（1）南通体育会展中心称为中国"南鸟巢"（图5-3-6），是我国第一个采用巨型活动开启式顶棚的体育场。南通体育会展中心位于南通市区新城区，北接南通新商业居住中心——中央商务区，东邻南通大学城，南看狼山风景区，总投资11亿元，占地面积为40万平方米，建筑面积为16万平方米。

**图5-3-6　南通体育会展中心**

南通体育会展中心是南通有史以来规模最大、功能最全、建筑标准最高的现代化体育会展设施，由体育场、体育馆、会展馆和游泳馆四个单体组成，总造价近20亿元人民币，是为2016年10月在南通举办的江苏省第十六届运动会专门建造的。

工程于2004年动工，于2006年8月正式完工，由中南控股集团建造。其中，主体育场采用可开启式顶棚结构（图5-3-7），这是我国第一座采用该结构的大型体育场馆，拥有双层看台，可同时容纳3万名观众。顶棚采用液压开启装置，整个开启过程仅需5分钟。在无体育赛事时，主体育场可用作展览中心使用。

图5-3-7　主体育场可开启式的顶棚结构

（2）鄂尔多斯东胜全民健身活动中心（图5-3-8）位于鄂尔多斯市东胜区北部，其中包括体育场、综合体育馆、体育商业中心、水上运动中心。

图5-3-8　鄂尔多斯东胜全民健身活动中心

建筑设计中通过"弯弓""哈达"等蒙古族元素来塑造一个有当地文化特

色的活动中心。其中，拥有"弯弓"造型的东胜体育场总建筑面积达10万平方米，设有3.5万席的固定看台、5000席的活动看台，体育建筑甲级标准，并拥有国内领先的1万平方米可开启式顶棚。其建造标准也居国内翘楚，采用多项国际领先的新技术、新材料，总投资约16亿元人民币。

为了应对鄂尔多斯当地恶劣的气候条件，体育场的外墙采用了较为封闭的处理手法，以少量的异形洞口穿插其间，最终形成了浑厚而敦实的立面效果。而具有强烈收分的碗状形体，契合了体育场的功能性——与体育场看台的趋势相同，并充分展示了体育建筑的力量与超大的尺度感。

（3）中国轻纺城体育中心（图5-3-9）位于柯北新城，2011年7月开工，总建筑面积14.3万平方米，总投资18.68亿元。该中心建设包括4万席的体育场、6000席的体育馆和1500席的游泳、跳水馆以及与其相配套的训练场等设施。

图5-3-9　中国轻纺城体育中心

2016年3月20日早上，绍兴下起了大雨，为了防止积水对中甲联赛第2轮比赛产生影响，体育场在上午就关闭了顶棚。其实关顶棚是一项不小的"工程"，整个过程消耗的时间需要20分钟左右，顶棚要在工作人员的操作下慢慢合拢。

"我去过很多球场，还是第一次看到能关闭顶棚的，这样哪怕是刮风下雨，球员们都可以在比较好的'天气'中进行比赛了。"一名曾经在绿城执教过的教练也前往绍兴观看了比赛，他对球场关闭顶棚的功能赞不绝口。

之前，中国只有南通体育会展中心和鄂尔多斯东胜体育中心拥有可以关闭的顶棚（图5-3-10），不过这两个中心很少举办足球比赛，更没有承办过足球联赛。柯桥区中国轻纺城体育中心是第三个拥有可关闭顶棚的体育场，曾经承办过2014年浙江省第十五届运动会，据悉总造价接近20亿元人民币。

图5-3-10　可关闭的顶棚

思考：

① 可开启的全封闭顶棚的运动场有哪些优势？

② 可开启的全封闭顶棚的运动场有哪些不足？

**探究二：可开启的全封闭顶棚有哪些？**

上述例子展现了可开启的全封闭顶棚的优势，我们在生活中常见一些可活动、可开启的活动顶棚，你能举出哪些例子吗？

（1）玻璃雨棚（图5-3-11）以钢结构框架为主要结构，选用优质的钢管，包括钢柱、钢主梁、钢次梁等。钢结构是通过冷弯成型的弯圆设备弯制的。钢柱与基础面的衔接采用的是预埋件或螺杆锚固技术。

图5-3-11　玻璃雨棚

玻璃雨棚产品可部分拆装、多次重复使用，是一种绿色环保建材，使用寿命长。

玻璃雨棚使用过程中，可随时调换门、窗、实体模块、玻璃雨棚的位置，可重新组合再使用，材料经过拆装后，其损伤极小，而且可以降低办公室经常搬迁所产生的费用。

（2）折叠帐篷（图5-3-12）别名广告帐篷、遮阳篷，可用于举行户外展览和产品的推广宣传、庆典晚会、展览展销、旅游休闲、野外作业、大排档、歌舞晚会等临时活动，也可作为公园旅游度假区、风景区长期的休闲设施，操作简单，容易安装：一分钟完成开合，简单便捷；轻巧耐用：携带方便，随开随用，使用寿命长；优质面料：防雨防晒，耐用易洁，可全天使用。帐篷初次组装后，就不需要再拆卸组装了，方便简单。

图5-3-12　折叠帐篷

（3）曲臂遮阳篷（图5-3-13）是遮阳篷中伸缩式遮阳篷的一种，因为它的骨架可以如同手臂一样伸缩，因而定义为曲臂遮阳篷，具有操作简单、安装方便等优点。

曲臂遮阳篷的电机隐藏于卷管内，通过电机转动带动铝合金卷管转动，可实现面料的收放。当电机将面料放松，手臂内的弹簧力作用于前杆上，将篷布撑出并绷紧面料；当电机回卷，电机克服弹簧力将面料回收到卷管上。该系统可手动、电动遥控控制，也可使用风光雨系统感应装置，这样即使在无人的情况下也可保护系统的安全。

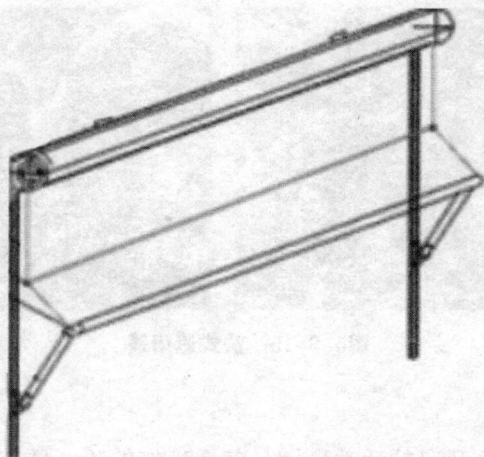

图5-3-13　曲臂遮阳篷

（4）广告帐篷（图5-3-14），又名折叠帐篷、推拉帐篷、广告大伞、大伞、四角篷、印花帐篷、遮阳篷、太阳篷、展览帐篷、促销帐篷、宣传帐篷、庆典帐篷、凉篷、凉亭、伸缩帐篷。其外形美观、大方，架体材质为优质钢管，表面经过高温烤漆的处理，耐腐蚀、拉升简便，几分钟即可完成安装，易于携带，广告帐篷适合户外展销、展会、庆典集会、露天宴会、旅游休闲等。

图5-3-14　广告帐篷

（5）法式遮阳篷（图5-3-15）采用合金骨架、防水布面、塑胶压条、铁滑轮、白铁合页、尼龙绳拉线，整个结构轻巧耐用。其特点为：框架采用铝合金、不锈钢、优质钢管，线条流畅，结构别致且牢固；顶篷用料为牛津布，可防雨、防晒、抗强风；采用可拆装式结构，运输与安装灵活、方便；规格多样，可根据客户要求设计，也可以连成一片。

图5-3-15　法式遮阳篷

思考：

① 你知道这些可开启的活动顶棚是怎么工作的吗？请加以说明。

② 请分别说明上述活动顶棚的优点和缺点，将相关结果填入表5-3-8。

表5-3-8　不同顶棚的优缺点

| 顶棚种类 | 优点 | 缺点 |
|---|---|---|
| 玻璃雨棚 | | |
| 折叠帐篷 | | |
| 曲臂遮阳篷 | | |
| 广告帐篷 | | |
| 法式遮阳篷 | | |

③ 我们的运动场适合哪些可开启的活动顶棚呢？请说明理由。

**探究三：设计运动场可开启的全封闭顶棚**

使用无色透明塑料纸、卡纸、白纸、一次性筷子、滑轮、剪刀、棉线、棉布、铁丝、胶枪等材料制作一个可开启的全封闭顶棚。在制作之前，首先要做什么呢？

（1）选择哪种方式的顶棚作为运动场的顶棚？请说明理由。

（2）请画出运动场可开启的全封闭顶棚的设计图。

（3）如果运动场的长为105厘米、宽为68厘米，要制作一个10厘米高的可开启的全封闭顶棚模型，需要哪些材料？请填写材料清单，见表5-3-9。

表5-3-9　材料清单

| 材料名称 | 数量 | 材料名称 | 数量 |
|---|---|---|---|
|  |  |  |  |

（4）为了制作顶棚，我们要仔细观察顶棚的结构和特征。请查阅相关资料，将选择的顶棚的主要结构画下来，如曲臂遮阳篷。

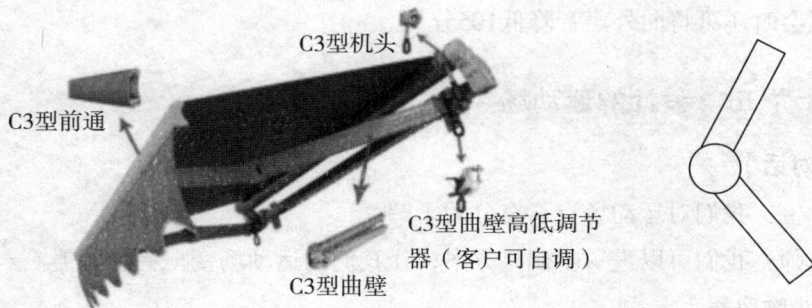

图5-3-16　C3型曲臂遮阳篷结构图

（5）请根据这个顶棚结构图，如图5-3-16所示，用铁丝、一次性筷子、滑轮、剪刀、棉线等材料，尝试制作一个主要结构。

（6）我们应该怎样将这些顶棚的主要部件连接起来，请把设计思路记录下来。

**实验：运动场防雨水干扰探究实验**

**材料介绍**

棉线、滑轮、白棉布、细铁丝、立柱、剪刀、小电动机、太阳能电池板、导线等。

（1）学习其他的顶棚打开、闭合的方式。

（2）自主设计学校运动场的顶棚，见表5-3-10。

表5-3-10　学校运动场顶棚设计方案

| 顶棚需要的材料 |  |  |  |  |
|---|---|---|---|---|
| 顶棚打开时的驱动方式 |  |  |  |  |
| 设计图 |  |  |  |  |

【空间站】

### 傲赴沙尔克球场

傲赴沙尔克球场是沙尔克04俱乐部的主场，投资总额1.91亿欧元，能容纳61524名观众（其中坐席数为53993）。这座体育场在2001年8月正式使用，曾经被欧足联评为五星级球场，也曾是世界上最高科技的球场。球场设有可开关特氟隆涂布的玻璃纤维顶盖，利用球场上24个钢铁支架支撑，除可挡雨雪外，举行演唱会时还可将向外声音降低105分贝。

### 活动 ⑤ 设计的运动场

【对话】

学生：我们对运动场有了充分的了解。

教师：我们可以进一步调整方案，让我们的运动场变得更加完美。

【头脑风暴】

（1）我们的运动场由哪些部分组成？

（2）我们已经解决了哪些问题？还有哪些问题没有解决？将相关内容填入表5-3-11。

表5-3-11　问题分类记录表

| 已解决的问题 | 未解决的问题 | |
|---|---|---|
| | 问题 | 解决思路或办法 |
| | | |

【活动室】

**活动时间**

60分钟。

**活动目的**

将所学的知识进行总体设计和规划。

我们的新学校马上就要建成了，而一所学校最基础的设施就是运动场，坚持运动可以提高免疫力，让我们的身体更加健康。只有身体健康，才能有更多的精力学习和工作。

运动场工程目标：制作一个长为105厘米、宽为68厘米的运动场模型，并且在上方增加一个高度为10厘米的可开启的全封闭顶棚。

要求：运动场模型和真实运动场是1∶1000等比例缩小的模型；在上方增加一个高度为10厘米的可开启的全封闭式顶棚；在选择天然草坪或人工草坪时需要说明理由；运动场的外墙可进行艺术灯装饰。

（1）我们设计可开启的全封闭顶棚的目的是什么？

（2）在设计可开启的全封闭顶棚时，我们必须考虑哪些因素？怎样解决？需要什么材料和工具？将相关内容填入表5-3-12。

表5-3-12　规划记录表

| 需考虑的因素 | 解决办法 | 所需材料和工具 |
|---|---|---|
|  |  |  |

（3）除了建造可开启的全封闭顶棚以外，你有什么方法可以减少雨水或雾霾对体育运动的影响？将相关内容填入表5-3-13。

表5-3-13　方法和所需材料记录表

| 方法 |  |  |  |
|---|---|---|---|
| 所需材料 |  |  |  |

（4）我们发现建造可开启的全封闭顶棚需要由_____（填入数量）部分组成。按照从上到下的顺序，分别是_____。

要用_____（填入工具或材料名称）来制作顶棚框架，用_____（填入工具或材料名称）来制作顶棚。

（5）能完善模型设计图吗？

（6）能列出设计运动场模型需要哪些材料吗？将相关内容填入表5-3-14。

表5-3-14　运动场模型所需材料

| 结构部分 | 材料清单 | 设计说明 | 设计负责人 |
|---|---|---|---|
|  |  |  |  |
|  |  |  |  |

（7）为了更好地宣传我们的方案，需要设计一个运动场海报，如图5-3-17所示。

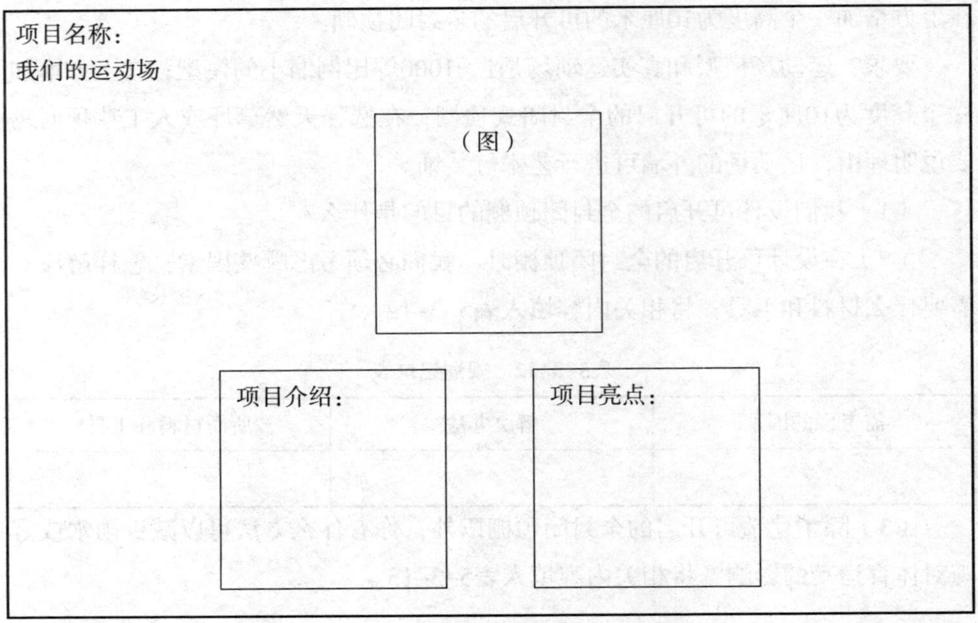

项目名称：
我们的运动场

（图）

项目介绍：

项目亮点：

图5-3-17　运动场海报

【空间站】

（1）向全班同学汇报自己设计的运动场。

（2）用什么方法可以测试所设计的可开启运动场的顶棚呢？

## 活动 六 制作运动场

【对话】

学生：我们已经设计出自己的方案啦！快快动手搭建吧！

【头脑风暴】

（1）如何解决雨季顶棚的排水问题？

（2）我们需要解决哪些问题？

【活动室】

**活动时间**

60分钟。

搭建运动场模型

**注意事项**

动手搭建模型时，使用美工刀和剪刀要注意安全，使用热熔枪要谨防烫伤。

## 活动过程

（1）请画出制作模型的流程图。

（2）请按照设计思路，将运动场模型制作出来。

## 【空间站】

根据自查表5-3-15，准备进行模型的检测和展示。

表5-3-15  运动场模型自查表

| 项目 | 完成程度 | 出现的问题 | 可能的解决办法 |
|------|----------|------------|----------------|
|      |          |            |                |
|      |          |            |                |

## 活动 ⑦  优化运动场模型

### 【对话】

教师：搭建好我们的运动场后，怎样才能知道它是否达到预期的效果呢？

学生：必须要做实验检验我们的运动场！

### 【头脑风暴】

需要设计哪些步骤来检测我们设计的模型性能？

### 【活动室】

**活动时间**

60分钟。

**材料介绍**

制作的模型、设计的方案。

#### 检验运动场顶棚抗风力

**活动目的**

学会通过实验检测模型，学会通过检测结果修正模型。

**活动过程**

（1）组装模型。

（2）将运动场模型搬至有阳光处，25分钟内观察模型，将观察结果填入表5-3-16。

表5-3-16　活动场模型记录表

| 运动场 | 太阳能电池板 | 连接电路 | 小灯泡 | 挡雨棚 |
|---|---|---|---|---|
| 现象 | 太阳能电池板__（填入"是"或"否"）正常工作 | 电路__（填入"是"或"否"）接通 | 小灯泡__（填入"是"或"否"）正常工作 | 挡雨棚__（填入"能"或"否"）正常展开或折叠 |

经过检测，运动场模型_____（填入"完全达到"或"基本达到"或"还未达到"）预想中的性能。

**活动反思**

（1）对初次设计进行改进，填入表5-3-17。

表5-3-17　运动场模型改进建议表

| 项目 | 是否满意（填入"是"或"否"） | 是否出现问题（填入"是"或"否"） | 可能的解决办法或改进意见 |
|---|---|---|---|
| 太阳能电池板 | | | |
| 连接电路 | | | |
| 小灯泡 | | | |
| 挡雨棚 | | | |
| 其他 | | | |

（2）对设计的运动场是否满意？若满意，请说明优点；若不满意，请说明理由。

【空间站】

设计的运动场还有哪些地方需要改进？为什么？

## 活动 ⑧ 运动场成果展

【对话】

学生：我们终于成功搭建了一个运动场！

教师：快与同学比一比，看谁设计搭建的最合理？

【活动室】

**活动时间**

60分钟。

**材料介绍**

海报、方案、模型。

**活动过程**

（1）请根据下列清单整理材料：

① 一个运动场模型。

② 一个项目宣传海报。

③ 一份工程项目方案书（包括项目的方案、项目的设计图、项目原始材料、工程建造过程的照片）。

（2）能介绍运动场的性能吗？设计的方案中有哪些优缺点？将相关内容填入表5-3-18。

表5-3-18 优缺点记录表

| 性能情况： | |
|---|---|
| 优点 | 缺点 |
| | |

（3）能分享自己在搭建运动场中遇到的困难和解决困难的方法吗？

（4）能分享自己在搭建运动场时的经验和收获吗？

（5）请展示作品和成员与作品的合影。

（6）别的团队作品有什么优点？还有哪些地方还可以改进的？

（7）经过本次学习，能根据项目自评表给自己的表现打分吗？将相关内容填入表5-3-19。

表5-3-19 校园运动场项目自评表

| 类别 | 项目 | 评分 |
|---|---|---|
| 设计图 | □所有线条都简洁细致 | ☆ ☆ ☆ ☆ ☆ |
| | □包括所有标注和图例 | ☆ ☆ ☆ ☆ ☆ |
| | □详细说明设计中使用的所有材料 | ☆ ☆ ☆ ☆ ☆ |
| | □说明各个维度的尺寸和比例 | ☆ ☆ ☆ ☆ ☆ |
| | □在合适的情况下，包含面积的计算，并计算准确 | ☆ ☆ ☆ ☆ ☆ |
| | □对初始设计的所有更改都进行了记录 | ☆ ☆ ☆ ☆ ☆ |
| 科学检验和数据收集 | □各个小实验数据记录 | ☆ ☆ ☆ ☆ ☆ |
| | □运动场初次检测数据 | ☆ ☆ ☆ ☆ ☆ |
| | □工程结束后，提升再检测的数据 | ☆ ☆ ☆ ☆ ☆ |

| 类别 | 项目 | 评分 |
|---|---|---|
| 项目的原始材料（体现完成过程） | □包含所有建模、检验和修改的工作数据 | ☆ ☆ ☆ ☆ ☆ |
| | □包含所有工作：所有检验的结果、生成的数据、基于检验结果做出的修改 | ☆ ☆ ☆ ☆ ☆ |
| | □给出恰当的标注 | ☆ ☆ ☆ ☆ ☆ |
| 校园运动场模型 | □太阳能电池板情况 | ☆ ☆ ☆ ☆ ☆ |
| | □电路连接情况 | ☆ ☆ ☆ ☆ ☆ |
| | □小灯泡工作情况 | ☆ ☆ ☆ ☆ ☆ |
| | □挡雨棚工作情况 | ☆ ☆ ☆ ☆ ☆ |
| 技术 | 技术操作 | ☆ ☆ ☆ ☆ ☆ |

# 港珠澳大桥人工岛搭建之旅

## ——像工程师一样设计

## 一、课程背景与目标

经过9年施工，港珠澳大桥（图5-3-18）于2018年正式开通。它飞跨伶仃洋，连接着中国经济最发达的地区和人口最密集的地区，大桥全长55千米，采用"海中桥隧"的方案，是世界最长的跨海大桥。工程师们为了解决主体桥梁和沉管隧道的转换平台，需要在伶仃洋中制造两个足够大的人工岛。

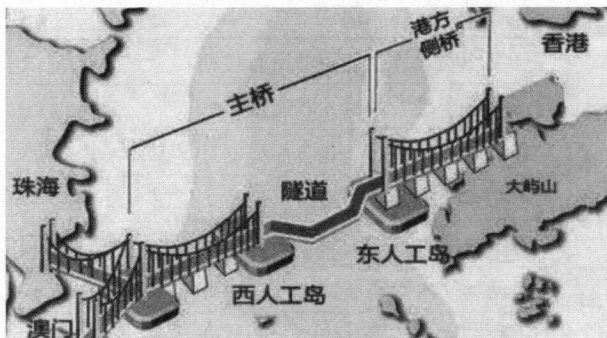

图5-3-18　港珠澳大桥建造图

　　本课程通过让学生了解工程师会应用科学、技术、工程与数学知识，完成港珠澳大桥人工岛的设计与模型的建造；在搭建人工岛模型的过程中，习得工程领域中设计、执行、反思与修改的重要性，学会像工程师一样思考。在STEAM领域中，设计、执行、反思、修正都是十分重要的思考和做事方式。在现实情况下，工程师为了完成工程任务而面临一些现实约束和各种设计与实际不符的情况，只有不断修正才能达到目标。像工程师一样的思维方式和工作方法在生活中也常被用到，如烹饪、骑自行车、做手工以及解一些物理题。可能并不是每一名学生都能成为工程师，但这种思维方式有助于学习、工作时的精益求精。

## 二、课程领域

　　工程学、物理、数学、写作、环境学。

## 三、建议年段

　　高年段。

## 四、建议时间

　　170分钟（观看纪录片30分钟）。

## 五、课程任务

　　通过观看《超级工程之港珠澳大桥》的纪录片，学会在工程记录单上罗列工程中所面临的挑战、约束条件和解决方案，尝试通过"头脑风暴"的方式寻找最佳方案，练可在有限的条件下对多种解决问题的方法进行归类和分别处理的能力，培养对工程细节的认识、观察以及综合理解的能力。

## 六、教学过程

### （一）真实情境导入（50分钟）

　　第一步：提出真实情境，并设置问题。（5分钟）

　　教师设置一个真实情境：作为一名港珠澳大桥的桥梁工程师，在建造这座世界级桥梁的过程中，我们会面临哪些挑战？有哪些解决方案？

　　第二步：观看《超级工程之港珠澳大桥》纪录片（只观看有关港珠澳大桥

人工岛的工程约束问题，约30分钟），提醒学生在观看的过程中记录工程与约束问题和现实挑战，填写表5-3-20。

表5-3-20　港珠澳大桥的工程约束问题和现实情况

| 工程约束问题 | | 现实情况 |
|---|---|---|
| 1 | | 每年珠江携带大量泥沙涌入海洋，大桥的桥墩就像堵挡了泥沙的篱笆一样，超过_____的阻水率就有可能阻挡泥沙，从而阻塞行道，让伶仃洋变成一个冲积平原，影响海洋环境 |
| 2 | | 此海域靠近香港方向有一个重要的巷道——伶仃洋巷道，它是大型运输船只通过这片海域的唯一航道，必须考虑超_____游轮的通行。这意味着建造一座桥梁的高度必须超过_____米、桥塔高度超过_____米的超级大桥 |
| 3 | | 此海域附近的香港机场不允许周围有超过_____的建筑物出现在航线上 |
| 4 | | 如果要设计海底隧道，那么桥梁和隧道之间必须要用岛屿连接，但这片没有任何可以利用的岛屿 |
| 5 | | 经过我方勘探，筑岛的海床上有_____到_____的海底淤泥 |
| 6 | 修建人工岛 | _____（填入"能"或"不能"）将海底淤泥移走，因为_____ |

第三步："头脑风暴"。（15分钟）

教师先让各小组参加"头脑风暴"，讨论主题：经过纪录片的介绍，我们发现港珠澳大桥的建设有多个工程约束问题，我们认为可以用以下的方法解决问题，见表5-3-21。

表5-3-21　港珠澳大桥的工程约束问题和可能的解决方案

| 工程约束问题 | | 可能的解决方案 |
|---|---|---|
| 1 | 修建人工岛 | |
| 2 | | |

## （二）任务执行与反思（80分钟）

### 1. 任务一的执行与反思（40分钟）

（1）出示任务、所需材料和评价量表（10分钟）

①任务：设计修建人工岛的方案。

背景资料：人多地少、土地资源日益紧张是国家的基本国情，为缓解这一矛盾，沿海各地兴起了围海造地的高潮。目前比较流行的围海造地的方法是利用开山石料等在海滩上形成围堤，然后就近利用吹填淤泥形成陆地。

教师展示一般围海造田视频，引导学生设计建造人工小岛的方案，尝试使用多种实验材料在水槽中间建造一个露出水面面积不小于10平方厘米的人工岛。

② 所需材料：砂石、泥土、细沙、长花岗岩石块、尺子、1×1平方厘米的方格纸（垫在水槽下，计算建设人工岛时沙土覆盖海底的面积）、水槽、适量的水。

③ 评价量表，见表5-3-22。

表5-3-22 评价量表

| 项目分数 | 1分 | 3分 | 5分 |
|---|---|---|---|
| 观看视频 | 多数组员观看视频走神，没有记录实验关键词 | 多数组员认真观看视频，只有少数记录实验关键词 | 全部组员认真观看，并细致记录实验关键词 |
| 设计实验 | 组员没有进行实验设计，直接动手操作 | 组员粗略设计实验后，就动手操作 | 组员精心设计实验，完善实验步骤后才动手操作 |
| 实验操作 | 组员没有规范安装材料，每次实验用水量不一定 | 组员规范安装材料，但每次实验用水量不一定 | 组员规范安装材料，每次实验用水量一定 |
| 实验记录 | 组员没有进行数据记录，或记录杂乱无章 | 组员仅进行一些简单的记录，但漏掉了实验结果的部分重点 | 组员进行准确而严谨的记录，内容翔实工整 |
| 组内分工 | 只有少数组员完成所有工作 | 所有组员参与实验，但分工不明确 | 组员分工明确，交流顺畅 |

（2）执行任务（30分钟）

正式执行任务前，教师要求学生依照评价量表思考以下问题：

① 看完实验演示视频，知道了哪些围海造田的方法？

② 小组决定使用哪些材料进行实验？此外，还需要什么工具？哪些实验数据是可以量化的？应该怎样量化这些实验数据？

③ 能简述实验步骤吗？

④ 在建造人工岛的过程中会对海底生物造成哪些影响？如何减少这些影响？

记录见表5-3-23。

表5-3-23　任务实验记录表

| 实验名称：设计并建造一个露出水面面积不小于10平方厘米的人工岛 | | | | | | |
|---|---|---|---|---|---|---|
| 可能要用到的材料 | 砂石、泥土、细沙、长花岗岩石块、尺子、1×1平方厘米的方格纸（垫在水槽下，计算建设人工岛时沙土覆盖海底的面积）、水槽、适量的水 | | | | | |
| 实验步骤 | | | | | | |
| 围海所用材料的量 | 砂石 | | | | | |
| 实验现象 | 本次我们建造人工岛的长度为＿＿＿＿＿厘米、宽度为＿＿＿＿＿厘米，总面积为＿＿＿＿＿平方厘米；此人工岛的沙土覆盖海底的面积约为＿＿＿＿个1×1平方厘米的方格，覆盖海底面积约为＿＿＿＿平方厘米，海底泥沙覆盖面积是人工岛面积的＿＿＿＿倍，＿＿＿＿（填入"是"或"否"）会对海洋造成较大污染 | | | | | |
| 实验结论 | | | | | | |

（3）总结和反思（10分钟）

小组全部成员完成任务后，教师组织学生讨论以下问题：

① 通过实验发现了什么？

② 如果不直接将砂石、泥沙填入海中会有什么后果？

③ 如果填海时导致海底泥沙覆盖面积过大，会有哪些后果？怎样可以最大限度地减少对海底原生淤泥的影响？

④ 除了可以用长花岗岩石作为围堤外，还有什么方法？

拓展思考：围海造田有哪些利与弊？应该怎样平衡两者之间关系。

**（三）任务二的执行与反思（40分钟）**

（1）出示任务、所需材料和评价量表（5分钟）

① 任务：模拟圆钢筒围岛的方法在大水槽中分别搭建露出水面不小于10平方厘米的东西人工岛，且人工岛至少能承受5个钩码的重力。

教师展示港珠澳大桥东西人工岛圆钢筒围岛视频，记录工程师的解决方案。学生模仿其设计方案，尝试在尽可能避免移除和堆积海底淤泥的情况下，在水槽中间建造两个露出水面面积不小于10平方厘米的人工岛，且人工岛至少能承受5个钩码的重力。

② 所需材料：砂石、泥土、细沙、PVC管、尺子、1×1平方厘米的方格纸（垫在水槽下，计算建设人工岛时沙土覆盖海底的面积）、水槽、适量的水。

③ 评价量表，见表5-3-24。

表5-3-24　评价量表

| 项目分数 | 1分 | 3分 | 5分 |
|---|---|---|---|
| 观看视频 | 多数组员观看视频会注意力不集中，没有记录实验关键词 | 多数组员认真观看视频，只有少数学生记录实验关键词 | 全部组员认真观看，并细致记录实验关键词 |
| 实验操作 | 组员没有规范安装材料，每次实验用水量不一定 | 组员规范安装材料，但每次实验用水量不一定 | 组员规范安装材料，每次实验用水量一定 |
| 实验记录 | 组员没有进行数据记录，或记录杂乱无章 | 组员仅进行一些简单的记录，但漏掉了实验结果的部分重点 | 组员进行准确而严谨的记录，要求内容翔实而工整 |
| 组内分工 | 只有少数组员完成所有工作 | 所有组员参与实验，但分工不明确 | 组员分工明确，交流顺畅 |

（2）执行任务（20分钟）

正式执行任务前，教师要求学生依照评价量表思考以下问题：

① 建造人工岛之前，工程师遇到了哪些工程约束问题？他们是怎样解决的？

② 为什么人工岛要建成这个形状？

③ 为什么工程师们要利用圆钢筒围岛建造人工岛？

④ 在制作圆钢筒时，工程师们遇到了哪些问题？他们是怎样解决的？

⑤ 在实验室中，可以用什么来模拟圆钢筒？在制作模拟圆钢筒时，有哪些需要注意的地方？

⑥ 圆钢筒围岛时，还需要哪些实验材料？请将设计方案记录下来。

⑦ 小组讨论后记录搭建人工岛方案，并动手完成人工岛搭建。

（3）总结和反思（15分钟）

全部小组完成任务后，教师组织学生讨论相关问题。讨论完后，就"港珠澳大桥圆钢筒围岛"为主题撰写300～400字的说明文。

① 圆钢筒围岛和普通的围海造田有什么区别？

② 能否有条理、语言流畅地分享实验设计方案？

③ 能分享搭建人工岛的过程吗？设计方案和搭建成品有哪些特点和不足呢？

④ 其他小组搭建人工岛的设计方案和搭建成品是否合理？可以怎样改进？

拓展思考：作为一名搭建人工岛的工程师，受邀参加2020年渤海湾海底隧道的人工岛搭建工程，在建造人工岛前，需要获得哪些材料呢？

背景资料：港珠澳大桥人工岛是如何修建的？

连接香港、珠海、澳门三地，全长55千米的港珠澳跨海大桥正式通车的消息刷爆了整个互联网，这项工程举国沸腾，让世界瞩目（图5-3-19）。

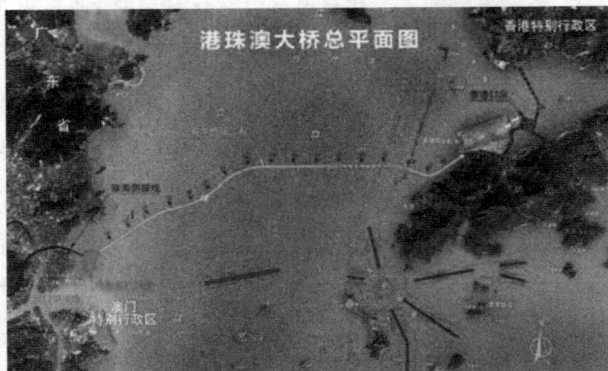

图5-3-19　港珠澳大桥总平面图

在观看众多和港珠澳大桥相关的视频、图片时，我们不禁被茫茫大海中的两个人工小岛所吸引。近看10万平方米的两个小岛宛如豪华巨轮，游弋在大海之上。空中俯瞰两个人工小岛，就像两只可爱的小蝌蚪（图5-3-20）。

图5-3-20　港珠澳大桥西人工岛、东人工岛

港珠澳大桥没有全程桥梁，而是在海上造两个人工小岛。一方面因为受到香港国际机场对周围建筑物高度的限制，为了保证航班飞行的安全，附近建筑不能超过150米，而港珠澳大桥桥塔的高度刚好就在这个数值范围附近

（图5-3-21）。

图5-3-21　大屿山与香港国际机场

另一方面的原因则是因为海运航道的限制，在香港、深圳、广州来往的大型货轮经过深水航道刚好穿过港珠澳大桥，因此又要求桥梁不能太低。

相互排斥的两个限制要求让港珠澳大桥的建造者很为难，不能高也不能低。为了同时满足这两个条件，最好的方式是通过海底隧道连接的方式来实现的。因此，港珠澳大桥就按桥岛隧的结构来设计的，两个人工岛在整个工程中起到承接的关键作用（图5-3-22）。

图5-3-22　港珠澳大桥附近的深水航道

你知道这两个人工岛是怎么在茫茫外海中建成的吗？有朋友可能会说，这对已经有吹填造岛经验的中国来说没什么难度。其实，实际情况完全不是这样的。传统的吹填造岛是在已有礁岩的基础上进行的，难度相对要小一些。

　　如果用传统的吹填沙石方式来造岛也不是不可以，但是需要的时间很长，需要两三年的时间。港珠澳大桥人工岛的建造还要受到整个工程工期的约束，不能花费太多时间，所以必须有快速成岛的方法。这个快速造岛的方式就是用钢圆筒造岛（图5-3-23）。

图5-3-23　港珠澳大桥人工岛建设方式

　　今天我们就来看一看用巨型钢圆筒建造人工岛的过程：

　　第一步，先用挖泥船进行海底挖泥清淤，整理好基槽。对号称"基建狂魔"的我们来说，挖泥船绝对不缺。这边在清理海底淤泥的同时，在上海长兴岛重工基地，巨型钢圆筒的生产也同步展开（图5-3-24）。

图5-3-24　港珠澳大桥巨型钢圆筒建造人工岛

　　第二步，海底基槽弄好后，巨型钢圆筒建造完毕，重达约45千克的第一个钢圆筒通过振驳28号船历时7天，从长兴岛航行1600千米运达人工岛施工现场。同船运来的还有"超级大锤"——由8台振动锤组成的振沉设备。这8台联动的振沉系统也是中国首创的（图5-3-25）。

图5-3-25　港珠澳大桥巨型钢圆筒入海过程

通过振沉系统将钢圆筒沉入海中，插入泥面21米深，然后就是往钢圆筒中注沙。之后就是重复作业，将运来的钢圆筒一个个沉入、注沙（图5-3-26）。

图5-3-26　往港珠澳大桥巨型钢圆筒中注沙

第三步，岛隧结合部合拢。人工岛和隧道的结合部，又是整个人工岛的关键。沉入海中的钢圆筒之间会留有空隙，空隙需要插入隔板进行隔水处理。每两个钢圆筒之间内外插入两块隔板，然后往中间注沙（图5-3-27）。

图5-3-27　港珠澳大桥岛隧结合部合拢

第四步，向岛隧结合部注砂。既然是岛隧结合部，就不能全部用砂填满，还有一系列的工作要做，需要预埋一段隧道沉管，为了以后和隧道相连通。当然，和隧道结合的一面是不能用钢圆筒堵死的，因此还要插入临时挡水板（图5-3-28）。

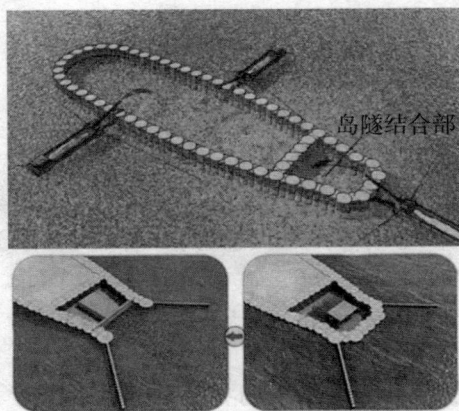

岛隧结合部

图5-3-28　港珠澳大桥岛隧结合部注砂

第五步，整岛的合拢。运砂船或吹沙船往岛内开始填沙，并不需要一下子填满，因为里面还有很多工程要做。

填完沙的人工岛因为填充的是沙水混合物，整个地基是软的，必须进行排水、整固才可以进行下一步的建设工作。就像盖房子一样，地基必须要坚固才行，否则有可能会沉降。这个时候整固地基的装备——挤密砂桩船出场了。

　　挤密砂桩船的工作原理，简单点说就是通过冲击等方式，在地基中打孔并注入砂石，通过挤压、置换、排水来加固地基，以提高地基的稳定性（图5-3-29）。

图5-3-29　挤密砂桩

　　第六步，岛域内地基的整平以及内部相关设施的建设，即钢筋、混凝土框架，这和普通的建筑施工区别并不大，很好理解。然后就是人工岛和海底隧道对接了（图5-3-30）。

图5-3-30　平整岛域内地基

　　第七步，岛壁施工。整座人工岛的主体工作基本上完成，但是因为整个岛处于大海之中，水深浪大，所以，这项工程必须有防波堤这样的防护工程来保护整座人工岛。在挖泥船清淤后，放置大量的扭工字块，可以起到很好的消波效果（图5-3-31）。

图5-3-31　工字型字块可抵御较大波浪

这些扭转的工字型字块，有序地放置在人工岛的外围，能帮人工岛抵御较大的波浪，减少海浪对岛的破坏（图5-3-32）。

图5-3-32　港珠澳大桥人工岛上的扭工字块分布

整个人工岛的建造过程，每一步都是三言两语就说完了，但是在实际的工作中每一步都有可能面临许许多多的困难。正是这些港珠澳大桥的建筑人不怕苦、不怕累的拼搏精神，才创造了不到一年就造岛成功的奇迹。

（案例灵感来源于公众号：科技学堂《将超级工程港珠澳大桥设计成STEM课程，你可以这么做》）

# 第四节　基于综合实践的STEAM教学案例

## 校园植物墙[①]

### ——基于社会实践的校园改造

**活动 一　校园植物墙的构想**

【对话】

学生A：我喜欢"校园绿意"这个主意，那是不是每名同学都可以在墙上挂上自己的专属盆栽啊？

学生B：可不是吗，我们可以开始设计自己的盆栽啦！

【资料卡】

植物墙是现代人喜爱的一种装饰，在很多高级商场、工厂厂房、咖啡店，甚至大马路上都有很多这样的植物墙。顾名思义，植物墙就是一面有植物的墙，不仅绿意十足，而且十分美观（图5-4-1）。

图5-4-1　植物墙

现在兴起的家庭阳台也用绿意装点，不仅可以美化环境，还有助于调节人的情绪，更有心理学家表示，园艺可以治疗抑郁症。现在许多家庭开始用各种花架来装点阳台（图5-4-2）。

---

① 珠海市拱北小学曾晓华老师撰写此案例.

图5-4-2　生活中的家庭阳台

学校准备采购一个壁挂，借助这样的壁挂可以布置个性化的植物墙（图5-4-3）。

图5-4-3　个性化的植物墙

【"校园绿意"任务书】

（1）目前的植物墙只有一个铁制壁挂，请完善植物墙方案。

（2）设计一个可以挂到壁挂上的盆栽。

（3）尽量节约成本。

【头脑风暴】

对于"校园绿意"的任务要求，你有哪些想法？请将你的相关想法写在表5-4-1内一起讨论，包括科学知识和工程限制条件等相关问题。如：

科学知识问题：哪种植物适合珠海的气候？

工程限制问题：怎样把盆栽挂到壁挂上？

表5-4-1　问题记录表

| 科学知识问题 | 工程限制问题 |
| --- | --- |
|  |  |
|  |  |

【活动室】

**活动时间**

30分钟。

**活动过程**

（1）小组讨论：校园植物墙和传统花圃相比有哪些特点？这些特点有什么作用？

（2）为了方便管理，校园植物墙还需要哪些功能？

（3）为了完善校园植物墙，请画出植物墙建设方案。

（4）为了完成这个工程任务，你有什么办法？需要哪些材料？请补充完整表5-4-2，并尽量记录下考虑的问题和问题的解决办法。

表5-4-2　问题及解决方法记录表

| 要解决的问题 | 解决问题的方法 | 方案 | |
| --- | --- | --- | --- |
| | | 材料 | 说明（用途） |
| 怎样把盆栽挂到壁挂上 | | | |
| 学校放假时怎样保证植物墙的植物能够获得充足的水 | 设计一个自动浇水器 | 水箱、水管 | |
| | | | |

【空间站】

你真棒，使我们校园的植物墙方案更完美了！在你设计的方案中有没有哪些方面没有考虑到呢？请和家人、朋友分享你的设计方案，听取他们的建议并改进你的方案。

## 活动 二 选种育苗

【对话】

学生A：在藏语中，"格桑"是"美好时光"或"幸福"的意思。我的盆栽里就有这种格桑花，如图5-4-4所示。

学生B：格桑花喜欢阳光，珠海正好阳光明媚，这种花选得真好。那用什么花盆？如何将其挂到壁挂上呢？

图5-4-4　格桑花

【资料卡】

格桑花喜光、耐贫瘠土壤、忌肥、忌炎热、忌积水、对夏季高温不适应、不耐寒，需疏松肥沃和排水良好的土壤。

【头脑风暴】

可以从植物种子开始种植，也可以直接种小苗。请想一想选种、选苗的过程需要注意什么？

【活动室】

活动时间

30分钟。

活动过程

（1）植物大搜索：课前外出观察不同种类的植物，向家人咨询关于植物培育的相关知识。

（2）描述植物的一生。

（3）通过网络搜索，做出自己的选择。将搜索到的答案填入表5-4-3内。

表5-4-3　问题记录表

| 问题 | 心仪答案 |
|---|---|
| 植物的名字 | |
| 它的生长周期多长？花期时间为几月 | |
| 用_____方式来种植最适合（"水培""土培""悬根"），需要什么技术辅助 | |
| 这些种类的植物是否适应当地天气？如何使苗圃里的植物生长得更好 | |
| 你需要什么工具或者材料做辅助 | |
| 你还有什么疑问？需要继续了解的知识有哪些（可以课后利用平台继续学习） | |

【空间站】

延续活动，知识延伸，搜索与活动相关资料库。

## 活动 三 智能浇花系统：根据天气（温度、湿度）定时浇水

【对话】

学生：学校放假时怎样保证植物墙的植物能够获得充足的水分？

教师：设计一个自动浇水系统就可以解决这一问题。

【头脑风暴】

一个自动浇花系统应该包括哪些部分？如何运作？原理是什么？

图5-4-5　自动浇花系统

　　自动浇花系统是一种科学而有效的自动化装置。"花园电子定时浇水器"采用微电脑可编程控制技术，根据个人所需设置好程序，就可以实现自动化浇水装置。只需打开水龙头，无论自己在或不在、晴天或雨天，"电子定时浇水器"都会定时、定量地为花浇水。

　　控制器相当于一个自动的水龙头（正常情况下控制器是关闭的，只有通电才开），喷头有水出，控制器可以通过微电脑控制自动开关，设置好系统后就会自动工作，出远门、出差、出国、没有时间管理，都不用再担心植物没水喝了。

【活动室】

**活动时间**

30分钟。

**活动过程**

　　（1）如果种植的是多肉植物，需水量少。如果水多了，多肉植物就会变得黑腐。珠海的天气全年温和多雨，因此，有时候会遇到土壤本来就是湿润的情况，根本不需要浇水。那么，你认为上述材料中的自动浇花系统能不能满足你

的要求？

（2）如果不能，你还需要什么样的功能？如何实现？

（3）材料清单：湿度传感器、控制开关、水泵、花洒、储水器、水管。

上面提供的材料清单中的材料，有的可能需要，有的可能不需要，请根据所选植物的实际情况设计一个智能浇花系统，并画出简单的示意图。

（4）为了对植物进行最好的呵护，可以用传感器来监测环境的变化。请将可用于监测环境的传感器下打钩（√），见表5-4-4。

表5-4-4　传感器种类

| 温度传感器 | 光照强度传感器 | 声音传感器 | 湿度传感器 | 超声波传感器 | 碰撞传感器 | 力传感器 | 气体传感器 |
|---|---|---|---|---|---|---|---|
|  |  |  |  |  |  |  |  |

简单写下所选择的传感器在植物墙中的作用，填写表5-4-5。

表5-4-5　记录表

| 传感器种类 | 植物墙中的作用 |
|---|---|
|  |  |
|  |  |

【想一想】

图5-4-6是市面上常见的温度、湿度计，请了解它的原理，并想一想能不能利用它继续改进自动浇花系统。

图5-4-6　温度湿度计

## 活动 ㈣ ▶ DIY天然有机肥

【对话】

学生：化学肥料可以促进植物的生长，但是合成肥料会让土地板结。

教师：我们可以自己制作有机肥料，既天然又环保！

【头脑风暴】

猜想一下大自然的肥料从哪里来？如何利用天然的原料自己动手制作有机肥料？

【资料卡】

土壤中的常量营养元素氮、磷、钾通常不能满足作物生长的需求，需要施用含氮、磷、钾的化肥来补足。化学肥料简称化肥，是用化学和物理方法制成的含有一种或几种农作物生长需要的含有营养元素的肥料，也称无机肥料，包括氮肥、磷肥、钾肥、微肥、复合肥料等。化肥一般是无机化合物，仅尿素 $[CO(NH_2)_2]$ 是有机化合物。凡只含一种可标明含量的营养元素的化肥称为单元肥料，如氮肥、磷肥、钾肥等。凡含有氮、磷、钾三种营养元素中的两种或两种以上且可标明其含量的化肥称为复合肥料或混合肥料。品位是化肥质量的主要指标，是指化肥产品中有效营养元素或其氧化物含量的百分率。

化肥可以促进植物的生长发育，但是化肥却容易造成环境污染。自制天然有机化肥的原料来源于大自然，不会对环境造成污染。因此，我们可以采用自制天然有机肥来浇灌盆栽，以促进植物生长。

沤制的液体有机肥料一般使用发酵法，发酵法又分为厌氧发酵法和需氧发酵。厌氧发酵法一定要排净空气，有空气就会发生需氧发酵，瓶子就会被二氧化碳气体冲爆。厌氧发酵法与需氧发酵不同，不会产生大量的二氧化碳。天然的发酵就发生在土壤的深部，这种自然发酵都以厌氧发酵为主。沤制肥料的东西还可以选用酸奶、淘米水、厨余垃圾等。沤制好的液肥加水稀释9～10倍使用，施入盆中后覆盖一层表土，以防止臭味挥发，保持肥效。

【活动营】

### DIY蛋壳肥

蛋壳肥是一种制作简单且盆施不臭的有机肥料。

蛋壳粉作用：培养土中掺入碎蛋壳粉后，能改良土壤的物理性状，土质更疏松，既透气又排水，有利于根的生长，根壮则花繁叶茂。同时土松透气好，有利于土中微生物的生长活动，将土中的有机质分解为花卉所能吸收利用的养分，从而使花卉生长旺盛。蛋壳粉中含有花卉生长所必需的一些营养素：磷、钙、铁、锌、镁、硅等，其中最主要的是磷和钙，磷是组成植物细胞核的重要元素，钙是植物细胞壁中胶层的组成部分，它们能促进细胞的分裂，促进根系的发育，还能提高植物抗旱性、耐寒性。碎蛋壳掺入土中后，在根部分泌的有机酸和微生物的作用下，缓慢地降解，释放出磷、钙等元素，又被根系吸收供植物生长所用。

制作步骤：

将日常生活中的鸡蛋壳碾碎。如果是生鸡蛋壳需将其放在纸上晒干；如果是熟鸡蛋壳可以直接进行加工做肥料。放在容器里加水浸泡7～10天，然后兑水浇盆栽，这样肥料的肥效既持久又安全，且无臭味。蛋壳粉也可以直接掩埋进土里。

（1）写一写你的制作过程，将各个步骤拍照，并写出自己的感受。

（2）蛋壳有机肥主要提供了植物生长需要的哪种肥料？

（3）植物生长还需要哪些种类的肥料？请收集制作方法并将其写下来。

【想一想】

草木灰是常用的一种天然肥料，咸鸭蛋外面正好有一层草木灰，请你思考一下咸鸭蛋外的草木灰能不能做肥料，为什么？

【空间站】

当几种主要营养元素缺乏时，植株可能表现出来的症状有哪些？

缺氮症：①植株叶色发黄甚至干枯，叶小，植株瘦小；②茎细弱并有破裂，花数稀少。

缺磷症：①叶色暗绿，生长延缓。下部叶的叶脉间黄化，常带紫色，特别是在叶柄上，叶早落；③花小而少，花色不好，果实发育不良。

缺钾症：①下部叶有病斑，在叶尖及叶缘常出现枯死部分；②黄化部分从边缘向中部扩展，以后边缘部分变褐色而向下皱缩，最后下部叶和老叶脱落。

缺镁症：①下部叶黄化，在晚期常出现枯斑；②黄化出现于叶脉间，叶脉仍为绿色，叶缘向上或向下反曲而形成皱缩，在叶脉间常在一日之间出现枯斑。

缺钙症：①嫩叶的尖端和边缘腐败，幼叶的叶尖常形成钩状；②根系在上述病症出现以前已经死亡，顶芽通常死亡。

缺铁症：①病症发生于新叶，叶脉间黄化，叶脉仍保持绿色；②病斑不常出现，严重时叶缘及叶尖干枯，有时向内扩展，形成较大面积，仅有较大叶脉保持绿色。

缺锰症：①病症发生于新叶，病斑通常出现，且分布于全叶面，极细叶脉仍保持为绿色，形成细网状；②花小而花色不良。

## 活动 五 盆栽的制作和优化

【对话】

学生：花盆可以买，但是自制花盆会更有趣。

教师：快点选一个废弃的用品来制作花盆。

【头脑风暴】

请设计一个具有特色的专属花盆，可以选用什么材料？制作成怎样的形状？

【活动营】

（1）经过对"头脑风暴"的思考，有了许多主意，请设计一个挂在植物墙上的专属花盆。

（2）根据设计图，列出材料清单，并准备材料和工具，见表5-4-6。

表5-4-6　迷你花园

| 结构部分 | 材料清单 | 说明 | 设计负责人 |
|---|---|---|---|
|  |  |  |  |

（3）现在给每个项目组都提供100元的项目预算，请查阅附录材料价格，计算材料成本，填写表5-4-7。

表5-4-7　材料成本表

| 材料 | 单价 | 数量 | 总价 |
|---|---|---|---|
|  |  |  |  |
| 废物利用的材料 |  |  |  |
|  |  |  |  |

总价：　　　元

（4）进行模拟种植：动手制作花盆，模拟填充土壤，种上植物，做个有个性的"迷你花园"。

（5）给"迷你花园"安装上智能浇花系统，完成后请根据表5-4-8检查一下各个环节的完成情况。

表5-4-8　"迷你花园"自查表

| 项目 | 完成程度 | 出现的问题 | 解决办法 |
|---|---|---|---|
| 植物选择 | ☆ ☆ ☆ ☆ ☆ | | |
| 花盆制作 | ☆ ☆ ☆ ☆ ☆ | | |
| 填充并种植 | ☆ ☆ ☆ ☆ ☆ | | |
| 智能浇花系统 | ☆ ☆ ☆ ☆ ☆ | | |
| 墙壁挂耳 | ☆ ☆ ☆ ☆ ☆ | | |

（6）对整个"迷你花园"包括智能浇花系统进行检测和优化，图5-4-7为实物图，将相关内容填入表5-4-9。

图5-4-7　实物图

表5-4-9　检测和优化智能浇花系统

| 检测点 | 初步效果 | 是否需要优化 | 优化方案 |
|---|---|---|---|
| 有没有漏水口？会不会积水 | | | |
| 能否挂到壁挂上 | | | |
| 植物的生长空间会不会受限制 | | | |
| 美观性如何 | | | |
| 质量如何？防雨吗 | | | |
| 自动浇花系统能否使用 | | | |

【想一想】

如何评价这个"迷你花园"？和小伙伴讨论后，还有没有被忽略的细节呢？

【空间站】

## 现代苗圃

随着人口压力不断增大，城市种植面积不断减少，人们对生活质量的追求越来越高，出现了许多阳台花世界。我们做的植物墙就是众多阳台花世界的其中一种。

随着科技的发展，人们在任何季节都可以吃到新鲜的蔬菜和水果，这完全归功于温室。温室又称暖房，指有防寒、加温和透光等设施，供冬季培育喜温植物的房间。温室的种类多，依不同的屋架材料、采光材料、外形及加温条件等可分为很多种类，如玻璃温室、塑料聚碳酸酯温室，单栋温室、连栋温室，单屋面温室、双屋面温室，加温温室、不加温温室等。温室结构应密封保温，但又要便于通风降温。现代化温室中具有控制温湿度、光照等条件的设备，用电脑自动控制创造植物所需的最佳环境。在不适宜植物生长的季节，最大可能地提供生育期和增加产量，多用于低温季节喜温蔬菜、花卉、林木等植物的栽培或育苗等，如图5-4-8、图5-4-9所示。

图5-4-8　现代苗圃

图5-4-9　温室花卉栽培

## 活动 六 植物墙展示会

**【对话】**

学生：我的"迷你花园"做好啦，放在墙上一定很美，你的呢？

教师：我的也做好了，快带到学校和同学们交流吧。

**【头脑风暴】**

你认为"迷你花园"要达到怎样的效果才是好的"迷你花园"呢？

**【活动营】**

花费了好些日子，同学们的"迷你花园"都制作完成了。今天我们将进行注资活动，每名同学都有3张注资发票，投给你喜欢的"迷你花园"方案，获得最多注资的1位工程师将承办我校植物墙的设计改造工作。

（1）1张好的名片将为"迷你花园"吸引更多的注资方。请为你的"迷你花园"设计1张名片。

（2）解说稿也可以帮助人们了解"迷你花园"，动手为自己的"迷你花园"撰写一个解说稿。

（3）你喜欢哪3位工程师的作品呢？为什么？请简述。

（4）项目就要结束了，你的工程项目的方案准备得怎样？请自行设计清单自查表，进行检查。

**【想一想】**

在这次活动中，你的表现如何？可以给自己打几颗星？给小组里的其他人员打几颗星？根据评价内容填写表5-4-10。

表5-4-10  校园植物墙项目评价表

| 类别 | 项目 | 评分 |
|------|------|------|
| 个人情感态度 | □积极参与讨论并出谋划策 | ☆ ☆ ☆ ☆ ☆ |
| | □认真绘图，图面整洁，并包括所有标注和图例 | ☆ ☆ ☆ ☆ ☆ |
| | □每次使用完都做好卫生工作 | ☆ ☆ ☆ ☆ ☆ |
| | □对初始设计的所有更改都做了记录 | ☆ ☆ ☆ ☆ ☆ |
| 科学检验和数据收集 | □各个小实验数据记录 | ☆ ☆ ☆ ☆ ☆ |
| | □初次检测数据 | ☆ ☆ ☆ ☆ ☆ |
| | □工程结束后，提升再检测的数据 | ☆ ☆ ☆ ☆ ☆ |

续 表

| 类别 | 项目 | 评分 |
|---|---|---|
| 项目的原始材料（体现完成过程） | □包含所有建模、检验和修改的工作数据 | ☆ ☆ ☆ ☆ ☆ |
| | □包含所有工作：所有检验的结果、生成的数据、基于检验结果做出的修改 | ☆ ☆ ☆ ☆ ☆ |
| | □给出合理的标注 | ☆ ☆ ☆ ☆ ☆ |
| 技术 | □智能浇花系统正常浇灌 | ☆ ☆ ☆ ☆ ☆ |
| | □ "迷你花园" 挂耳打孔合理 | ☆ ☆ ☆ ☆ ☆ |
| | □完好植物移栽工作 | ☆ ☆ ☆ ☆ ☆ |

# 能 "吸水" 的城市

## ——STEAM课程之海绵城市

近年来，每逢暴雨，很多城市都引发城市内涝，"水漫金山"的场面不断在城市中上演。因此，"海绵城市"应运而生。海绵城市是新一代城市雨洪管理概念的统称，其出发点在于统筹管控城市雨水、导流、保存与再利用。可以说，海绵城市在生态环境中有着举足轻重的作用，也关系到中国城市的建设和发展。本课程为学生提供了真实的生活情境，学生学习工程设计及体验环境工程师在社会中工作的过程，将学习到的知识和技能应用于现实问题的发现、设计、建构、合作及解决的过程中，从中获得结果性知识以及过程性知识，最终解决现实中的真实问题。这种基于现实问题的学习过程，培养学生了解问题、分析问题、解决问题的能力，是符合社会发展需要的人才培养模式。

## 一、课程重点

本课程以真实问题为情境，支持学生应用所学的科学、技术、工程、艺术和数学知识，以项目化的课程设计通过团队协作共同开展探究实践。在本课程学习中，学生不仅在参与、创造、设计并建构知识和技能的过程中体验获得结果性知识，还学到了蕴含在项目问题解决过程中的过程性知识，以学科整合的方式认识世界，以综合创新的形式改造世界，培养学生解决问题的综合能力和符合社会发展需要的综合素质。

## 二、涉及领域

地理、生物、化学、物理、工程、艺术。

## 三、建议年段

高年段。

## 四、建议时间

95分钟。

## 五、课程任务

学生以任务清单的形式收到情境问题（即在海绵城市里，落到地面的水到哪里去了），这份任务清单要求学生通过实验认识常见的透水材料（海绵体）。在要求学生回答一系列引导性问题后，能够自主搭建海绵城市的雨水收集系统，初步构建海绵城市框架。

## 六、课程步骤

### （一）真实情境导入（15分钟）

第一步：提出真实情境，并设置问题。（5分钟）

教师设置一个真实情境：在海绵小区里的，居民几乎不会担心小区发生内涝（播放透水性材料的实验视频）。当我们把满满一桶水泼洒在路面，水快速渗透到路面下，路面瞬间变得干爽。那么，落到地面的水去哪里了？

第二步："头脑风暴"。（10分钟）

教师先让各小组参与"头脑风暴"，讨论他们生活中熟悉的路面材料能否透水，再向他们导入这些物品能否作为渗水材料，最后将结果填入任务清单内。常见的路面材料举例：花岗岩、浮石、普通混凝土砖、透水砖、水泥彩砖、泥土、沙子。

**（二）任务执行与反思（80分钟）**

**1. 任务一的执行与反思（40分钟）**

（1）出示任务、所需材料和评价量表（10分钟）

① 任务：通过实验比较材料是否能够透水、渗水。

教师展示几种材料（混凝土砖、透水砖、泥土、瓷砖）的透水性实验视频，引导学生从渗水量和渗水时间等方面观察实验视频，理解判断透水材料的标准。教师引导学生将实验材料装入不同的物理过滤槽中，并且在物理过滤槽下方安装下水槽。每次都往材料正上方倒入一定量的水，观察材料下方是否有水滴，并将完全渗水所用的时间和渗水量记录下来。

② 所需材料：花岗岩、浮石、水泥彩砖、沙子。

③ 评价量表，见表5-4-11。

表5-4-11 评价量表

| 项目分数 | 1分 | 3分 | 5分 |
|---|---|---|---|
| 观看视频 | 多数组员观看视频注意力不集中，没有记录实验关键词 | 多数组员认真观看视频，只有少数记录实验关键词 | 全部组员认真观看，并细致记录实验关键词 |
| 实验操作 | 组员没有规范安装材料，每次实验用水量不一定 | 组员规范安装材料，但每次实验用水量不一定 | 组员规范安装材料，每次实验用水量一定 |
| 实验记录 | 组员没有进行数据记录，或记录杂乱无章 | 组员仅进行一些简单的记录，但漏掉了实验结果的部分重点 | 组员进行准确而严谨的记录，内容翔实工整 |
| 组内分工 | 只有少数组员完成所有工作 | 所有组员参与实验，但分工不明确 | 组员分工明确，交流顺畅 |

（2）执行任务（20分钟）

正式执行任务，教师要求学生依照评价量表思考以下问题：

① 看完实验演示视频，能得到哪些实验关键词？

② 过滤材料能渗水吗？能否把过滤材料用于海绵城市模型的渗水层呢？

③ 小组决定进行哪些材料实验？对实验有什么猜测吗？为什么？

④ 实验还需要借助其他工具吗？哪些实验数据是可以量化的？应该如何记录量化的实验数据呢？

（3）总结和反思（10分钟）

小组全部成员完成任务后，教师组织学生讨论：

① 通过实验，发现哪些材料可以透水？哪些材料不能透水？

② 能透水的材料又有哪些特点呢？

③ 通过以上实验，可以选用哪些材料作为海绵城市模型的透水材料？

拓展思考：观察现实生活中哪些地方容易有积水，查阅资料，尝试解释为什么会出现这种情况？

**（三）任务二的执行和反思（40分钟）**

（1）出示任务、所需材料和评价量表（5分钟）

① 任务：让学生按照要求设计雨水收集系统并选择可能需要的材料。

教师展示雨水收集系统的动画，引导学生观察雨水收集系统的工作原理并记录雨水收集流程或步骤，引导学生动手将透水过滤系统和雨水收集系统搭建起来。

② 所需材料：化学初级净水池、模拟地面、凝絮沉淀池、物理过滤槽、雨水花园水槽、下水槽、活性炭、陶瓷球、托玛琳弱碱性颗粒、石英石、麦饭石。

③ 评价量表，见表5-4-12。

表5-4-12　评价量表

| 项目分数 | 1分 | 3分 | 5分 |
|---|---|---|---|
| 观看动画 | 多数组员观看动画注意力不集中，没有记录关键词 | 多数组员认真观看动画，只有少数记录关键词 | 全部组员认真观看，并细致记录关键词 |
| 实验记录 | 组员没有进行数据记录，或记录杂乱无章 | 组员仅进行一些简单的记录，但漏掉了实验结果的部分重点 | 组员进行准确而严谨的记录，内容翔实工整 |
| 动手搭建 | 组员设计欠妥，未完成成品的搭建 | 组员设计较合理美观，搭建成品未具有完整性 | 组员设计合理美观，搭建成品具有完整性 |
| 组内分工 | 只有少数组员完成所有工作 | 所有组员参与实验，但分工不明确 | 组员分工明确，交流顺畅 |

（2）执行任务（20分钟）

正式执行任务，教师要求学生依照评价量表思考以下问题：

① 雨水收集系统有哪些流程？能说出这些收集流程各自的原理吗？

② 海绵城市收集雨水系统又应该包含哪些流程呢？这些流程应该由哪些部分组成？为什么？

③ 每部分需要的材料是什么？请将设计方案记录下来。

④ 小组讨论后记录初步搭建方案，并动手完成产品的搭建。

（3）总结和反思（15分钟）

全部小组完成任务后，教师组织学生讨论以下问题。讨论完毕后，就"海绵城市的海绵体"为主题撰写300～400字的说明文。

① 导入部分的雨水收集系统可以让我们获得哪些提示？

② 能否有条理、语言流畅地分享设计方案吗？

③ 能分享搭建成品过程吗？设计方案和搭建成品又有哪些特点和不足呢？

④ 其他组的设计方案和搭建成品是否合理？可以怎样改进？

拓展思考：如果雨水收集系统中的盛水抽屉水位过高，水会溢出来，怎样才能避免出现这种情况？